Johann Adam Hartung

Die Religion und Mythologie der Griechen

2. Teil - Die Urwesen oder das Reich des Kronos

Literaricon

Johann Adam Hartung

Die Religion und Mythologie der Griechen

2. Teil - Die Urwesen oder das Reich des Kronos

ISBN/EAN: 9783965065666

Auflage: 1

Erscheinungsjahr: 2023

Erscheinungsort: Treuchtlingen, Deutschland

www.literaricon.com

Printed in Germany

Cover: August Theodor Kaselowsky, Peleus verführt Thetis, Abb. gemeinfrei

DIE

RELIGION UND MYTHOLOGIE

DER

GRIECHEN

VON

J. A. HARTUNG.

ZWEITER THEIL.

DIE URWESEN ODER DAS REICH DES KRONOS.

LEIPZIG.

VERLAG VON WILHELM ENGELMANN.

1865.

Vorwort.

»In Marseille starben am Freitag (22. Sept.) 32 Personen an der Cholera. Diese Stadt bot in der Nacht vom Donnerstag auf den Freitag in Folge der Feuer, die man in allen Strassen angezündet hatte, einen höchst merkwürdigen Anblick dar. Auf einem Raum von zwei Quadratstunden brannten Tausende und Tausende von ungeheuren Feuern. Vor der Präfectur hatten die Feuerwehrmänner einen ungeheuren Scheiterhaufen errichtet und denselben in Brand gesteckt. Marseille zält 600 Strassen: keine einzige war ohne ihre drei Feuer, in einer derselben brannten sogar 57. Um die brennenden Scheiterhaufen herum tanzten, wie auch in Toulon, junge Mädchen und junge Burschen. An mehreren Orten verbrannte man die Cholera in effigie; eine hässliche Puppe mit kohlschwarzem Gesicht repräsentirte sie.«

Dieser jüngst in den Zeitungen enthaltene Bericht beweist uns Folgendes:

1) Die Menschen in Marseille Toulon u. s. w. glauben an Dämonen;

2) Sie glauben, dass die Cholera von einem Dämon gemacht sei, oder vielmehr selbst ein Dämon sei;

3) Sie machen sich ein Bild von diesem Dämon, und glauben, dass durch Sympathie Alles was man diesem Bild anthue dem Dämon selbst angethan werde;

4) Sie glauben, dass durch Feuer die Luft, in welcher die Dämonen weben, gereinigt und die Dämonen selbst überwältigt werden können;

5) Sie glauben, dass durch Tanz und wohl auch durch Musik und Gesang der Macht der Dämonen Einhalt gethan werde;

6) Diese Glaubensartikel sind weder durch Unterricht beigebracht noch überliefert, sondern sie wachsen gleichsam wild in dem Boden des menschlichen Herzens, und schiessen auf wie die Pilze bei günstiger Witterung;

7) Sie werden erzeugt von dem Bedürfniss und treten hervor, von der Zeit und der Noth wach gerufen, so wie von jeher alle Religionen und alle Culte entstanden sind.

Solche nicht etwa bloss bei den Wilden in Afrika Amerika und Australien, sondern häufig genug auch mitten in den Pflanzstätten Europäischer Cultur und Aufklärung vorkommende Erscheinungen bitte ich zu bedenken, wenn man etwa meine Art und Weise, die Entstehung der Culte und der Mythen zu erklären, ablehnen und an der beliebten allegorischen Art, als einer vornehmeren, festhalten wollte.

INHALT.

Eintheilung und Ueberblick.

Die griechische Mythologie unterscheidet deutlich dreierlei Wesen:

1) Thierartige und missgestaltige Riesen und Zwerge, welche zu Anfang aller Dinge mit dem Kronos da sind (οἱ τὸν Κρόνον ἀμφὶς ἐόντες), dem Tartaros und dem Elysium angehörend.

2) Kinder des Kronos (Kroniden) und Himmelsbewohner (Uranionen), die mit Zeus zur Herrschaft gelangt sind.

3) Kinder des Zeus, jugendliche Wesen oder Genien, welche ihre Göttlichkeit sogleich nach ihrer Geburt bewiesen haben, und Heroen (Laren) welche sich durch ihre Werke den Himmel verdient haben.

Demgemäss wird auch unsere Beschreibung der griechischen Dämonen Götter und Heroen drei Theile haben, und in diesem ersten Theile werden wir von den Thier- und missgestaltigen Urwesen, Titanen, Giganten und Ungeheuern (θῆρες und πέλωρα) zu sprechen haben, welche theils einen gottähnlichen, theils einen thierähnlichen Zustand bewahren, indem sie theils vor dem Aufkommen menschlicher Cultur da gewesen sind, theils die Verleugnung menschlicher Gesittung noch in dem Reiche des Zeus fortsezen. Nur die ersteren können zum Reiche des Kronos gerechnet werden; wir werden aber auch die lezteren in diese Behandlung mit aufnehmen wegen der Aehnlichkeit. Die Wohnungen jener Wesen liegen entweder in den fernsten Wunderländern an den Enden der Welt, in denen die Abenteuer und Irrfahrten des Odysseus und die

Argonautenfahrt spielen, oder in derartigen bekannten und historischen Gegenden, auf welche ein Theil der Abenteuerlichkeit jener Wunderländer übergegangen ist, und sie selbst gehören nicht dem Cultus sondern bloss dem Glauben an und der dichtenden Phantasie. Die andere Classe waltet in Elementen, die sich nicht mit dem Himmel vereinigen lassen, in Höhlen, Felsen, Wäldern und Gewässern, und steht, wie Halbgötter, eine Stufe tiefer als die Himmlischen. Alle diese Wesen aber, besonders die urweltlichen, haben das Eigenthümliche, dass sie von ihren Elementen weit weniger getrennt sind als die Olympischen und Homerischen Gottheiten, womit sodann der zweite Umstand zusammenhängt, dass man die nämlichen Wesen in den verwandten Religionen, z. B. der Germanischen, leichter wiedererkennt: denn es sind die Riesen und Zwerge d. h. Missgestalten nach der ursprünglichen Bedeutung des Wortes, die Drachen, Lintwürmer, Schlangen- und Schwanen-Weiber, die Berggeister oder Bewohner hohler Berge mit der Tarnkappe und den unterirdischen Schäzen, die Wassergeister, Meerwunder, Nixen und Elben, die Kobolde, Gnomen, Heinzchen und Wichtlein, die Idisen und Walkyren, Nornen u. s. w., endlich die Geblendeten und Einäugigen, Buckligen und Hinkenden, die Zauberer und Hexen, deren Handlungen menschliche Gefühle und Sittlichkeit verleugnen. Wenn es einestheils einen Rückschritt zu bezeichnen scheint, dass die Odyssee diese Wesen wiederum auf die Bühne bringt, so kann es doch zum Troste dienen, dass sie als entfernte Bewohner der Weltenden und des Nebelreichs vorgeführt werden. Denn wir werden späterhin noch deutlicher einsehen, dass der Unterschied der Griechischen Religion von anderen, besonders der Persischen und Germanischen, eben darin besteht, dass die Herrschaft dieser Wesen mit dem Reiche des Kronos gestürzt ist.

Aber merkwürdig ist es, dass selbst unter diesen Wesen keine eigentlichen Personificationen von Elementen zu finden sind, und dass z. B. der Uranos, der Okeanos nur allein als mythologische Wesen existiren, und die Ge nur als Stellvertreterin der Rhea und der Demeter einige Berücksichtigung im Cultus gefunden hat. Das ist auch bei Helios und der Selene der Fall, die durch Phöbos und Hekate vertreten werden, so dass die Rolle, welche sie in Sagen sowohl als in Culten spielen, aus dem Ausland herübergedrungen ist.

A. Die Dämonen, die Urmenschen und die Urwelt.

1. Dämonen und Götter.

Es gab einst eine Zeit, wo man über Alles das, was dem Menschen, so wie das Denken und Sprechen, natürlich ist, untersuchte, wer es zuerst erfunden und aufgebracht habe. Diese Zeit ist für die Mythologie noch nicht vorbei, deren Inhalt man noch dazu immer als Ueberlieferungen aus einer geistig anders organisirten Menschheit zu betrachten pflegt und wie fremdartige Ueberreste einer andern Welt anstaunt. So lange man auf diesem Fusse mit einem Objecte wissenschaftlichen Forschens lebt, kann die Beschäftigung mit ihm keinen Nutzen bringen. Wie man aber nur um sich blicken dürfe, um auch in unserem Fühlen und Denken Gleichartiges mit jenen Traditionen zu entdecken, das lässt sich unter Anderem an dem Genien- und Dämonenglauben einsehen, über welchen viel geforscht worden ist, ob er etwa von den Etruriern zu den Römern, etwa von den Persern zu den Griechen gekommen sei, und zu welcher Zeit, bei welchen Autoren er sich zuerst vorfinde. Dieser Glaube gehört aber ebenfalls zu den natürlichen und gleichsam den Menschen angeborenen Vorstellungen; er kann zu gewissen Zeiten und bei gewissen Menschenklassen mehr hervor- und wieder mehr zurücktreten, aber vorhanden wird er zu allen Zeiten gewesen sein; und um sogleich die älteste Griechische Urkunde, den Homer, zu befragen, so kann der oft vorkommende Zuruf δαιμόνιε allein genügen für den Beweis, dass die Vorstellung von Geistern, welche einzelne Menschen begleiten und von denen diese oft besessen scheinen, bereits damals geherrscht habe, also nicht etwa erst zu Pindars oder Phokylides Zeiten aufgekommen sei. Noch heut zu Tage hat ein jeder religiös empfindende Mensch seinen Gott, der ihm sowohl Gutes als Schlimmes schickt, und bald dankt er etwas bald klagt er etwas seinem Gott, und ist vergnügt in seinem Gott u. s. w., und trozdem ist dieser Personalgott zugleich der allgemeine Gott und Weltregent. Ist das etwa anders bei den Römern, wo ein jeder Mann und eine jede Frau ihren Genius hatte, und die Frau den ihrigen Juno nannte, mithin der Mann den seinigen mit dem Jupiter für Eins halten musste[1]? Aber auch der Polytheismus ist bei uns noch keineswegs ausgestorben; eine grosse Menge von Geistern, von nicht geringerer Macht als irgend einer der alten heidnischen Götter, walten allenthalben, und nicht bloss über die abergläubischen unter den Menschen. »Kommt Geister alle, die in die Seele Mordgedanken säen«, sagt Lady Macbeth; »Es geht ein finstrer Geist durch unser Haus«, sagt Thekla. »Es ist sein böser Geist und meiner«, sagt Wallenstein: »Ihn straft er durch mich, das Werkzeug seiner Herrschsucht, und ich erwarte, dass der Rachestahl auch schon für meine Brust geschliffen ist.« I, 7 z. E. — und das sind nicht immer blosse Redensarten, eben so wenig wie wenn man von einem begleitenden guten oder bösen Engel redet, welcher völlig dem bald hell bald dunkel erscheinenden Genius, dem guten und bösen Dämon der Griechen, entspricht. Endlich drittens, in die Sprache des Pantheismus übersezt, wird aus dem Engel entweder ein guter Stern oder ein Unstern. Es ist ferner recht und natürlich, dass

1) Plin. H. N. II, 5, 16.

der Mensch Alles dasjenige, wozu ihn die Uebermacht des Gefühles, vielleicht sogar gegen die Einsprache des Verstandes, fast willenlos, getrieben hat, und was ihm unbewusst der Regeln mittelst eines mächtig waltenden Instinctes (Genie's, das von Genius benannt ist) gelungen ist, und wenn er in den wichtigsten Momenten seines Lebens, der Gattinwahl, der Berufswahl u. s. w., dem Zug des Herzens unwillkürlich gefolgt ist — dass er dies Alles der Führung seines Gottes zuschreibt. Bei diesem ihrem Gotte pflegten daher die Römer zu schwören; man pflegte auch andere Menschen bei ihrem Gotte bittend zu beschwören, und allgemein herrschend war die Sitte, bei dem Genius der Kaiser zu schwören. »Willst du schwören«, sagt Julie zum Romeo, »so schwör' bei deinem edlen Selbst, dem Götterbilde meiner Anbetung.« In der That scheint in dem Genius, wenn er in dieser Weise aufgefasst wird, das eigene geistige Selbst des Menschen, aus ihm hinaus gelegt, gegenständlich geworden zu sein, ähnlich wie von Visionären (einem Hamlet, einem Macbeth) die innere Regung als ein Geist objectiv angeschaut wird. Rationell und prosaisch ausgedrückt heisst das: der Genius bedeutet das Naturell des Menschen, und offenbar wird er von Horaz Epist. II, 187 in dieser Weise gefasst. Weil aber, wie die Thekla sagt, der Zug des Herzens des Schicksals Stimme ist, so bedeutet der Genius auch das Schicksal, was auch schon aus seinem Zusammentreffen mit dem Stern und dem Unstern zu entnehmen war.

Nach diesen Betrachtungen soll nun zuerst das Verhältniss der Dämonen zu den Göttern etymologisch erörtert, sodann die bei den Griechen üblichen Vorstellungen kurz angegeben werden.

Im Sanskrit heisst *djâus* Himmel oder Licht, *diwan* Tag, *diwâ* oder *djawi* bei Tage. Daraus ist zu entnehmen, dass *Jupiter*, d. h. *Dju-piter*, so viel wie H i m m e l v a t e r bedeute und bloss eine andere Form für Diespiter sei. Nun ist aber *Djus* so viel wie *Ζεύς* und *Διός* so viel wie *Jovis*, und *sub divo* entspricht dem *ἔνδιον*. Mithin bedeutet auch Zeus den Himmel[2].

Im Sanskrit ferner heisst *dêwas deus.* Das Wort ist also zwar verwandt mit *diwa* aber doch nicht Eins mit ihm; denn es unterscheidet sich von ihm durch die Lautverstärkung. Götter sind die im Lichte Wohnenden, denn in den Vorstellungen aller Völker ist Licht so viel wie Heil und Leben, Finsterniss aber so viel wie Unheil und Tod: also müssen wohl die Seligen Theil am Lichte haben.

Nun ist es auffallend, dass bei den Parsen die dèwas zu bösen Geistern geworden sind. Dieser Uebergang lässt sich in zweierlei Weise erklären, entweder so, dass die Lichtdämonen zu Feuerdämonen geworden sind, oder mittelst der Annahme, dass dèwa mit *δαίμων* mehr als mit *θεός* gleichbedeutend gewesen sei, mithin einen Geist bezeichnet habe, und dann auf die besondere Klasse von Geistern beschränkt worden sei im Gegensatz zu *Ized*, dem guten (angebeteten) Geiste[3].

Das Wort Dämon wird bereits von den Alten für *δαήμων* (den Wissenden) genommen, und dieser Ableitung können wir um so weniger entgegen sein, da wir wissen erstlich, dass auch Dädalos zu den Dämonen gehört, welcher offenbar diesen Namen von dem Wissen und von der Geschicklichkeit hat, und zweitens, dass alle diese Wesen, die halbthierischen und missgestalteten sowohl als die edleren und Genien-artigen, im Besize geheimer Kenntnisse und Zauberkräfte seien. Warum also solten sie nicht die Wissenden, die Gescheidten und die Kundigen heissen, da sie, die dunklen Höhlen der Erde und die Tiefen des Meeres durchforschend, die geheimen Kräfte der Metalle der Steine und der Pflanzen kennen, gleich den Schlangen, ihren Symbolen, und mittelst dieser Zaubermittel

2) Vergl. G. Curtius, Gr. Etym. I, 201.

3) Auch das Wort *θεός*, trozdem dass es ein Lichtwesen bedeutet, wird von unterirdischen Göttern gebraucht, und Sophokles nennt den Ares, als Pest, *ἄθεον ἐν θεοῖς θεόν*.

auch das Entfernte und noch Versecktere erfahren können? Zudem sind sie Geister, und in dieser Eigenschaft fähig, überall hin zu dringen und unsichtbar zugegen zu sein, womit auch die andere Fähigkeit zusammenhängt, sich in alle Gestalten zu verwandeln, welche wir an mehreren derselben wahrnehmen werden [4].

Plutarch (def. orac. 10. p. 415) bemerkt, dass Homer die Ausdrücke *θεοί* und *δαίμονες* ohne Unterschied zu gebrauchen scheine, Hesiod aber eben so bestimmt die *δαίμονας* und *θεούς*, wie die Menschen und Heroen, von einander scheide, und dass Andere wiederum Menschen zu Heroen, Heroen zu Dämonen und einige von diesen zu wirklichen Göttern werden lassen [5]. Alles das ist richtig und verträgt sich mit einander, ohne dass man darum die Begriffe zu vermischen oder in einander fliessen zu lassen braucht. So sind nach Hesiod die Dämonen von den Göttern bestimmt unterschieden dadurch, dass sie erstlich reine Geister sind, ganz so wie wir uns die Geister zu denken pflegen, gasartig, mithin unsichtbar, und überall zugegen. Denn von dieser Art ist wenigstens das Wesen der Homerischen Götter nicht. Zweitens sind sie aus den Seelen

---

4 Wir werden auch denen nicht widersprechen, welche *δαίμων* lieber von *δαίω* theilen, ableiten wollen, weil wir es nicht für nöthig erachten, die beiden Begriffe scheiden und erkennen zu trennen; denn zum Gescheidt-sein gehört eben, dsss man unterscheiden könne. Und endlich werden wir auch einer Herleitung aus *δαίω* — *δέδηα*, leuchten, nicht zu widersprechen brauchen, weil wir im *Δαίδαλος* sowohl den Feuerdämon als auch den Künstler gefunden haben, und weil wir die vermeintlichen drei Verba als éines erkennen, indem das Wissen (*οἶδα*) ein Sehen (*videre*) und das Sehen ein Scheiden (*cernere*) sowohl als auch ein Beleuchten ist; vergl. *λεύσσειν* und *lucere*, blicken *βλέπειν* und blizen, Auge *αὐγή*. Der Geist (Gischt) endlich ist etwas Gasartiges, und dieser Begriff liegt auch in *δέδηα*, sanskr. *djut*.

5 Vergl. Eur. Alk. 1024 (957): *αὕτη ποτὲ προὔθαν' ἀνδρός, νῦν δ' ἐστὶ μάκαιρα δαίμων*. und: *θεοῖσι δ' ὁμοίως σεβάσθω*. Aesch. Choeph. 210—212. Herod. IV, 79.

Abgeschiedener geworden. Das von allen anzunehmen war aber nicht nöthig, indem sie, ehe sie noch in einen Menschenleib eingiengen, Ausflüsse aus dem allgemeinen Geisterelemente dem Aether, waren, wodurch auch Homer gerechtfertigt erscheint, wenn er sie von den Göttern nicht bestimmt unterscheidet. Wenn also Hesiod hierinnen orientalische Vorstellungen aufgenommen haben sollte, so hat er doch nichts durchaus Neues eingeführt, sondern vielleicht nur etwas Verdunkeltes wieder aufgefrischt. Denn dass eine Unterscheidung bereits vor Homer gemacht war, das ist eben aus dem Vorhandensein der beiderlei Benennungen zu entnehmen; und Neuere haben bemerkt, dass δαίμων bei Homer *numen*, einen Geist oder ein göttliches Wesen, θεός aber *personam divinam*, eine ausgeprägte Persönlichkeit, bezeichne (Il. ϱ, 98; Od. ε, 396; Od. γ, 27), ingleichen dass von Homer δαίμων öfter für den bösen Dämon (στυγεϱόν) und für das verderbliche Geschick als für das Gegentheil gebraucht werde[6]. Damit steht Hesiod nur scheinbar im Widerspruch, wenn er (ἔϱγ. 252 ff.) von drei Myriaden Dämonen spricht, welche auf der Welt unsichtbar umherschweifend das Thun der Sterblichen beachten, Unrecht und Missethaten wahrnehmen. Denn thun sie dies, so können sie den Menschen auch Uebles zufügen, mittelbar oder unmittelbar; und dass die Schicksale, die von ohngefähr zu kommen scheinen, von dergleichen unsichtbaren Geistern herrühren, versteht sich dann von selbst. Allerdings stimmt aber diese Auffassung, wie auch der Glaube, dass die Dämonen Seelen Abgeschiedener und Genien seien, auch mit den Vorstellungen der Orientalen zusammen, wie z. B. nach dem Glauben der Parsen die *Fravashi (Ferver s)* ganz wie die römischen Genien walten, als Geister von Verstorbenen und begleitende Engel, geistige Doppelgänger der Menschen und sogar auch der Götter,

---

6) Nägelsb. Nachh. Theol. S. 112; Hom. Theol. S. 68. Schömann, Gr. Alt. II. S. 143.

gleichsam als deren reineres Selbst[7]. Also hatten auch diejenigen der Alten nicht Unrecht, welche in den Dämonen eine zwischen Menschen und Göttern stehende Klasse von Wesen erkannten und den Glauben an sie von den Magiern Zoroasters, von den Aegyptiern und den Phrygiern herleiteten (Plut. def. or. p. 415).

Den Griechen also war diese Auffassung des *δαίμων* ebenfalls geläufig, dass nämlich derselbe die Schicksalsmacht eines Individuums, seinen guten oder bösen Engel, bedeutete[8]. Dabei unterscheidet sich der *δαίμων* von der *Τύχη* ohngefähr so wie der Theologengott von dem Pantheistengott, nämlich durch die Persönlichkeit[9]. Uebrigens ist es, wie gesagt, dem Menschen so natürlich, den Weltengott zu seinem Gott und seinen Gott zum Weltengotte zu machen, dass es sehr unnüz ist, zu forschen, wann diese Ansicht zuerst bei den Griechen herrschend geworden sei und woher sie stamme. Und auch das versteht sich wohl von selbst, dass der Personalgott bald gut

---

7) Vergl. Duncker, Gesch. d. Alt. II. S. 359; Welcker, Gr. Götterl. I. S. 737.

8) Nägelsb. Nachh. Th. S. 112 ff.; Schömann, Gr. Alt. II. S. 146.; Pind. Ol. XIII, 28: *καὶ τόνδε λαὸν ἀβλαβῆ νέμων Ξενοφῶντος εὔθυνε δαίμονος οὖρον* (lenke Xenophons Loos in günstiger Strömung).

9) Sonst könnte Euripides nicht sagen fragm. inc. 187 *εἴτε Τύχα τις εἴτε δαίμων τὰ βρότεια κραίνει*; vgl. Kykl. 606, Phön. 403 *ὁ δαίμων μ' ἐκάλεσεν πρὸς τὴν τύχην* (mein guter oder böser Engel führte mich zu diesem Glück oder Unglück). Sogleich darauf heisst es: *σοφὸς γὰρ ὁ θεός* (der Gott ist klug und listig, insofern er uns, wohin er will, wider unser Wissen und Wollen führt), wo der Personaldämon von dem Weltregenten wiederum nicht geschieden ist. Denn *ὁ θεός* pflegt der Weltengott genannt zu werden. Um so weniger aber kann sodann *δαίμων* jemals das wirkliche, leibhaftige, persönliche Selbst eines Menschen bedeuten (wie Nägelsbach meint), und darum kann ich heute noch so wenig als vor 16 Jahren glauben, dass Eur. Phön. 1696 *οὐκοῦν ἔδωκε τῇ Τύχῃ τὸν δαίμονα* richtig gesagt sei. Denn was wäre das: Er hat seinen Gott dem Geschick (?) zum Opfer gebracht? Es muss heissen: Er hat seinen bösen Genius mit dem Misslingen seines Unternehmens, sein Naturell mit seinem Tode gebüsst (*ἔτισε*).

und bald bös erscheinen muss, sintemal ja auch Alles was der Mensch unbewusst und willenlos thut oder eingeht (und das ist, wie wir gesehen haben, eben die Führung des δαίμων) von dieser zwiefachen Art ist; ich sage aber bloss erscheinen; denn Christen werden bloss in Versuchung geführt, ohne der Versuchung folgen zu müssen. Dass endlich die Personalgötter im Polytheismus häufig als Mittelnaturen und als Diener (Bothen) der höheren Götter auftreten, geben wir zu, leugnen aber, dass die Dienernatur nothwendig zu ihrem Wesen gehöre. Endlich, wenn unsichtbare Mächte, wie der Eid, die Scheu, die Gerechtigkeit, das Prädikat Dämon erhalten, so ist damit nur gesagt, dass sie keine bloss allegorischen Wesen, sondern wirkliche geistige Gewalten seien.

2. Dämonen und Urmenschen.

Dass die Menschen den Zustand ihres Lebens in der Welt als einen unvollkommenen, durch Sündenbefleckung verdorbenen, und darum mit Krankheiten, Tod und allen Uebeln behafteten, betrachten, dazu haben sie volle Ursache. Die ganz natürliche Folge aber dieser Einsicht ist es, dass sie sich einen vollkommenen, von allen diesen Mängeln freien, Zustand sowohl am Anfang als an dem Ende der Dinge denken, ein Elysium oder Paradies, aus welchem der Mensch verbannt worden sei und in welches er einst wieder zurückkommen müsse. Dieses Elysium hat, so glaubt man, einst wirklich auf der Welt bestanden, die ersten Menschen haben darinnen gelebt, freilich andere Menschen als die jezigen sind, weil sie von allen den genannten Mängeln frei waren; allein die Wiederbringung dieses Elysiums in die wirkliche Welt wird zwar immer noch gehofft, vor der Hand muss sich aber jeder begnügen, wenn er nur erst nach seinem Tode dahin gelangt.

Der inneren Welt ist die äussere gleich und entspricht ihr so vollkommen, als wäre die eine das Ebenbild der anderen. Es gibt in der physischen Welt Frühling und Winter, Tag und

Nacht, fröhliches Leben und schmerzhafte Krankheiten, Leben und Tod u. s. w. Der Frühling, wo die Natur aus der Erstarrung des Winters zu neuem Leben erwacht, gleicht der Schöpfung der Welt aus dem Chaos, wie Virgil Georg. II, 336 sagt:

»Grade in selbiger Art sah bei der Entstehung der Welt man
Hell anbrechen den Tag mit dem nämlichen Gang der Entwicklung,
Glaub' ich: ein Frühling war es: das Weltall feierte Frühling!
Wintergestürm war fern bei dem milderen Wehen des Zephyrs.«

Also gleicht der Frühling auch dem Paradies oder goldenen Zeitalter, womit das Leben in der Welt begonnen hat, wie denn auch unsere mittelalterlichen Dichter ewig von Frühling und Liebe singen, und damit nur ihre Sehnsucht nach der Wiederkehr jener goldenen Zeit gleich den Idyllendichtern zu verstehen geben. Man muss aber wissen, dass alle Schöpfungsgeschichten den Tages- und Jahreslauf zum Vorbilde haben, und dass die Schöpfungstage den Jahresfesten entsprechen. Warum herscht denn nun in der Welt kein ewiger Frühling? Weil sie verunreinigt worden ist durch die nämlichen Dämonen, welche auch zum Sündenfall verführten. Dieselben brachten die Sommergluth und den Winterfrost in die Schöpfung hinein; dann kam mit den Passatwinden die Sinfluth der Regengüsse als Abwaschung und Reinigung der also befleckten Welt, und dieser Kreislauf wiederholt sich beständig.

Hiermit haben wir die Sagen von dem Indischen Brüderpaare J a m a und M a n u s (welche mit Recht für Eins gehalten werden) schon grösstentheils erklärt. M a n u s d. h. Mensch, ist der aus der Sinfluth gerettete Noah, und derselbe schafft das erste Weib Idâ durch ein ins Wasser geklärtes Opfer von Milch und Butter. J a m a, d. h. *geminus*, Zwilling oder Doppelter, J i m a bei den Parsen, dann D s c h e m - s c h i d, genannt, ist bei den lezteren zugleich Adam und Noah und König im Lande der Seligen sowohl als im Hades. Also ist er Herrscher in beiden Welten, der oberen und der unteren, und Sonne des Tages sowohl als der Nacht, Helios und Hades zugleich, und darum heisst er der Zwilling. In der späteren Indischen Religion hat er bloss noch die Würde des Hades beibehalten. »Die Sonne, welche uns hier leuchtet«, sagt Bunsen (Gott in d. Gesch. II. S. 119), »leuchtet auch dort den Seligen. Da sizen sie um ihn her (die Pitaras, d. h. Ahnen der Väter) unter dem Dache eines schön belaubten Baumes an kühlen Wassern in ewiger Ruhe. Wenn dieses theils an den grossen Seligen, wie Pindar ihn nennt, den Kronos auf den Inseln der Seligen, erinnert, theils an Odin (Wodan) und Walhalla, so werden manchem Leser Pindarische Gedanken in dem Liede Kasjapas anklingen:

Wo unvergängliches Licht in der Welt, wo der Sonnenglanz wohnt,
Dahin bring', o Soma, mich hin in die unsterbliche, unverlezliche Welt u. s. w.[10])

Vollständiger als in den Veden und auch ursprünglicher, möcht' ich sagen, hat sich die Gestalt des Titanen und Urmenschen Jima im Avesta bei den Parsen erhalten, wo er noch ganz allein Adam und Noah und Kronos oder Wodan ist, und in den Sagen die Bedeutung des ersten und des lezten Paradieses sowohl als auch der zwischen beiden liegenden Sinfluth, als einer Wiederherstellung des Paradieses nach seiner ersten Verunreinigung und zugleich als Erneuerung der Schöpfung, klar durchschimmert. Dabei ist dieser Urmensch zugleich ein Gott, und diesen doppelten Charakter haben, wie wir sehen werden, den biblischen Adam ausgenommen, alle die Urmenschen der Mythen, so wie auch der Abfall der Geister von dem Himmelsgotte mit dem Sündenfall der Menschen überall, ausser in der Bibel, Eins ist.

Der Jima also war der erste Mensch auf der Erde, welche damals noch ein Paradies war, die er bevölkert und mit einer goldenen Lanze spaltend auseinander getrieben hat, dass sie

---

10) Vgl. Windischmann, Ursagen der Arischen Völker, S. 11; Haug bei Welcker, Gr. Götterl. I. S. 735 f. Ersterer, um das sogleich hier zu bemerken, findet in dem Manus den griechischen Μίνυς, in dem Jama den Ῥαδάμανθυς wieder.

um ein Dritttheil grösser wurde; sodann war er auch ein Gott, der neben dem höchsten Himmelsgott und seinem Geistervolk (Ormuzd mit den Ized) im Paradies (Varem) mit seinem Menschenvolke wohnte und herrschte. Nachher, als die Welt, durch den bösen Geist Areiman verunreinigt, mit dem Winter und vielen Uebeln geplagt war, schied er aus dieser also verdorbenen Welt ein neues Paradies aus, einen Garten von der Länge einer Reitbahn ins Gevierte, wohin er den Samen aller Geschöpfe und auch der Menschen brachte. Diesen Garten ferner sehen wir in ein Schiff verwandelt in der Assyrischen Sage, in dem Zweistromlande der überschwemmenden Flüsse Euphrat und Tigris, wo die Reinigung der befleckten Welt durch die Wasser der Sinfluth darangeknüpft ist.

Es kommen in allen Traditionen und Mythologien wiederum Sagen von der nämlichen Bedeutung vor, aber nicht immer so einfach und so durchsichtig, sondern durch Umdichtungen entstellt, mit unorganischen Zusäzen, wie mit Unkraut, überwuchert, oder auch ruinenhaft zertrümmert, zerbröckelt, von Schutt überdeckt, so dass die erste Anlage des Bauplanes oft schwer mehr zu erkennen ist. Wäre das nicht, so würde man z. B. in dem Hellenischen Kronos längst den oben beschriebenen Jama oder Jima wieder erkannt haben, in jenem alten Könige, der über ein Volk von kräftigen Urmenschen, Titanen oder auch Geistern, herrscht und mit denselben, weil sie sich an den Himmlischen versündigen, zwar in die Hela (den Tartaros) hinabgestürzt wird, aber trozdem auch in dem Lande der Seligen (Elysion) lebt und herrscht (mithin wieder aus dem Tartaros entlassen ist), und dessen Feste Kronia *(Saturnalia)* deutlich die Wiederkehr des goldenen Zeitalters nach der Beendigung der Sinfluth bedeuten, wo der Genuss aller Güter gemeinsam und alle Menschen Brüder sein sollen.

Besonders in der Griechischen Mythologie ist es schwierig, das Wesentliche von dem Unwesentlichen zu unterscheiden, weil erstlich die Sagen von Dichtern ohne Verständniss ihres

Sinnes in unterhaltliche Geschichten verwandelt sind, und dann weil bei der Urzersplitterung des Volkes in viele Stämme, deren jeder seine eigene Tradition fortpflanzte, auch die mythologischen Helden und ihre Thaten in gleicher Weise zertrümmert und zerbröckelt erscheinen. Also lassen sich statt éines Noahs leicht ein Duzend auffinden, wie Deukalion, Ogyges, Kekrops, Pelasgos u. s. w., ingleichen mehrere Könige der Seligen oder Richter im Schattenreich, ein Minos, Aeakos, Rhadamanthys, und eine ziemlich grosse Zahl von Menschenschöpfern und Urmenschen, ein Prometheus mit seinen Lehmmenschen, ein Peleus (dessen Name wiederum auf Lehm hindeutet) und ein Aeakos mit seinen Myrmidonen, ein Deukalion mit seinen Steinmenschen (λᾶες—λαοί), die von der Erde gezeugten und wiederum von ihr bedeckten und begrabenen Giganten u. s. w. — lauter Brocken und Trümmer, welche, aus dem Schutt hervorgegraben und zusammengestellt, erst wieder ein Ganzes zu bilden geeignet sind.

Einer vollständigen und keineswegs zerspaltenen mythologischen Figur begegnen wir wiederum in dem obersten Gott unserer Voraltern, dem Wodan, der als König in Walhalla[11]), d. h. in der Halle welche die in der Schlacht gefallenen Helden (die Eniheriar oder Heroen) als Selige aufnimmt (im Elysion), sich leicht als einen Jama oder Kronos zu erkennen gibt, womit auch alle seine sonstigen Eigenschaften übereinstimmen, dass er in beiden Welten waltet (wesshalb die Römer den Hermes in ihm wiederzufinden vermeint haben, und auch darum, weil er die Runen erfunden habe), dass seine Gattin Frouwa (Frau) oder Frigga eine andere Rhea ist und Herrin der in Schlachten Gefallenen genannt wird und oberste der Walkyren, dass man ihm (wie dem Bel-Kronos) Menschen zum Opfer schlachtete (Tac. Germ. 9), während man den

11) Vergleiche Walstatt, Walkyre, d. h. zum Tod Kürende, Walblut, Walraub, Walrabe etc.

Donner und den Ziu[12]) nur mit Thieropfern versöhnte, dass er der Vater dieser beiden ist (so wie Kronos des Zeus und seiner Brüder) und Oberhaupt der zwölf Asen (gleichsam Titanen), dass er noch jezt mit seinem Gefolge in Bergen unter der Erde wohnt, der Wiederkehr harrend (eine Rolle, welche von ihm auf einige historische Helden ist übertragen worden, z. B. auf den alten Barbarossa mit seinem langen, durch den Tisch gewachsenen Bart), und dass er zu gewissen Zeiten aus diesem Aufenthalte hervorkommend mit seinem Heere, dem sogenannten wüthenden Heere (will sagen Wodans-Heere), durch die Luft fährt, wobei auch seine Gattin, als Frau Holle oder Hulda (die im Venus-Berge wohnt), nicht zu fehlen pflegt.

3. Arten von Dämonen.

Um in dem Gewirre der Mythen sich zurecht zu finden, muss man erstlich auf die Quelle derselben zurückgehen, zweitens das Leben und die bei allen Menschen in der Welt herrschenden Vorstellungen von über- oder aussersinnlichen Dingen berücksichtigen. Die Quelle der Mythen ist die Phantasie, welche von den Zuständen der Menschen und ihren Bedürfnissen bestimmt wird. Zu den allgemein herrschenden und den Menschen gleichsam angeborenen Begriffen aber gehört, dass es Geister ober und unter der Erde gebe, und dass die Seelen der Verstorbenen zu diesen Geistern übergehen. Der Mensch kann sich nicht denken, dass eine Zeit kommen könne, wo er nichts mehr wäre, und wo sein ganzes Bewusstsein, so wie vor der Zeit seines Entstehens, verschwunden sein sollte. Er kann sich eben so wenig auch denken, dass eine geliebte oder gefürchtete Person, nachdem sie ihr Leben verhaucht, plözlich so ganz aus der Welt und aus dem Reiche der denkenden Wesen

---

12) Ziu, wovon Ziestig oder Dienstag: auch der Mittwoch, (*Wednesday* Wodanstag) bei den Engländern, dann der Donnerstag und der Freitag (von der Freya) sind nach solchen Göttern benannt.

verschwunden sei, dass nicht wenigstens ihr Geist sich noch um etwas, das ihr lieb und theuer war, bekümmern sollte. Mag darum der Freigeist die Unsterblichkeit leugnen; in begeisterten Momenten wird er wiederum daran glauben, wenn ihn das Bild einer geliebten hingeschiedenen Person wie lebendig umschwebt. Und mögen die Vorstellungen von dem Zustande der Abgeschiedenen bei verschiedenen Völkern verschieden sein, hier schwankend und nebelhaft (wie bei den Homerischen Griechen und bei den alten Hebräern), hier fester ausgeprägt und zum Glaubensartikel erhoben (wie bei den Aegyptiern): im Ganzen begegnen wir doch überall den nämlichen, von keiner Theologie abhängigen, sondern dem menschlichen Herzen natürlichen und nothwendigen Vorstellungen, welche sich den Hauptsachen nach etwa in folgende Säze zusammenfassen lassen.

1) Der Geist sinkt in das Reich der Finsterniss hinab, wenn das Auge bricht, und kommt in der Unterwelt (Hela, Hades) zur Ruhe, wenn der Leib oder die Asche im Grabe beigesezt wird.

2) Aber der Athem, welcher die Seele ist (wohl in allen Sprachen ist Seele und Athem ein Wort), wird in die Luft verhaucht und schwingt sich zum Himmel empor, woher er gekommen ist.

3) Der Geist behält eine gewisse Anhänglichkeit an die ehemaligen Orte seines Wirkens und an die angehörigen Hinterbliebenen. Er trennt sich auch nicht gern von der Stelle, wo der Leib beigesezt ist.

4) Sein Wirken ist seinem früheren Wesen entsprechend, schadenstiftend wenn es ein böser Mensch war, segenspendend wenn es ein guter war.

5) Die Geister sind auch von verschiedener Kraft und Bedeutung je nach ihrer ehemaligen Bedeutung im Leben, und ihr Fortleben dauert und schwindet oft mit dem Andenken der Menschen.

An diese einfachen Säze (zu denen wohl die meisten Menschen fortwährend sich bekennen) knüpfen sich aber andere, die schon mehr in bestimmte Mythengestaltungen übergehen. Also leben und wirken diese Geister unter der Erde, in Höhlen und Klüften, und sind auch im Besize der unterirdischen Schäze, der Metalle, die sie bearbeiten, der Quellen, die sie hüten, und können diese Schäze den Menschen spenden oder vorenthalten. Darum heisst der Gott der Unterwelt Pluton, der Reiche, darum wird der Nibelungenhort solchen Geistern abgewonnen und wiederum zurückgegeben, darum sind die unterirdischen Riesen (Kyklopen) und unterirdischen Zwerge so tüchtige Schmiede und Bergleute; darum lebt da drunten ein ganzes Volk solcher Gnomen und Elben, verkommene und vergessene Geister Verstorbener, scheint es, die darum doch nicht aufgehört haben zu leben und zu wirken. So weit aber solche Geister noch nicht aufgehört haben, sich für Orte und Menschen ihres ehemaligen Wirkens zu interessiren, bilden sie die Hausgeister, die Penaten der Familien und Gemeinden; und so erheben sich solche *Manes* zu Laren und Heroen, die als Gründer und Beschüzer der Haus- und Stadt-Gemeinden verehrt werden. Die anderen schweifen im Freien, in Wäldern und Feldern, in der Einöde und in der Wildniss herum, koboldartige, missgestaltige, oft halb-thiergestaltige Wesen; denn natürlich haben sie mit dem Tod einen Verlust erlitten, so dass sie, sofern sie nicht als hervorragende Persönlichkeiten ins Elysium oder in den Himmel aufgenommen worden sind unter die seligen Geister, in dieser Beziehung tiefer stehen als die Menschen, wenn sie auch in anderer Beziehung, als reine Geister, höher stehen, so dass sie den Menschen manchen Vortheil bringen und Segen spenden können, was sie auch gern thun, wenn man sie nur gut behandeln will.

Sind schon diese Geister nicht an ihr Grab und nicht an den unterirdischen Aufenthalt gebunden, so gibt es andere, welche ganz den oberen Regionen angehören. Wir haben gesehen, dass bereits von vorn herein die Vorstellungen über den Aufenthalt der Seelen nicht zusammenstimmen, indem man die Seelen theils an das Grab geknüpft denkt (und wer thut das nicht, der z. B. am Grabe eines Verstorbenen kniet und betet?), theils in den Aether emporgeschwungen. Und das muss man überhaupt sich merken, dass man von mythologischen Vorstellungen niemals vollkommene Uebereinstimmung und Klarheit, wie von Verstandesbegriffen, fordern darf.

Es herrscht ein Glaube, dass die Seelen aus dem Himmel stammen und in den Himmel zurückkehren. Die Griechen (wenigstens die Denker unter ihnen) denken sich das so, dass der Aether (Zeus) ein Seelenstoff sei, von welchem die Seelen Ausflüsse seien, so gut wie die himmlischen Götter. Da somit beide, Seelen und himmlische Götter, éines Stammes sind und éiner Art, so werden auch häufig Götter und Dämonen, Asen und Licht-Elben, mit einander verwechselt. So wie nun ein jeder Mensch seinen bald dunklen bald hellen Genius hat, der sein Glückstern ist, also hat auch eine jede bürgerliche Gemeinde einen Kastor und Pollux, Romulus und Remus, ingleichen jede Familie, jedes Haus und jeder Ort u. s. w.; und diese Genien entsprechen wiederum den Penaten und Laren. Also gehen die Manen nicht allein in Laren, sondern auch in Genien über, und eigentlich sind in dem Genius, wenn er bald weiss und bald schwarz ist, beide, der Licht-Elbe und der Schwarz-Elbe, der Genius und der Lar, beisammen. Und in den meisten Religionen bleiben sie auch wohlverträglich beisammen, aber in dualistischen Religionen scheiden sie sich als Engel und Teufel, indem zugleich die Hölle zu einem Aufenthalte der Verdammten, der Himmel zum Aufenthalte der Seligen wird. Dann kostet es Mühe, aus dem Hades oder dem Purgatorium (denn auch dieser Mittelzustand wird ersonnen) erlöst zu werden, und nicht ohne Beihilfe der Hinterbliebenen wird die Erlösung vollbracht. Schon die Römer übten gewisse Ceremonieen, durch welche menschliche Seelen in göttliche selige

Geister verwandelt wurden (s. meine Rel. der Römer I, S. 45). Und bei den Griechen ist öfter davon die Rede, dass Heroen oder Heroinen aus dem Hades zurückgeführt werden entweder in den Himmel oder ins Elysium, um selig fortzuleben. Dieses Elysium, am Ende der Welt gedacht (wie auch der Hades manchmal) ist nämlich gleichsam ein zweiter Himmel neben dem über uns befindlichen Himmel, als Aufenthalt der seligen Abgeschiedenen, so wie bei den Indiern der Jama seinen eigenen Himmel im Süden oder Westen hat neben dem Himmel des Varuna (Uranos), welcher im Osten oder Norden auf dem Berg Meru liegt, ingleichen der Wodan sein Walhalla neben dem Asgard (Asen-Stadt) einerseits und dem Nebelheim (Hades) anderseits. Allein es waltet bei den Griechen keineswegs ein so starker Gegensaz zwischen diesem Elysium und dem Hades, wie zwischen Himmel und Hölle, sondern sie liegen neben einander, und oft ist jener bloss ein Theil von diesem, gleich dem Orte der gequälten Sünder, der als Gegensaz des Elysiums ebenfalls zum Hades gehört.

Der Tod allein macht uns wieder frei sowohl von den Uebeln, in welche wir durch den Sündenfall und die Entzweiung mit den Göttern hineingerathen sind, als auch von den Banden, mit welchen das Leben und das Schicksal uns umstrickt halten, und lässt uns zurückkehren in den, sei es halbgöttlichen oder halb-thierischen, Zustand, welcher einst unter der Herrschaft des Instinctes und vor dem Eintritt der Cultur der allgemeine gewesen ist. Darum haben alle diese aus Seelen der Abgeschiedenen gewordenen Dämonen, die Riesen und die Zwerge, die Kyklopen und die Satyren, so gut wie die himmlischen Dämonen, mit einander das gemein, dass sie, von den Plagen, mit welchen die Menschen sich unter einander quälen, so wie auch von Tod und Krankheiten frei, im Naturzustande lebend ihren Trieben folgen dürfen, mögen diese nun göttlich oder thierisch sein, dass ihnen erlaubt ist was gefällt, ohne dass sie damit eine Sünde begehen. Und aus dieser

Gleichheit derselben mit den Urmenschen folgert die Vorstellung des Volkes nun weiter, dass diese Dämonen auch wirklich mit jenen Urmenschen Eins seien, oder dass die Urmenschen nach ihrem Tode in diese Dämonen sich verwandelt haben, oder dass die verschiedenen Gattungen von Dämonen mehreren Geschlechtern urzeitlicher Menschen entsprechen, aus denen sie geworden seien.

4. Hesiods Menschengeschlechter sind Gattungen von Dämonen.

Die Aufzälung und Beschreibung dieser Menschengeschlechter gibt uns Hesiod in den Tagen und Werken 109 ff. Er sezt erst ein goldenes und ein silbernes Geschlecht, welche genau den Licht- und den Schwarz-Elben, den Genien und den Manen, entsprechen. Das goldene Geschlecht, sagt er, lebte wie Götter, frei von Leiden, Nöthen und Sorgen, in beständigem Wohlleben: ohne zu altern schliefen sie ein, wenn sie starben, und die Erde gab ihnen Alles was sie brauchten im Ueberfluss ohne ihr Zuthun: sie durften nur zulangen und geniessen. Als die Erde sie bedeckt hatte, wurden sie nach dem Willen des mächtigen Zeus zu guten Genien (*δαίμονες ἐσθλοί*) welche über der Erde walten als Behüter der Menschen (*ἐπιχθόνιοι, φύλακες θνητῶν ἀνθρώπων*), und mit Luft angethan (*ἠέρα ἑσσάμενοι*) überall hinschweben, auf Recht und Unrecht achtend, segenspendend: denn das ist ihr fürstliches Amt.

Nach ihnen wurde das silberne Geschlecht von den Himmlischen geschaffen, viel schlechter als das goldene an Leib und Geist. Hundert Jahre lang blieb der Knabe unmündig bei der Mutter im Hause sizen, und wenn sie endlich gereift waren, lebten sie nur kurze Zeit in Schmerzen aus Unverstand, weil sie so wenig sich unter einander vertragen konnten, als den Göttern zu geben verstanden was ihnen gebührt. Darum nun, weil sie den seligen Göttern im Olymp gar keine Ehren gaben, verbarg sie Zeus im Zorne, und seitdem sie von der Erde bedeckt sind, heissen sie unterirdische selige Gestorbene ὑποχθόνιοι μάκαρες θνητοί), haben die zweite Stufe, werden aber gleichfalls geehrt (δεύτεροι, ἀλλ᾽ ἔμπης τιμὴ καὶ τοῖσιν ὀπηδεῖ). In diesen tappigen Kerlen, die in hundert Jahren nicht einmal gescheidt geworden sind, von gegenseitiger Beeinträchtigung nicht lassen können und weder Religion noch Moral haben, erkennt man völlig den Charakter der Satyren wieder, die sich auf dem Lande in Wäldern und in der Wildniss herumtreiben mit den Nymphen, welche ihres Gleichen und auch zum Theil thiergestaltig sind, dabei glücklich, ja sogar selig leben, und von den Menschen geehrt werden müssen, weil sie doch Macht zu schaden und zu nüzen haben. Ihren unterirdischen Ursprung sieht man ihnen weniger mehr an als den nordischen Zwergen und Kobolden, Oelken oder Uellerken (d. h. Alten), den Schwarz-Elben, aber sie lieben doch die Höhlen und die Quellen, welche drunten entspringen, kommen nie in den Himmel und haften am Boden gleich anderen irdisch-unterirdischen Göttern [13].

Ursprünglicher jedoch als die Satyren und die nordischen Zwerge erscheinen die Homerischen Kimmerier [14]), die eigent-

13) Die richtige Ansicht wenigstens von den zwei ersten Geschlechtern, dem goldenen und dem silbernen, findet man zuerst von R. Roth ausgesprochen in einem Programm (Tübingen 1860), welches ich der Mittheilung des Herrn Dr. Pertsch in Gotha danke. »Es fügen sich«, sagt Roth S. 17, »alle Züge zu völligem Einklang, wenn wir den Gegensaz lichter und finsterer Dämonen als den auch in die Schilderung des irdischen Lebens der beiden ersten Geschlechter hereinspielenden Grundgedanken festhalten.«

14) Mit dem Namen *Κιμμέριοι* haben schon die Alten manche Deutungsversuche gemacht und ihn zu dem Zweck in *Χειμέριοι* umgewandelt, auch sogar das Aristophanische Wizspiel *Κερβέριοι* aus *Ran.* 187 aufgenommen, s. Schol. Od. λ. 14. *Κίμβρος* oder *κίμερος* wird als ein Phrygisches Wort überliefert, welches Grube bedeutete, s. Hesych *κίμερος, νοῦς* (schr. *βόθυνος*), *Φρύγες*. Diese Emendation ergibt sich aus der von Schmidt beigebrachten Parallelstelle. Derselbe Hesych sagt: *Κιμμερὶς θεά· ἡ μήτηρ τῶν θεῶν*. Es wird die Unterirdische gemeint sein.

lichen Bewohner der Schattenwelt ausser den wirklichen Schatten, die Dämonen jener sonnenlosen Welt, welche Hesiod mit seinem silbernen Geschlechte bezeichnet hat. Bei Homer (Od. λ, 14) wohnen sie am Ende der Welt in ewiger Nacht, wo keine Sonne mehr auf- und untergeht. · Später hat man sie unter Anderem in die Gegend von Cumae versezt, die ein Abbild der Hölle zu sein schien; denn dort hatte die Kirke als Hekate gehaust, dort war ein Acheron-See und ein Avernusbach, an welchem Odysseus die Seelen der Verstorbenen beschworen hatte, und ein Styx, ja sogar auch ein Pyriphlegethon; darum mussten auch die Kimmerier da gesessen haben, die man richtig für unterirdische Dämonen nahm (Strabo V, 4. S. 244), und Ephoros hatte von ihnen erzält, dass sie in unterirdischen Gruben wohnen und durch unterirdische Gänge mit einander in Verbindung stehen und dabei Bergbau und die Kunst des Prophezeiens treiben: Keiner sehe die Sonne je, und nur des Nachts schlüpfen sie aus ihren Löchern hervor. Uebrigens seien sie jezt verschwunden, ausgetilgt durch einen König dem sie falsch prophezeit hatten. Wer erkennt nicht in dem Allen unsere Erdmännchen, Heimchen, Wichtlein wieder, oder wie sie sonst noch heissen mögen?

Wir haben jezt ein göttliches und ein halb-thierisches Urgeschlecht betrachtet, und müssen dem Hesiod weiter folgen zu dem Riesengeschlechte, welches er das eherne nennt und also beschreibt: »Es war ein in Lanzen furchtbares und gewaltiges[15] Geschlecht, welches nur das Faustrecht übte. Sie assen kein Brot, sondern hatten ein erbarmungsloses Gemüth

15) *ἐκ μελιᾶν δεινόν τε καὶ ὄβριμον propter arma timendum.* Wir folgen der Erklärung G ö t t l i n g s. Andere verbinden *ἐκ μελιᾶν* mit *ἐποίησε*, so dass diese Riesen aus Eschenbäumen geschaffen wären, während sie doch von Erz waren. Man hat auch sonst nirgends etwas von so einer Schöpfung gehört, und die Redensart *ἀπὸ δρυὸς ἢ ἀπὸ πέτρης εἶναι* ist anders zu deuten (s. weiter unten); endlich die *νύμφαι Μελίαι* sind keine Eschen-Nymphen, sondern *Μειλίαι*.

(also dass sie Thiere schlachteten), die unersättlichen, und waren dabei riesenstark mit ihren unnahbaren Armen an den mächtigen Schultern und ihren festen Gliedern. Ihre Waffen, ihre Häuser, Alles war von Erz: Eisen gab es noch nicht. Sie schlugen sich einander selber todt und schwanden so von der Erde weg in den Hades hinab, so gewaltig sie auch waren.«

Apollodor (I, 7, 2) bemerkt (wahrscheinlich dem Hesiod oder einem anderen derartigen Dichter folgend), dass dieses Geschlecht in der Sinfluth untergegangen sei, und wir werden finden, dass es Eins war mit den Titanen, die den Sündenfall begiengen und in den Tartaros hinabgestossen wurden; dem vorangehenden silbernen Geschlechte aber stellt dieses Geschlecht sich gegenüber als die Riesen den Zwergen. Von dem Worte Zwerg aber, welches wir noch oft gebrauchen werden, muss bemerkt werden, dass der Begriff der Kleinheit ursprünglich nicht zu ihm gehört, sondern erst später hineingetragen worden ist, und dass eigentlich bloss die Missgestalt damit ausgedrückt wird. Denn zwerch heisst quer, schief (überzwerch ist querhinüber): also bezeichnet Zwerg (das Getwerk) eine verschobene Gestalt. In der Edda wird der Schwarz-Elbe Alwis (Allweise) vom Thor (Donner) selbst ein Thurs (Riese) und dann wieder ein Zwerg genannt. Die Zwerge haben die Tarnkappe (Zwerghut im Dänischen genannt) und versehen als unterirdische Schmiede das Amt der Kyklopen.

Nach diesen Geschlechtern erwähnt Hesiod noch zwei, das der Heroen und das der gewöhnlichen Menschen, welche uns hier nicht weiter interessiren. Wir gehen nun über zur Betrachtung der Urmenschen vor und nach dem Sündenfall.

5. Gottähnliche Menschen. Aethiopen. Aeolos.

Im Anfang, sagt Hesiod (Fragm. 187), speisten die Götter an éinem Tisch mit den Menschen, und von Tantalos wird uns erzält, dass er an dem Tisch der Götter mitspeisen durfte und dass die Götter wiederum zu seinem Haus als Gäste kamen, bis er dieses Glück aus Uebermuth verscherzte. Ein also glückliches und noch keineswegs durch Versündigung gestürztes Volk begegnet uns bei Homer in den Aethiopen, die an den beiden Enden der Welt, beim Aufgang und beim Untergang der Sonne, wohnen, und zu denen immer Zeus mit dem ganzen Götterkreise auf Besuch hinkommt, um wochenlang bei ihren Opfern zu schmausen[16].

Ein anderes derartiges, nie durch Uebermuth gestürztes, Volk waren an einem anderen Weltende wohnend die Uebernordwindler, Hyperboreer, nach der Schilderung der lyrischen Dichter und dem Glauben der Orphiker. Andere, wie die Kyklopen und die Giganten, hatten ihre frühere Seligkeit eingebüsst. Der Art gibt es noch einige, die wir jezt betrachten wollen. So lernen wir z. B. in dem Windgotte Aeolos bei Homer einen fast dem Kronos gleichen Patriarchen-König kennen, der auf seiner Insel in der Nähe des Kyklopenlandes mit seinen zwölf Söhnen und zwölf Töchtern (gerade so viel sind auch der Olympischen Götter, ingleichen bei Hesiod der Titanen), die er gegenseitig an einander vermählt hat, in einem wahrhaft paradiesischen Zustande und, was noch mehr ist, auch in paradiesischer Unschuld lebt; denn sobald er erfährt, dass Odysseus von Göttern gehasst sei, will er nichts mehr von ihm wissen und in keinerlei Berührung mit ihm kommen (Od. κ, 73 f.). Also lebt dieser Verwalter der Winde (*ταμίης ἀνέμων*) in seinem von der übrigen Welt abgetrennten, mit einer ehernen Mauer und steilen Felsen verschlossenen Lande, Aeolien, als Freund der Götter, und seine Söhne, von Wohlstand umgeben gleich den Uebernordwindlern, haben alle Tage Festtag und Opferschmaus und ruhen alle Nächte in weichen Betten bei ihren Schwestergattinnen wonniglich, und Odysseus weilt bei ihnen eine lange Frist, wie bei den Phäaken, und scheidet beschenkt mit dem Besten was er braucht, um gerades

16) Od. *α*, 22. *ε*, 282. Il. *α*, 423. *ψ*, 206.

Wegs in seine Heimath zu kommen, was auch gelungen wäre, wenn sein Schiffsvolk so fromm wie die Aeolos-Kinder gewesen wäre.

Windgott ist dieser König erstlich seines Namens wegen, der von *ἀῆναι*, wehen, stammt, und zweitens weil er, als Aussender der Winde, selber von Winden in seinem Lande frei bleibt, mithin ein wahrer Uebernordwindler, Hyperboreer, ist. Trozdem spielt dieser selbige Windgott mit dem Beinamen Desmotes (Winde-Fessler) bei anderen Dichtern eine unglückliche, dem Phineus gleiche, Rolle, indem er seine Tochter Melanippe blendet und einsperrt, bis diese von ihren Zwillings-Söhnen befreit und ihr das Augenlicht von Poseidon, dem Vater ihrer Kinder, wieder hergestellt wird (Hygin. f. 186).

Man hat nicht nöthig, den sogenannten Stammvater des Aeolischen Volksstammes, Enkel des Deukalion, von diesem Windgotte zu trennen, zumal jener selbst wiederum Riesen und Dämonen zu Söhnen hat[17]). Denn unter diesen ist erstlich Perieres, der Vater des Aphareus und des Leukippos, offenbar ein Feuerdämon, dann Sisyphos anerkannt ein Seedämon; der Salmoneus endlich kann nicht von dem Perieres verschieden gewesen sein, wenn er auf einem Viergespann fuhr und dabei den Donner und Bliz des Zeus nachahmte, bis er von diesem, wie Phaethon, mit dem Bliz erschlagen wurde[18]). Er herrschte in Elis in dem Flecken Salmone neben dem Augeias und dem Oenomaos, verwandten Geistern[19]). Endlich gehört auch die Tochter jenes Aeolos, *Ἄρνη*, als Geliebte Poseidons und Mutter eines zweiten Aeolos, dem Urgeschlecht an.

---

17) *Κρηθεὺς ἠδ' Ἀθάμας καὶ Σίσυφος αἰολομήτης Σαλμωνεύς τ' ἄδικος καὶ ὑπέρθυμος Περιήρης.* Hes. Fragm. 32.

18) Od. λ, 236. Apollod. I, 9, 7. Hygin. f. 61. 250. Lucian. Timon 2.

19) Strabo VIII. S. 356. Diod. IV, 68.

6. Meropes (*μέροπες*).

Von Deukalion und Pyrrha lassen die Griechen erst den Hellên, als Stammvater aller Hellenen, und dann von diesem wieder den Doros, Xuthos und Aeolos, als die Stammväter der drei Völkerschaften Dorier, Ioner und Aeoler, gezeugt werden. So wie aber die Namen Hellên Doros und Ion (der wieder von Xuthos gezeugt wurde) blosse Erfindungen nach den Namen der Völkerschaften sind, so hat auch Aeolos (welcher noch dazu nicht des Hellên sondern des Zeus Sohn von Euripides im Ion 63 genannt wird) mit dem Aeolischen Volksstamme nichts weiter als den Namen gemein. Besser hätte man gethan, dem Deukalion oder auch dem Aeolos die Meroper zu Unterthanen und Nachkommen anzuweisen oder auch jene mit dem Merops, dem angeblichen Könige dieser Urmenschen (Hygin. f. 16), für Eins zu erklären[20]).

Die Meroper sind Sterbliche. Trozdem lesen wir bei Aelian (V. H. III, 18) eine aus dem Munde des göttlichen Silens gekommene Erzälung, nach welcher diese Meroper auf einer Insel im Ocean draussen mit zwei anderen Geschlechtern, dem frommen (goldenen bei Hesiod) und dem streitbaren (ehernen), zusammen leben in der Nähe des Einganges zum Nebelreiche, um welches zwei Flüsse rinnen, ein Freudenfluss und ein Trauerfluss; an jedem wachsen Bäume, und wer von der Frucht des einen geniesst, der muss sich zu Tode weinen,

20) *Μέροπες* bedeutet überhaupt so viel wie *βροτοί*, und noch von Homer wird das Wort in diesem Sinne gebraucht: er sagt nämlich oft *μέροπες ἄνθρωποι*, und Aeschylus, nach seinem Beispiel, sagt *μέροπες λαοί* (Suppl. 84 = 78). Die Ableitung von *μέρος* oder *μείρομαι*, als wären es *ὄπα μερίζοντες* (wo aber heisst je *μερίζειν* artikuliren?) halte ich für unrichtig schon darum weil sie eine zu feine Beobachtung voraussezt. *Mori* heisst sterben, und davon kommt *βροτός* und *ἀμβροσία*, die unsterblich machende Speise, aber *mori* sezt ein *merere*, wie *φορεῖν* ein *φέρειν*, voraus, und das ist vorhanden im sanskrit. *mṛ*, wovon auch *mṛta* = *mortuus*, *amṛta* = *ἀμβροσία* gemacht ist. Vgl. Curtius, Gr. Etym. I. S. 296.

wer die andere kostet, der vergisst Alles was ihn bisher kümmerte und verjüngt sich stufenweise wieder bis zum Kinde. Eine sinnige und nicht ganz erfundene sondern auf Tradition ruhende Erzälung. Die Meroper aber werden uns auch anderwärts wie ein frommes Urvolk charakterisirt. Ist doch ihr König *Μέροψ* der Stifter der Religionen und Götterdienste gewesen und ist zulezt als Adler zum Zeus in den Himmel aufgefahren, während seine Gattin in den Tartaros hinunter musste[21]. Auch Homer kennt diesen König noch als einen Wahrsager, aber da ist derselbe bereits an den Hellespont herabgewandert und wohnt in Perkote, seine Söhne aber in Adrasteia[22]. Später ist das Meroperland, welches nach Theopomp und der obigen Erzälung draussen im Ocean lag (Strabo VII. S. 299), zur Insel Kos geworden (Kallim. Del. 160), und dort wohnen die Meroper mit ihrem Merops; trozdem sind sie noch so ein ungewöhnliches Volk, dass des Herakles Angriff auf dieselben nicht wie Feuer Sturm oder Wogen, sondern dem Blize gleich sein musste[23]. Von diesem Kriege muss auch bereits Homer gewusst haben (Il. ξ, 255. ο, 28). Und Steph. Byz. nennt noch den König dieser Insel einen Giganten[24]. Nach Apollod. (II, 7, 1) reihte sich an diesen Meroper-Krieg auf Kos, wo der König Eurypylos vom Herakles erschlagen wurde, unmittelbar der Gigantenkrieg in Phlegra; es wird also wohl zwischen beiden kein grosser Unterschied gewesen sein: auch hat in beiden Herakles das Beste gethan, indem ohne ihn die Giganten nicht wären zu besiegen gewesen (Apollod. I, 6, 1). Und gleich den Titanen und Giganten sehen wir auch die sonst so frommen Nachkommen des Merops auf dem Eilande Kos zu

---

21) Clemens Al. u. Sch. Il. ω, 293. Hygin. *astron.* II, 16.

22) Il. β, 828. λ, 330. Strabo XIII. S. 586.

23) Quinctil. VIII, 6, 71. vgl. Pind. Isthm. V, 46.

24) *γηγενῆ*, in der Glosse: *Κῶς ἀπὸ Κῶ, ἥτις Μέροπος γηγενοῦς θυγάτηρ* — womit Euripides übereinstimmt, indem er diese Tochter *Τιτανίδα κούρην* nennt (Hel. 389—345), vgl. Hygin. *astron.* II, 16.

frechen und gottlosen Menschen entartet in einer Erzälung bei Anton. Lib. 15. Dabei ehren sie aber doch noch ihre Erzeugerin, die Erde, und leben im Ueberfluss, weil diese ihnen Alles reichlich hervorbringt.

Es ist noch zu erwähnen, dass der Merops auch als Aethiopenkönig und Gemahl der Klymene, der Mutter Phaethons, genannt wird bei Euripides Phaeth. — und die Aethiopen sind ein den Hyperboreern und den Meropern gleiches Volk —, ingleichen dass die Merope eine Tochter des Atlas und Gemahlin Orions sein soll.

7. Die Phäaken und Rhadamanthys.

Ein anderes derartiges Fabelvolk, wie die Meroper, lernen wir in den Phäaken bei Homer kennen, welche sich selbst mit den Giganten und Kyklopen auf éine Linie stellen und dem Dichter Alkäos zufolge sogar auch, wie die Giganten, aus den Blutstropfen des entmannten Uranos entstanden sind (Sch. Apoll. IV, 992). Auch scheint ihr König Alkinoos von dem Gigantenhäuptling Alkyoneus nicht verschieden zu sein, und er leitet auch sein Geschlecht mütterlicherseits von dem Gigantenkönig Eurymedon her. Die Phäaken wohnen am Ende der Welt beim Okeanos in einem Utopien (Od. η, 112—130) und leben in Genüssen und Freuden hin (Od. ϑ, 248. Horat. Ep. I, 2, 28) und sind Gottnahe (*ἀγχίϑεοι* Od. ε, 35); denn die Götter pflegten einst zu ihren Gelagen leibhaftig zu kommen und mit ihnen, wie mit ihres Gleichen, zu verkehren (Od. η, 60), welches sie bei allen den Urmenschen vor deren Versündigung zu thun pflegten (wie Hesiod Fragm. 187 versichert). Ihre Insel Scheria (Festland), wohin sie von ihrem König Nausithoos, dem Poseidons-Sohne und Vater des Alkinoos, gebracht worden sind aus Hypereia herüber, woselbst sie mit den übermüthigen Kyklopen zusammen gewohnt hatten, ist gleich der Insel des Aeolos durch eine hohe Mauer geschüzt und von der sündhaften Welt abgeschlossen (Od. ζ, 8). Aber éine Eigenschaft an ihnen ist besonders merkwürdig, und ihre Erklärung könnte uns schwierig dünken, wenn wir nicht den Aeolos vorher betrachtet hätten, nämlich dass die Phäaken Geleiter der Menschen zur See sind (Od. ϑ, 566) und den Odysseus schlafend in seine Heimath bringen, so wie er schlafend auch von dem Fahrwinde des Aeolos dahin gebracht worden wäre, wenn sein Schiffsvolk die Gabe des Gottes nicht in Unsegen verkehrt hätte. Und dabei haben sie wunderbare Schiffe: dieselben bedürfen keiner Ruder und keines Steuers und laufen, in Nebel gehüllt, von selbst dahin wohin man will; denn sie kennen alle Behausungen der Menschen und es gibt für sie keine Gefahr auf der See. So ein Schiff ist also in der That der richtige Fahrwind (Od. ε, 268) selbst, der einen, ohne Gebrauch von Rudern und Steuer, schlafenden, dahin führt, wohin er gerade will, und die Phäaken selbst sind behütende und geleitende Genien gleich den Dioskuren und gleich den Dämonen des goldenen Geschlechtes, welche in Nebel gehüllt überall herumschweben auf der Erde als Behüter der Menschen (Hes. ἔργ. 125). Ihr Name endlich bezeichnet die H e l l e n, so zu sagen Licht-Elben[25]. Mit Recht also wird ihr Aufenthalt von einigen der Alten in die Nähe des Elysiums gesezt, woselbst auch Rhadamanthys lebte, den sie einst eben so hübsch, wie den Odysseus, zu seinem Freund Tityos, dem Giganten, hinüber nach Euböa gefahren haben (Eustath. Od. η, 324). Später, schon zu Homers Zeiten, war dieses selige Land nicht mehr zu finden, denn Poseidon hatte eín hohes, unübersteigbares Gebirge um dasselbe aufgethürmt (Od. ϑ, 569). Von Alkinoos aber ist noch zu sagen, dass er zwölf Unterkönige neben sich im Lande hatte, so wie Aeolos zwölf Söhne und zwölf Töchter besass.

Wir haben jezt noch von Rhadamanthys Einiges zu sagen. Der »blonde« R h a d a m a n t h y s wohnt sowohl dem Homer

25) Vgl. φαικός und φαιδρός, von φαίνω stammend.

als auch dem Pindar nach im Elysium als Beisizer des Kronos, woselbst er auch mit der Alkmene vermählt ist[26]), ausser dass er, wie gesagt, einmal von den Phäaken nach Euböa hinübergefahren wird zu dem Erdensohne Tityos (Od. η, 324). Was er bei den Phäaken gethan und was bei dem Giganten Tityos, können wir uns denken, da der Alkinoos uns sagt, dass die Phäaken, die Kyklopen und die Giganten ohngefähr alle in eine Klasse gehören (Od. η, 205), zwar sterblich, aber doch den Göttern näher stehend als andere Menschen (Od. η, 60. Paus. VIII, 29, 2). Darum können wir auch gar keinen grossen Unterschied darin finden, ob derselbe im Elysium oder bei den Phäaken verweilt, sintemal auch bei diesen ein Utopien ist. Aus allem dem aber ist abzunehmen, dass der Rhadamanthys, weil er im Lande der Seligen und bei den Urmenschen, den Phäaken und den Giganten, lebt und Beisizer des Kronos ist in seiner Kronosburg (Pindar a. a. O.) oder auch in der Unterwelt Richter über die Todten, dass also dieser Rhadamanthys ein anderer Yima (Adam = Noah) oder auch ein Kronos sei. Der Dichter Kinäthon (bei Paus. VIII, 53, 2) macht ihn zum Sohne des Hephästos und Enkel des Talos; vielleicht also hatte er eine Kunde, dass derselbe ein Bel-Moloch gewesen sei. Und das ist sehr wahrscheinlish, da er, dem Diodor (V, 79) zufolge, auf allen den Inseln bei Asien, Chios, Lemnos, Kyrnos, Peparethos, Maroneia, Paros, Delos, Andros, einst geherrscht haben soll. Das macht ihn seinem Bruder Minos desto ähnlicher, der ein anderer Bel-Moloch war und dem Ephoros bei Strabo X. S. 476 C.) zufolge dem Rhadamanthys nachgeeifert hat. Aus Kreta musste Rhadamanthys fliehen wegen eines unvorsäzlichen Todtschlages, sodann hat er zu Okaleia in Böotien die Alkmene geheirathet und den jungen Herakles im Bogenschiessen unterrichtet (Sch. Lyk. 50. Apollod. II, 4, 11); auch im Flecken Erythrä am Kithäron hat er gewohnt, und wurde dort als Stammheros verehrt (Paus. VII, 3, 7).

26 Il. ξ, 322. Od. δ, 553. Pind. Ol. II, 143. P. II, 134. Anton. Lib. 33.

Von der Alkmene, die sonach mit dem Rhadamanthys unzertrennlich vereinigt scheint, verehrte man in Theben einen Stein als Bild, in welchen sie gleich der Niobe verwandelt worden war[27]). Sie wird also auch gleich der Niobe eine andere Rhea gewesen sein. Ein Grab derselben zeigte man zu Megara auf der Burg neben dem Olympischen Zeus (Paus. I, 41, 1). Aber auch zu Haliartos hatte sie, wie es scheint, ein mit dem Aleos gemeinsames Grab (Plut. gen. Socr. c. 5. p. 578[28]).

8. Riesen.

Ausser den bisher betrachteten frommen Urmenschen gibt es andere rohe, auf ihre Kraft trozende und die Götter verachtende, dergleichen z. B. in der Odyssee die Kyklopen sind. Mit diesen verkehren keine Götter mehr und sie wissen nichts von Moral und Religion, brauchen auch keine, da sie einzeln in Berghöhlen und Wäldern ganz wie die wilden Thiere leben, ohne eine Gemeinde zu bilden, und um Nahrung und Kleidung nicht zu sorgen haben, indem die Erde und ihre Viehheerden liefern was sie brauchen. Als daher Odysseus den Polyphem um gastliche Aufnahme bittet und dabei den Zeus als Hort der Gäste anruft, erwidert ihm dieser: »Du bist ein Thor oder kommst aus weiter Ferne her, wenn du mich mahnst, die Götter zu fürchten und zu scheuen. Ein Kyklope fragt nichts nach dem Donnerer Zeus oder den seligen Göttern, weil er selber mehr wie jene ist. Also aus Scheu vor dem Zorne des Zeus werde ich weder deiner noch deiner Genossen da schonen, wenn ich Appetit habe« — und darauf packte er zwei

---

27) Anton. Lib. 33. Paus. IX, 16, 4.

28) Der Name Ἀλκμήνη mag aus Ἀλαλκομένη geworden sein, und Ἀλαλκομενηΐς ist einer von den Beinamen der Athene, welche auch Ἀλέα, d. h. Abwehrerin, heisst, und ihr Fest Ἀλέαια. Der Name Ῥαδάμανθυς aber (vgl. ῥάδαμνος und ῥαδανίζω) scheint mit Τάνταλος synonym zu sein, d. h. einen Schwebenden zu bezeichnen. Uebrigens vgl. Windischmann, Urs. d. Ar. Völker, S. 11—18.

von ihnen, stiess ihnen die Köpfe gegen den Boden, dass das Hirn heraussprizte, richtete sie zu und frass sie.

Hier haben wir das Bild einer von den Göttern abgekommenen, in Hochmuth verthierten Menschheit. Denn vor Zeiten waren auch diese Kyklopen Freunde der Götter gewesen (Od. η, 206). Von derselben Art sind auch die Phlegyer und die Lapithen, ingleichen die Giganten und die Titanen. Diese Klasse von Dämonen, unter den Namen Riesen zusammengefasst, wollen wir nun näher betrachten.

Homer, der Geschichtschreiber der Heroenwelt, lässt seinen Nestor zu diesen Heroen Folgendes sagen (Il. α, 260): »Ich habe weiland mit viel stärkeren Helden, als ihr immerhin seid, verkehrt, und sie haben mich niemals gemissachtet. Denn ich habe noch nie solche Helden gesehen, noch werde ich sie sehen, wie den Peirithoos und den Dryas, den Völkerhirten, und den Kaeneus, den Exadios und den gottgleichen Polyphemos. Das waren die stärksten Helden, die je auf der Welt gelebt haben, und mit den stärksten haben sie auch gestritten, den in der Wildniss lebenden Φῆρες (Kentauren), und haben sie entsezlich vernichtet. Ja, mit denen habe ich verkehrt, aus Pylos gekommen, fernher aus dem Lande Apia; denn sie haben selbst mich gerufen, und ich habe selbständig für mich allein gekämpft; aber mit jenen könnte kein Mensch von denen, welche jezt in der Welt leben, mehr kämpfen. Und sie haben auch auf meinen Rath gehört und sind meiner Mahnung und Warnung gefolgt.« Und ein ander Mal wiederum sagt derselbe Nestor (Il. ψ, 629 f.): »Wäre ich doch so jung noch wie damals, als die Epeer den König Amarynkeus in Buprasion bestatteten und seine Söhne Kampfpreise aufstellten. Dort konnte mir's keiner gleich thun von den Epeiern, von den Pyliern selbst und von den muthigen Aetolern. Im Faustkampf besiegte ich den Klytomedes, Sohn des Enops, im Ringen Ankäos aus Pleuron, der es mit mir aufnahm, im Lauf überholte ich den Iphiklos, so wacker er war, im Speerwurf den Phyleus und Polydoros; bloss im Wettfahren überholten mich die Aktorsöhne durch das Selbandersein, indem der eine lenkte und der andere immer mit der Geissel antrieb.« Wieder ein anderes Mal erzält er, wie er bei dem Reisigen Peleus, dem Myrmidonen-Könige, einkehrte, und wie er in einem Kampfe der Pylier und Arkader am Fluss Keladon den Vorkämpfer Ereuthalion im Zweikampfe bestand, einen Riesen, welcher weit ausgestreckt über das Maass da lag als er todt war. Dieser Riese hatte seine Rüstung von dem Keulenschwinger Areïthoos geerbt, der mit einer eisernen Keule die Reihen der Helden durchbrach, bis er vom Lykurgos aus dem Hinterhalte getödtet wurde. Wieder ein anderes Mal im Kampf um die Heerden erschlug Nestor den Itymeneus und den Mulios und auch die Aktorsöhne, die Molione, würde er getödtet haben, wenn ihr Vater Poseidon nicht gewesen wäre (Il. λ, 671. 750).

Hieraus sehen wir, dass Homer wenigstens drei Menschengeschlechter unterscheidet, das jezige, das der Heroen und das diesem vorangehende, welches Hesiod das eherne. wir das der Riesen nennen wollen. Sehen wir nun erstlich, wo das Riesengeschlecht aufhört, und zweitens, wer Alles zu ihm gehöre. Hesiod sagt ausdrücklich, dass zu den Heroen diejenigen gehören, welche vor Theben und welche vor Troja gestritten haben (ἔργ. 162—165). Und damit stimmt auch Homer überein; denn von dem Tydeus, dem Vater des Diomedes, weiss bereits Agamemnon zu erzälen, so dass er also nicht lange vor der Zeit, in welcher wir bei Homer uns befinden, gelebt haben kann, und der Kapaneus lässt sich die Höherstellung der Helden bei Theben nicht gefallen; »Denn«, sagt er, »jene haben Theben nicht erobern können, wir aber haben es erobert, noch dazu mit geringerer Streitmacht« (Il. δ, 405), Trozdem ist auch zwischen diesen zwei Geschlechtern ein Unterschied; denn nicht umsonst heissen die Söhne, welche den zweiten Zug gegen Theben mit Glück durchgeführt haben,

Ἐπίγονοι und werden als ein viel frömmeres Geschlecht geschildert, während jene durch ihre Frevel verdarben (Il. δ, 409), und wir werden späterhin sehen, dass wir das Recht haben, auch sie zum Theil den Riesen beizuzälen. Man muss aber überhaupt bedenken, dass die Grenze nicht mit Bestimmtheit gezogen werden kann, indem Riesen unter den Händen der Dichter sich gern in Heroen verwandeln. Zu diesen Riesen aber gehören ferner, wenn wir dem Homer folgen:

1) Die Lapithen und die Phlegyer. Denn Homer nennt unter ihnen den Käneus, den Peirithoos, den Exadios, den Dryas, welche sämmtlich von Hesiod (ἀσπ. 179 f.) unter den Lapithen aufgezählt werden. Mit den Lapithen aber waren, wie wir später sehen werden, die Phlegyer Eins.

2) Die Kentauren selbst, welche eben so stark wie die Lapithen waren, und sich zu jenen verhielten wie Schwarzelben zu Lichtelben. Denn jene waren Feuerdämonen, diese Quellendämonen, mithin unterirdische.

3) Die Kyklopen, Bergdämonen, aber häufig geblendete. Homer in der Ilias, indem er den Polyphem an die Lapithen anreiht, scheint die beiden Arten gar nicht sehr unterschieden zu haben.

4) Einzelne Dämonen gleicher Art wie die Phlegyer, z. B. Lykurgos, der wie Perseus den Dionys schlägt und ins feuchte Element zurückjagt, dann aber selbst eingesperrt und geblendet wird; der Amarynkeus, dessen Name schon den Flammenden Funkelnden bezeichnet, womit es übereinstimmt, dass er als Bundesgenosse des Augeias auftritt; der Ankäos, der seinem Vater Lykurg wird ähnlich gewesen sein, ob er gleich vom Kalydonischen Eber (der Sonnengluth) todtgebissen wurde; der Ereuthalion, dessen Name wiederum rothe Gluth bedeutet; der Itymeneus oder wohl Idomeneus und der Mulios oder Molios, die Deukalionssöhne, die von gleicher Art sind mit

5) den Molionen oder Aktorsöhnen und einigen anderen

Zwillingen, den Aloiden, dem Lynkeus und Danaos, dem Ankäos und Epochos, die wir nach der Reihe betrachten werden, und die sich zu einander wie Prometheus und Hephästos, wie Peleus und Cheiron verhalten.

6) Rinderhirten, wie der Enops (Il. ξ, 445), und der Iphyklos, welche den Hades vorstellen. Denn dieser sass in Phylake (Kerker, d. h. Hades), wo er den Melampus einsperrte, als dieser die schöne Pero (Kore) für seinen Bruder Bias gewinnen wollte. Dergleichen Dämonen stellen sich den unter Nr. 5 genannten, wie Schwarzelben den Lichtelben, zur Seite, oder wie der eine Zwillingsbruder neben den anderen.

Bei diesen Dämonen können wir wiederum nach dem Vorgange Homers zweierlei Arten unterscheiden, nämlich rein menschengestaltige und halb-thiergestaltige, ἄνδρες und θῆρες, oder auch völlige Thiere (Lindwürmer, Löwen u. s. w.), mit anderen Worten Riesen und Zwerge (Missgestalten). Wenn man einen allgemeinen Namen für die ersteren haben wollte, so könnte man sie Titanen nennen mit desto grösserem Rechte, da sie Sonnen- und überirdische Feuergeister sind, also Lichtelben. Die andere Gattung aber könnte man Giganten nennen, wenn man nämlich späteren Dichtern folgen wollte, z. B. dem Horaz II, 17, 13, welcher den hundertarmigen Giganten mit dem Ungeheuer Chimära zusammenstellt, mithin die Hundertarme Hesiods zu Giganten macht (was freilich auch bereits Hesiod selbst θ. 50. 185 gethan haben kann, der zweimal die Giganten nennt, ohne zu sagen, welche Personen dazu gehören, und wiederum die Hundertarme eine Rolle spielen lässt welche nur für Giganten passen kann[29]). Indess Homer weiss nichts von dieser Unterscheidung, und indem derselbe in der Ilias die Giganten, in der Odyssee die Titanen nicht zu kennen

---

29) Hes. θ. 149. 617—626, ferner Horaz III, 4, 43, wo der Dichter die sündhaften (*impios*) Titanen den thier- und missgestaltigen (*immanem turmam*) Giganten gegenüberstellt, und die lezteren ausdrücklich als die Hundertarme (*fidens juventus horrida brachiis*) ckarakterisirt.

scheint, und ferner die Giganten mit den Phäaken zusammenstellt und jene als ein früher frommes, nachher wegen seines Uebermuthes gestraftes Menschengeschlecht schildert, so ist daraus ziemlich klar zu erkennen, dass dem Dichter der Odyssee die Giganten das Nämliche sind, was dem Dichter (oder den Dichtern) der Ilias die Titanen sind (Od. η, 60. 206). Und hätte nicht diese Selbigkeit der Giganten und Titanen auch bei anderen Dichtern gegolten, so würde man nicht einen Gigantenkrieg neben dem Titanenkrieg erdichtet haben.

Also abgesehen von den Benennungen haben wir zu unterscheiden:

1) Riesen;

2) Zwerge, d. h. Missgestalten und Ungeheuer.

Unter den Riesen selbst aber ist wiederum ein Unterschied zwischen der Umgebung des Kronos, den Urbewohnern der Welt, Titanen im engeren Sinne, welche die Natur des Kronos und auch sein Schicksal mit ihm theilen, und zwischen Sonnen- und Feuerdämonen, welche Ebenbilder des Helios (als Titan) und des Moloch und Wiederholungen derselben zu sein scheinen. Die ersteren kommen alle in den Tartaros hinab, wie ihr Meister Kronos ebenfalls (wo sie sodann dem Beherrscher des Todtenreiches gleichen), werden aber wiederum daraus erlöst; allein wichtiger als diese Eigenschaft (in welcher ihnen auch mehrere Sonnendämonen gleichen und der Sonnengott selbst, welcher, in die Finsterniss hinabgesunken, zum Hades sich umwandelt, ist der Umstand, dass sie zugleich Stammväter der Völker, Menschenschöpfer und Erfinder der zum Leben nothwendigsten Dinge sind, während die Feuerdämonen meistens bloss durch Grausamkeit und Frechheit sich auszeichnen.

Die Zwerge und die Ungeheuer (θῆρες und πέλωρα) gehören anderen Elementen, nämlich dem Wasser und der Erde, an. Auf die Erdriesen (von vielen Giganten genannt) sind

Berge gestürzt worden in dem bekannten Gigantenkampfe, und nun walten sie als unterirdisches und vulkanisches Feuer fort, bewirken Erdbeben und möchten den Kampf mit den Himmlischen gern erneuern, wenn sie nur die Gebirgsmassen sich vom Leibe wälzen könnten. Das ist dem Sturz der Titanen in den Tartaros analog. Die Wasserriesen oder Hundertarme sind womöglich noch furchtbarer als jene, z. B. der Aegaeon oder Briareus bei Homer Il. α, 403). So sind sie auch von Zeus gefesselt und in den Erebos verbannt, aber wiederum daraus entlassen worden, um demselben im Kampfe gegen die Titanen beizustehen, und seitdem halten sie Wache an den Thoren des Tartaros, um die Titanen nicht mehr heraus zu lassen (Hes. ϑ. 617. 735).

Die Wasserriesen haben zum Theil Schlangen- und Drachengestalt, wie der Erechtheus und der Kekrops; die Echidna ist ein Schlangenweib und der unterirdische Typhon wird von Pindar ein Wurm (ἑρπετόν) genannt; andere dieser Dämonen sind völlige Thiere. Dieses Thierische haben sie mit den Satyren (den Böcken) und den Silenen, welche in denselben Elementen walten, gemein, ingleichen die weiblichen Ungeheuer ihre Vogel- und Schlangengestalten mit den Schwanen- und Taubennymphen u. s. w. Also begegnen sich hier wieder die Riesen und die Zwerge. Einige Riesen, wie der Atlas, theilen mit den Kobolden auch die Gabe, in alle möglichen Gestalten sich zu verwandeln, und mit den kleineren Erd- und Wassergeistern die geheimen Kenntnisse und die Gabe zu weissagen.

Nach dieser allgemeinen Uebersicht, in welcher wir die Resultate unserer Untersuchungen im Voraus zusammengestellt haben, wollen wir nun zu der Betrachtung des Einzelnen übergehen, wobei wir die Beläge geben.

9. Tartaros. Titanen.

Bei Homer, wenigstens in der Odyssee, befindet sich der Hades nicht unter der Erde, sondern am Ende der nördlichen

Welt bei den Kimmeriern; unter der Erde aber ist der Tartaros, und zwar ist er gerade so tief als der Himmel hoch ist.

Es ist daher kein Wunder, dass nach der anderen (auch bereits bei Homer vertretenen) Vorstellung vom Hades, als einem unterirdischen Aufenthalte, der Tartaros und der Hades verwechselt wurden, und diese Verwechselung findet man bereits bei Hesiod, obgleich in der Theogonie gesagt wird, dass ein eiserner Amboss neun Tage und neun Nächte fallen müsse, bis er vom Himmel zur Erde, und wiederum eben so viele Tage und Nächte, bis er von der Erde zum Tartaros hinab käme (ϑ. 721. 119. Schild 255). Trozdem war ein Unterschied zwischen beiden: denn der Hades beginnt sogleich wo das Tageslicht aufhört, und wer im Grabe liegt, der befindet sich bereits im Hades. Und in den Hades kommt jedermann, wenn er stirbt, in den Tartaros aber werden immer nur die Sträflinge unter den Dämonen selbst hinabgestossen, z. B. der Typhos bei Pindar (Pyth. I, 29). Und was das Wort Hades bedeute, weiss man, nämlich den Unsichtbaren, was Tartaros bedeute, wollen wir jezt zeigen. Bei mythologischen Namen muss man, wenn man nach der Stammwurzel sucht, noch weit mehr als bei anderen auf die Bedeutung, und sehr wenig auf die Lautverschiebungsgeseze achten; denn diese Namen stammen grossentheils aus Dialekten her, die nicht schriftstellerisch geworden sind. Das Reich, in welchem nichts athmet und nichts lebt, nicht einmal, wie im Hades, Schatten umherschweifen, muss wohl von einem Worte wie *torpere* = *dormire* seinen Namen haben[30]. Der Tartaros wird auch als Person gedacht

30) Döderlein erkennt *stertere* als verwandt mit *δαρθάνειν* — *dormire* an und erinnert dabei an sterben. *Δαρδῶσαι* — *ῥῖψαι, σπαράξαι, ταράξαι*, sagt Hesych, ferner *δαρδαίνει* — *μολύνει*. Aber diese Erklärungen sind vielleicht nicht genau. Sterben ist starr werden und ganz gewiss Eins mit *torpere*, und *τάρταρος* ist für *στάρταρος* zu nehmen, wie *τέρεμνα* für *στέρεμνα* (von *στερεός*), und ist so zu sagen ein reduplicirtes starr. Andere leiten *Τάρταρος* von *ταράσσειν* ebenfalls mittelst Reduplication.

und soll mit der Erde den Typhon gezeugt haben Hes. ϑ. 822). Der Tartaros ist mit ehernen Thoren verschlossen und sein Fussboden ist ehern. Doch das ist nicht so wichtig als dass in ihm kein Lüftchen weht und weder Sonne noch Mond erblickt wird[31].

Ausdrücklich heisst es Il. ϑ, 479, dass die Bewohner des Tartaros den Hyperion nie zu sehen bekommen. Was muss denn also der Verfasser der Verse 132—138 in der Theogonie gedacht haben, wenn er Folgende zu Geschwistern des Kronos und des Iapetos macht, welche leztere doch dem Homer zu Folge Titanen und Bewohner des Tartaros sind: Okeanos, Tethys, Koios, Phoibe, Hyperion, Theia, Rhea, Krios, Eurybia, Themis, Mnemosyne? Er fügt auch noch die Söhne des Iapetos, den Atlas, den Menoitios und den Prometheus hinzu. So viel ist klar, dass hier an dieser Stelle an Homerische Titanen und Tartaros nicht gedacht sein kann. Und doch heisst es V. 207, dass diese Kinder des Uranos (und der Gaea) von ihrem Vater benannt worden seien, womit noch V. 392 und 643 zu vergleichen sind. Und der Tartaros wird weitläufig beschrieben in einer Stelle die sich zweimal widerspricht. Denn erst befindet sich dieser Raum unter der Erde so tief, dass ein eherner Amboss neun Tage und neun Nächte lang fallen müsste, bis er zu Boden käme; dann liegt dieser finstere Raum trozdem an den Enden der Erde und sizen vor den ehernen Thoren und der Mauer, die vom Poseidon gemacht ist, zur Wache die Hundertarme als Diener des Zeus, der Gyes, der Kotos und der Obriareus; und diese sizen gerade da wo die Wurzeln und Enden der Erde, des Tartaros, des Meeres und des Himmels zusammenstossen, welche Enden schlimm, moderig, den Göttern verhasst genannt sind. Und an diese Beschreibung unmittelbar sind wieder als Apposition die

31) Il. ϑ, 479: ἵν' Ἰάπετός τε Κρόνος τε
ἥμενοι οὔτ' αὐγῇς Ὑπερίονος Ἠελίοιο
τέρποντ' οὔτ' ἀνέμοισι, βαθὺς δέ τε Τάρταρος ἀμφίς.

Worte gefügt: »Ein Abgrund: man braucht ein Jahr, um vom Thor zum Boden zu gelangen« — vermuthlich weil der Raum so riesig gross ist. Nein! sagt der zugefügte Vers, sondern »weil der Sturm einen dort so hin und her reisst.« Doch wo kommen die Stürme her, wenn keine Winde dort wehen?

Wir müssen also wohl von diesen Vermengungen absehen, und uns vor der Hand bloss an den Homer halten, wenn wir über die Titanen und den Tartaros ins Klare kommen wollen. Die Titanen also sind dem Homer die Bewohner des Tartaros, er kennt aber deren bloss zwei, den Kronos und den Iapetos, und sie heissen die unteren Götter und die Untertartarischen, mit welchem lezteren Worte nicht ein noch unter dem Tartaros befindlicher Aufenthalt bezeichnet sein kann, sondern ein Wohnort drunten im Tartaros[32]. Freiwillig sind sie keineswegs dahin gekommen, sondern vom Zeus dahin verwiesen worden (wie aus Il. ξ, 203 zu entnehmen ist). Also wird es wohl erst einen Kampf gesezt haben, und diesen wollen wir sogleich betrachten, nachdem wir erst die Thatsache erwogen haben, dass die himmlischen Götter einen gewissen Respect vor den Mächten da drunten im Tartaros haben, und bei ihnen schwören, wie beim Styx. Sie fürchten sich also vor ihnen, so wie vor dem Hades. Ganz natürlich! denn im Tartaros sowohl als im Hades sizen der Tod und die Vernichtung, und das ist das einzige, was die Ewigen zu meiden haben. Wir glauben daher nicht zu irren, wenn wir in dem Namen Titanen gefürchtete Wesen erkennen und seinen Stamm in

---

32 Döderlein im Glossar n. 658 will τοὺς ὕπο, ταρταρίους geschrieben wissen, was mir zu künstlich dünkt. Die ganze Stelle Il. ξ, 278 lautet also:

ὤμνυε δ' ὡς ἐκέλευε. θεοὺς δ' ὀνόμηνεν ἅπαντας
τοὺς ὑποταρταρίους οἳ Τιτῆνες καλέονται.

So pflegen diese Götter immer und überall die drunten bei dem Kronos befindlichen genannt zu werden, (z. B. Il. ξ, 274 μάρτυροι ὦσ' οἱ ἔνερθε θεοὶ Κρόνον ἀμφὶς ἐόντες. Il. ο, 225 οἵπερ ἐνέρτεροί εἰσι θεοὶ Κρόνον ἀμφὶς ἐόντες).

timere — *τετιηώς* suchen[33]). Erst der Orphiker Onomakritos hat sie zu Teufeln gemacht, die, an der Stelle des Typhon, den Dionys zerfleischen (Paus. VIII, 37, 3). Die Sänger der Odyssee wissen, scheint es, gar nichts von den Titanen. Aber ohngefähr um die 11. Olympiade ist entweder vom Eumelos oder vom Arktinos eine Titanenschlacht gedichtet worden, aus welcher auch die Trümmer der Theogonie Hesiods geschöpft sein mögen[34]). Dieser Kampf ist auf den Schauplaz der Sinfluth, nach Thessalien, verlegt; auf dem Berg Othrys haben die stolzen Titanen ihr Lager, auf dem Olympus die von Kronos und Rhea gezeugten Götter, Geber guter Gaben. Also kämpfen dort mit einander neun Jahre lang ohne Unterlass die Titanen und die Kronos-Kinder, welches, wenn die Verfasser der Theogonie mit den Sängern der Iliade zusammenstimmten, heissen würde, die Götter bei Kronos und die vom Kronos stammenden Götter.

Die Widersprüche, welche wir in der Hesiodischen Dichtung entdeckt haben in Bezug auf die Vorstellung von dem Tartaros und den Titanen, liegen zum Theil in der Eigenthümlichkeit jener Gedichte, zum Theil auch in der Sache selbst. Es fehlt diesen Gedichten die Einheit des Entstehens und die Naturwüchsigkeit. Dieser philosophirenden Mythen-Dichtung steht es zu, den zwölf Olympischen Göttern zwölf Titanen gegenüber zu stellen. Auch gleich zu Anfang des Gedichtes werden hinter einander Kroniden und Titanen genannt (V. 11 f.), und dort ist das Verzeichniss der lezteren folgendes:

33) Auch die Rächer können sie heissen (Hesych: *τίται — κατήγοροι τῶν ἀρχόντων*) oder die Geehrten (Hesych: *τίταξ, ἔντιμος ἢ δυνάστης· τιτῆναι, βασιλίδες·* "Εκτορος λύτροις). Und die Geehrten können sie mit Recht heissen, da der Titel *Κρονίδης* ein Ehrentitel für den Zeus ist, und der Titan Kronos, Stammvater der höchsten Götter, auch als der Urvater aller Götter und Menschen zu betrachten ist, Hom. Hymn. Apoll. 335 *Τιτῆνές τε θεοὶ τῶν ἐξ ἄνδρες τε θεοί τε.*

34) Athen. VII. S. 277 D. Diod. I, 97.

Helios und Eos, Selene, Leto, Iapetos, Kronos, Okeanos, die Erde und die Nacht. Nun wäre es schwer zu begreifen, wie die Dichter in dem einen sowohl als in dem anderen Verzeichniss so entgegengesezte Wesen zusammenschaaren konnten, wenn wir nicht bereits gesehen hätten, dass das Widersprechendste, Licht und Finsterniss, Seligkeit und Marter, in dem Wesen dieser Dämonen beisammen ist. Man hat bereits bemerkt, dass Natur- und Elementengeister, Dämonen des Wassers, der Sonne, des Mondes und des Morgenroths, der bewegenden Kräfte, Winde und Gewaltanstrengung, gegenüber den Kroniden aufgestellt seien. Mithin hat der Dichter zwischen Titanen und anderartigen Riesen nicht unterschieden, so dass er um so weniger berechtigt war, nach der Hand solche Riesen gegen die Titanen in den Kampf zu führen. Es sind aber noch andere Inconvenienzen in jener Dichtung, wie Welcker bemerkt. Denn bei der Schilderung des Kampfes werden von beiden Parteien keine ausser dem Zeus genannt, und die Kroniden spielen eine schlechte Rolle. Nach dem Kriege nimmt Zeus nach einander sieben Frauen, um Kinder zu zeugen, und darunter auch einige Titaninnen! Trozdem sollen die Titanen alle in den Tartaros eingekerkert sein, und darunter auch der Okeanos und die Tethys, welches wiederum nicht möglich ist. »Auch der unvermeidliche Widerspruch liegt in der Titanomachie, dass die Titanen durch Titanische Hilfsgenossen besiegt werden.« Und dabei heissen diese Titanen die Herrlichen (ἀγαυοί).

Nochmals also: wir müssen von dieser Hesiodischen Erzälung absehen, wenn wir über die Titanen ins Klare kommen wollen. Und die Titanen für Lichtdämonen zu halten, dazu sind wir schon dadurch berechtigt, dass der Name **Τιτάν** dem Sonnengott ganz besonders zukommt: denn an einen derartigen Missbrauch der Sprache, wodurch ein Wort völlig seiner Art und Wurzel entfremdet würde, glauben wir nicht. Betrachten wir sodann die Personen, welche von Dichtern mit dem Namen

Titanen ausgezeichnet werden, so lernen wir in ihnen und ihren Kindern eine Klasse von Wesen kennen, die zugleich Dämonen und zugleich Urmenschen oder erste Weltbewohner, zugleich Freunde der Götter und Empörer, zugleich gerichtete Sünder im Tartaros und selige Geister im Elysium sind, und noch mehr dergleichen Widersprüche in sich vereinigen, welche aus den obigen Betrachtungen zu erklären sind. Wir wollen ferner bemerken, erstlich dass zu ihnen alle die Menschenschöpfer und Stammväter der Völker (beides ist Eins nach den mythischen Vorstellungen) gehören, mögen sie nun Titanen heissen oder nicht (denn eine bestimmte Grenze lässt sich zwischen den mythischen Personen um so weniger ziehen, da die Gestalten stets im Flusse begriffen sind, und Titanen sowohl wie Götter und andere Dämonen in Heroen übergehen können), wie Prometheus, welcher aus Lehm Menschen formt (wiewohl Aeschylus ihn bloss thierische Geschöpfe in Menschen umbilden lässt), wie Deukalion, der sie aus Steinen schafft, wie Kadmos, der aus einer Saat von Drachenzähnen sie hervorgehen lässt, wie Aeakos und Peleus die Myrmidonenkönige u. s. w. Denn der erste Mensch ist immer auch der Menschenschöpfer nach den ethnischen Sagen, wesshalb, wie gesagt, diese Menschenschöpfer auch die Stammväter der Nationen sind. Viertens dass sie das heilige Feuer vom Himmel geholt, an den Sternen angezündet haben, und dass ihnen zu Ehren dieses heilige Feuer auch auf den Herden fort und fort erhalten wird, an dessen Erhaltung die Erhaltung der Gemeinden geknüpft ist. Drittens dass sie sowohl die Befleckung der Erde durch Sünden als auch die Wiederherstellung des ersten Zustandes nach der Sinfluth erleben oder selbst bewirken, mithin Adam und Noah in ihnen vereinigt sein können. Alle oder doch die meisten dieser Eigenschaften finden wir im Prometheus vereinigt, der jedoch keineswegs so einsam und allein dasteht, sondern gar viele Nebengänger und Ebenbilder hat sowohl in den Griechischen als auch in den Asiatischen Mythologieen.

10. Giganten.

Widmen wir nun auch den Giganten eine kurze Betrachtung[35]. Giganten sollen als Autochthonen in Lykien, auf Rhodos, Milet, Kos gesessen haben[36]. Der Gigant Halkyoneus mit seinen Meropen, einem Urvolke gleich den Myrmidonen, wohnt bei Pindar auf der Insel Kos. Ihre Verwandtschaft mit den Phäaken haben wir bereits gesehen; mit den Kyklopen haben sie erstlich die Verwandtschaft mit dem Seegotte gemein (denn Eurymedon, ein anderer Poseidon, ist ihr König bei Homer), zweitens die riesenhaften Bauten (Schol. Apoll. I, 987) und drittens ihr Wirken in unterirdischem Feuer: denn wenn jene im Aetna wohnen als Schmiede, so hausen die Giganten in dem vulkanischen Phlegrä (einer fabelhaften Gegend von ungewisser Lage), und dort haben sie gleich den Titanen (mit denen sie nachgerade völlig vermengt wurden) mit den Göttern gekämpft: auch sind auf einige derselben, auf den Enkelados in Sicilien und auf den Polybotes in Kos, Berge gestürzt worden. Aber einer von ihnen, der schon genannte Alkyoneus, ist viertens auch ein Hirte gleich dem Polyphem: wenigstens treibt er den Helios seine Rinder weg in Erythrä[37].

Was für widersprechende Begriffe auf den Namen Giganten gehäuft, und wie sie hier mit den Titanen, dort mit den Hundertarmen vermengt oder vereinigt worden sind, haben

---

35) *Γίς· ἱμάς, καὶ γῆ καὶ ἰσχύς*, sagt Hesych. Dass *γίς* = *Fίς* = *vis* die Sehne und die Kraft bedeutet, glauben wir gerne: ob es aber auch mit *γῆ* Eins sei, dürfen wir wohl bezweifeln, weil die alten Erklärer vieles derartige ihren Etymologieen zu Liebe erfunden haben. Jedenfalls aber dürfen wir wohl *γίγας* als eine Zusammensezung mit diesem *γίς* und mit *γάς*, welches sich zu *γεγαώς* verhält wie *βάς* zu *βεβαώς*, betrachten.

36) Hesych. Et. M. *γιγαντία*. Diod. V, 55. Paus. I, 35, 5. Suidas s. v. *ἀτρόμητος*.

37) Pind. Isthm. V, 42, der ihn *βουβόταν οὔρει ἴσον*, also einen zweiten Polyphem, nennt.

wir oben gezeigt. Dass die Erde, die sie geboren hat, auch wiederum ihr Grab wird, das haben sie mit den Urmenschen gemein. Wenn sie aber mit den Göttern kämpfen, wenn ein Alkyoneus, todt hingestreckt, wieder lebendig wird, sobald er den Boden, seine Mutter, berührt, gleich dem Antäos in Libyen, wenn ein Enkelados, ein Typhoeus, ein Polybotes unter Inseln und Bergen begraben werden, ein Mimas mit Feuer vertilgt wird (Eur. Ion 214) u. s. w., so muss man wissen und eben hieraus erkennen, dass in den ethnischen Religionen die Urmenschen welche den Sündenfall begehen von den Dämonen, welche sich gegen den Himmelsgott empören und dafür in den Tartaros gestürzt werden, nicht geschieden sind. »Getheilt sind Gott und menschliche Art«, sagt Pindar N. 6. 1, »doch gab beiden éine Mutter das Leben«, womit Hesiod ἔργ. 108 übereinstimmt. Und diese Mutter war die Erde. Man sagte sprichwörtlich von einem der Aeltern und Ahnen hatte, d. h. du bist doch nicht aus einem Stein oder einem Baum gewachsen (Od. τ, 163). Denn man glaubte, dass die ersten Menschen gleich Bäumen aus der Erde gewachsen seien[38], und das nannte man *αὐτόχθονας* Erdmenschen (vgl. den Dichter Asios bei Paus. VIII, 1, 2). Dieses Prädikat erhalten darum auch bisweilen die Giganten.

11. Kronos und Iapetos.

Der Name Kronos bedeutet die Zeit[39]. Der Kronos wird überall der Alte genannt und sein Bild ist das eines abgelebten Greises, auch bedeutet *κρόνιος* so viel wie altväterisch

---

38) Pindar bei Hippol. V, 7. S. 136: *οὓς πρώτους ἥλιος ἔφιδε δενδροφυεῖς ἀναβλαστόντας.*

39) Er kann wohl schwerlich von *κραίνω* kommen, so wenig als *φόνος* von *φαίνω* kommt, aber offenbar ist *κρόνος* die ältere Form von *χρόνος*, indem die Aspiration, durch das darauffolgende *ρ* bewirkt wie in *θραύω*, *θρίψ*, *ἄνθρωπος*, erst später eingetreten sein mag.

oder altmodisch bei den Attikern. Bei den Indiern sind es die Ahnen, die Väter, *pitáras*, welche bei dem König Jama, dem »Versammler der Geschlechter«, im Elysium leben, und bei den Griechen ist es das alte, vorsinfluthliche Geschlecht, welches mit dem Kronos in den Tartaros hinabgesunken ist. Der Beiname ἀγκυλομήτης, welchen Kronos bei Homer immer trägt, lässt sich zwar auf die Zeit beziehen, von der man nicht weiss was sie im Schoosse trägt; doch besser thut man, an die Verschniztheit aller der mit dem Kronos verbundenen und verwandten Wesen, eines Atlas, Prometheus, Phorkys, Glaukos, Proteus u. s. w., zu denken, denen er selbst auch ähnlich sein muss. Seine Verwandtschaft mit diesen Wesen ist auch dadurch bezeugt, dass er (ähnlich dem Kyklopen Polyphem, dem Proteus u. s. w.) durch einen Honigtrank von Zeus berauscht und dann im Schlaf gefesselt und entmannt wurde, nach Orpheus bei Porph. antr. nymph. 16. p. 17.

In dem Iapetos wollen die neueren Forscher den Japhet und den indischen *Jayâti* (Windischmann a. a. O. S. 8) erkennen, und möglich, ja sogar wahrscheinlich, ist es allerdings, dass die Eigenschaft, Stammvater der Menschheit zu sein, von dem Kronos (der sie sichtbar verloren hat) auf dessen Nebengänger übertragen war. Es ist das um so wahrscheinlicher, da diesem Iapetos der Prometheus zum Sohne gegeben wird, dessen sämmtliche Eigenschaften und Verdienste sich in dem Punkte vereinigen, Stammvater der Menschen (oder Menschenschöpfer), Anzünder des heiligen Herdfeuers, Stifter des Cultus (das ist unter dem Zutheilen der γέρα bei Aeschyl. Prom. 437 gemeint) und Erfinder der zum geselligen Leben nothwendigen Künste zu sein. Diesem Prometheus also sind ein grosser Theil der Eigenschaften, welche entweder der Kronos oder sein College, der Iapetos, haben sollte, abgetreten worden; er gleicht ihnen auch darin, dass er in den Tartaros oder Hades hinabgestürzt und wieder mit ihnen daraus erlöst worden ist. Der andere Sohn des Iapetos, der Menoetios, Geschickbesteher, ist von Zeus ebenfalls hinabgestürzt worden wegen seines hoffährtigen Wesens (Hes. ϑ. 514—516), und wir finden ihn dort als Menoetes wieder bei Apollodor II, 5, 10, wo er dem Hades seine Rinder hütet. Der Atlas endlich, d. h. der Trozer und Dulder, befindet sich eben da, und zugleich am Ende der Welt, streckt sich aber dabei als eine himmeltragende Säule empor, ein Obelisk, Beth-El oder *Ilhammanim*, aus welchem später ein Berg gemacht worden ist, und erscheint in dieser Eigenschaft als der ganz würdige Grossvater des Gottes Hermes, dem diese Spizsäulen und Steinhaufen bei den Griechen heilig sind.

Wenn es aber nach diesen Beispielen scheinen will, als wenn die Titanen alle nur dem Tartaros angehörten, so muss daran erinnert werden, dass der Name Titan gerade dem Sonnengotte gegeben wird. Darum ist es auch ganz in der Ordnung, dass der Iapetos den Hyperion, d. h. den Sonnengott, zum Bruder hat (Hes. ϑ. 134). In Sikyon gab es eine Gebirgshöhe Titane, deren Name von Titan, einem Bruder des Helios, hergeleitet wurde, welcher dort gewohnt und die Gestirne beobachtet hatte und die Jahreszeiten bestimmt, in denen ein jegliches Gewächs reifen könne (Paus. II, 11, 5), also ähnlich wie der Atlas auf dem Heroldsberge in Böotien, sizend auf dem Plaze Polos, thut (Paus. IX, 20, 3). Diese zwei Brüder sind also einander gleich als Vermittler der zwei Welten, was der Hermes erst recht vollständig geworden ist.

Im Cultus war der Kronos so wenig wie der Iapetos, der Atlas, der Menoetios bedacht, nur mit der Ausnahme, dass ihm hin und wieder neben seinem Sohne Zeus ein Bild aufgestellt war. Einen eigenen Tempel scheint er im eigentlichen Hellas nirgends besessen zu haben, und wo das etwa der Fall gewesen ist, da wird nicht der eigentliche Hellenische Kronos, sondern der Poenische Bel oder Moloch gemeint gewesen sein, welches in den Ostländern auf den Inseln Rhodos und Kreta, welche mit den Poeniern und mit Syrien verkehrten, der Fall gewesen ist. Jener Poenische Moloch nämlich (ein Feuergeist gleich den Phlegyern, dem Ixion und anderen, die man ebenfalls zu den Titanen rechnen könnte) wird allgemein mit dem Kronos vertauscht und Kronos von den Griechen genannt[40]. Man opferte ihm Kinder, und nach dem Beispiel der Syrer haben auch die Rhodier und Andere ihrem Kronos solche Menschenopfer gebracht[41]. Dorther stammen auch die Sagen von der Entmannung des Uranos durch den Kronos und von seiner Kinderverschlingung und der Vertauschung des Zeus-Kindes mit einem Steine (Bätylos). Darum führt der Kronos die Sichel in der Hand, gleich dem Nergal-Moloch und dem Perseus, und diese Entmannung des (Frühlings-) Himmels durch den Feuergeist (die Sonnengluth) ist von gleicher Art mit der freiwilligen Entmannung des Attys, der hernach auch getödtet zerstückelt und gekocht wird von den Titanen, so wie sie zugleich der Grund ist, wesswegen diesem Gotte die Kinderopfer gebracht werden, welcher selbst seines Blutes nicht verschonend entweder seinen Vater entmannt oder seinen Sohn zum Opfer schlachtet. Auf diese That werden wir noch oft zurückkommen, und ihre Bedeutung wird bereits aus dem folgenden Paragraphen zu entnehmen sein.

12. Kronosfest, Sinfluth, Elysium, Peloros und Pelasgos.

Es ist indessen auch dem echten Kronos ein Fest gefeiert worden, welches zwar grosse Aehnlichkeit hatte mit gewissen Asiatischen Festen, aber doch nicht von dorther entlehnt, sondern ursprünglich in Griechenland einheimisch war. Es ge-

---

40) Voss theol. gent. II. S. 15. 330. Diod. XX, 14. Macrob. I, 7. Minut. F. c. 30. Lactant. I, 21. Dionys. I, 38.

41) Porphyr. *abst.* II. p. 202 und p. 197 *ἐθύετο γὰρ ἐν Ῥόδῳ μηνὶ Μεταγειτνιῶνι ἕκτῃ ἱσταμένου ἄνθρωπος τῷ Κρόνῳ.* Sophokles Fragm. 132 bei Hesych. s. v. *κούρειον*. Das. s. v. *Λίβυς τε ἀηδών· αἱ γὰρ ἐν Καρχηδόνι γυναῖκες τὰ ἴδια τέκνα κατά τι νόμιμον ἐσφαγίαζον Κρόνῳ.*

hörte in die Klasse der Jahresfeste, gleich den Persischen Gahanbar, in denen immer erst eine Sühnung aufgesammelter Befleckung und dann sich anreihend eine Erneuerung der glückseligen Zeit symbolisch begangen wurde. Und diese Kronia waren in der That gleich den Gahanbar (s. Spiegels Avesta II, S. C, Note 2) eine Erneuerung der Welt und Wiederherstellung des goldenen Zeitalters nach der Abwaschung der Erde durch die Sinfluth, deren Wasser so eben sich verlaufen hatten. Sie fielen in dieselbe Zeit mit dem Assyrischen Laubhüttenfeste, den Sakeen, an denen selbst Sklaven die grösste Freiheit gestattet war; auch das Laubhüttenfest der Anna Perenna war ähnlich (s. Movers I, S. 484). Von zwei Seiten drohte der Welt immer der Untergang, durch die Ueberschwemmungswasser und durch den Sonnenbrand. Darum feierte man auch alljährlich das Fest ihrer Erneuerung, wenn die Wasser der Passatregen sich verlaufen und wenn die Sonnengluthen sich gelegt hatten. Das ist der Vogel Phönix, die im Sonnenbrande verglühende Welt, welche aus der Verbrennung neuverjüngt wieder hervorgeht, und das sind die grossen Verbrennungsfeste in Syrien, zu denen man viele Tagereisen weit wallfahrtete, das ist der Brand von Ninive durch Sardanapal und von Troja durch Paris. Die Vermengung des Kronos mit dem Moloch war also keineswegs unbegründet, indem jener ebensowohl den Weltbrand als die Weltersäufung und deren Wiederherstellung nach der Hand zu bedeuten hatte.

Das Fest Kronia haben die Athener am 12. des Monats Kronion oder Hekatombäon nach der Sommersonnenwende gefeiert[42] und dessen Beschaffenheit können wir aus Plutarch (Thes. K. 12) entnehmen, welcher sagt: »Theseus (ein Wasserdämon) soll am 12. [nicht 8.] des Monats Kronios, der auch Hekatombaeon heisst, in Athen angekommen sein. Als er der Stadt nahte und bereits am Kephisos war,

42) Demosth. Timokr. §. 26; Schol. Arist. Wolk. 397.

kamen ihm Männer vom Stamm der Phytaliden entgegen und bewillkommten ihn zuerst, und da er gereinigt zu werden begehrte, so entsühnten sie ihn nach dem Brauch, brachten Begütigungsopfer und speisten ihn bei sich im Hause, nachdem noch Niemand unterwegs ihm etwas Freundliches erwiesen hatte.« Man sieht, dies Fest war ein Versöhnungsfest, und man pflegte Bekannte und Unbekannte an seinen Tisch zu laden; darum konnte es mit den römischen Saturnalien verglichen werden, und ist die Einerleiheit der beiden Feste auch allgemein anerkannt worden [43]. Bei Olympia war ein Kronosberg, auf dessen Gipfel die sogenannten Königinnen dem Kronos in der Frühlings-Tag- und Nachtgleiche im Hirschmonat opferten, und man glaubte dort, dass die Olympischen Wettspiele zum Andenken des Sieges über den Kronos und die Titanen eingesezt seien, und zwar durch Idäische Daktylen, die aus Kreta herübergekommen seien [44]. Diese Spiele wurden immer am ersten Vollmond nach der Sommersonnenwende, also gerade zur Zeit der Attischen Kronien, gefeiert. Hier haben wir also eine bestimmte Beziehung auf den Titanenkampf. Diese Schlacht nun ist, wie gesagt, in Thessalien geschlagen worden, woselbst auch die Sinfluth stattgefunden hat. In Rhodos fiel das Fest Kronia in die erste Hälfte des Monats Metageitnion (Nachbar-Wechsel), und da war es wo man einen Menschen, später einen verurtheilten Verbrecher, als Sündenbock schlachtete. Man führte ihn zum Thor hinaus, stellte ihn vor den Tempel der Aristobule, gab ihm Wein zu trinken und erschlug ihn dann (Porph. abstin. II, 54. p. 197). Auf

---

43) L. Accius bei Macrob. Sat. I, 8 *Maxima pars Grajum Saturno et maxime Athenae Conficiunt sacra quae Cronia esse iterantur ab illis etc.*, um von späteren Autoren nicht zu reden, bei denen die römischen Saturnalien schlechtweg *Κρόνια* genannt werden.

44) Paus. VI, 20, 1; V, 7, 6. 10; Diod. V, 64.

dem Berg Othrys (an welchem auch die Arche Deukalions gelandet ist) lagerten die Titanen, auf dem Olympus die Götter (Hes. *Θ*. 632). Nun hören wir, was uns von den dortigen Saturnalien, genannt *Πελώρια*, der Rhetor Baton von Sinope bei Athenäus (XIV. S. 639 E.) erzält: Als einst die Pelasger ein Volksfest mit Opfern feierten, meldete ein gewisser Peloros dem König Pelasgos, dass durch ein Erdbeben das Tempegebirge gesprengt, die Wasser durch den Riss abgelaufen, der Bach Peneios gebildet und das Land bloss gelegt, und so die schönste Gegend entstanden sei. Auf diese Nachricht habe der Pelasgos dem Peloros ein herrliches Mahl bereitet und alle Welt dazu eingeladen und mit dem Besten, was er hatte, bewirthet. Pelasgos selbst machte den freundlichen Wirth, und die anderen Vornehmen thaten das Gleiche. Und seitdem bestand der Brauch, dass man an dem Fest Peloria dem Zeus Pelorios opferte, die Tische mit den besten Speisen besezte und ohne Unterschied Mitbürger und Fremde dazu einlud, Gefangene freiliess, Dienstboten wie Freie mit am Tische speisen liess, ja sogar selber bediente u. s. w.

Da die Peloria Eins mit den Kronien waren, so wird wohl auch der Peloros von dem Kronos nicht verschieden gewesen sein: daraus erklärt es sich sogleich, wie er die Rolle eines Ogygos und eines Deukalion bei der Sinfluth übernehmen konnte[45]. Die Griechen haben bekanntlich aus den Pelasgern eine ältere Bevölkerung ihrer Heimath gemacht, dieselben auch

45) Der Name *Πέλωρος* bezeichnet einen Riesen; denn *πέλωρ* ist *monstrum* oder *portentum*, und in das Riesengeschlecht gehören ja alle die dem Kronos ähnlichen oder verwandten Wesen. Dagegen bezeichnet *Πελασγός* geradezu einen Ueberschwemmungsdämon, was auch ein Retter aus der Ueberschwemmung sein kann; denn für *Πελασγός* kommt auch *Πελάγων* vor (Diod. IV, 72, zu vergleichen mit Apollod. III, 12, 6). Wenn somit *πέλαγος (palus)* in *Πελασγός* darinnen steckt (wie der *Ὤγυγος* in *Ὠκεανός*), so werden die Pelasger den Deukalioniden gleich, d. h. Menschen sein welche entweder die Sinfluth überstanden haben oder sogleich nach der Sinfluth geschaffen worden sind.

hie und da als einen Volksstamm fixirt, gerade so wie sie das auch mit den Meropern, Lapithen, Kentauren, Phlegyern, Kimmeriern u. s. w. gemacht haben, die doch alle den Mythen angehören. Aber noch hat kein Forscher aus diesem vermeintlichen Urvolke klug werden können, welches überall und nirgends ist, bald für Barbaren, bald für die Vorältern der Ioner ausgegeben wird, endlich von dem Erdboden verschwunden ist, ohne dass man eine Revolution, einen Vertilgungskrieg, eine Völkerwanderung oder Einwanderung geistig und physisch überlegener Stämme, etwa wie in Nordamerika, nachweisen kann. Die Neueren haben eingesehen, dass sie von den Hellenen nicht zu trennen wären, und dass man die ältere Bevölkerung Griechenlands unter ihnen zu verstehen habe, wogegen wir nichts einzuwenden haben, wenn man nur aufhören will, denselben historische Wirklichkeit zu ertheilen.

Kehren wir noch einmal auf die Kronia und Peloria zurück, so ist der Sinn dieser Feste offenbar dieser, dass nach der Beseitigung der Uebel wieder die goldene Zeit beginnt. Da werden auch die Titanen wieder aus dem Tartaros entlassen[46]), und dann regiert Kronos im Lande der Seligen, wovon Pindar nach Pythagoreischen Lehren, welche auch in den Mysterien verkündet wurden, so viel Schönes zu erzälen weiss Ol. II, 130). »Wer es dreimal vermocht hat in dem Verweilen beidseits, dass er die Seele vom Betruge frei erhielt, der schwebt auf himmlischer Bahn zur Kronosburg, dem seligen Gestade, wo der Seewind das Land durchwehet und erquickt, rings duftige Goldblumen glühn, zu Land theils auf stolzprangendem Gezweig, im Wasser winken andre. Aus denen flechten sie sich Kränze zur Umflechtung der Stirn beim graden Rathschluss Rhadamanthys, den zum bereiten Beisizer dort erkor Vater Kronos[47]).«

---

46) *λῦσε δὲ Ζεὺς ἄφθίτους Τιτᾶνας*, Pind. P. IV, 480=518.

47) Vgl. Pind. Fragm. 106, S. 190 m. Ausg. Hesiod. *ἔργ.* 169. Diod. V, 66.

13. Ogygos. Deukalion. Kekrops.

Es hat in alten Zeiten ein König **Ogygos** oder **Ogyges** in Böotien, in Attika (wo er Eleusis gründete), in Achaja u. s. w. geherrscht. Zur Zeit seiner Regierung hat eine grosse Ueberschwemmung stattgefunden, der See Kopais ist ausgetreten, und aus dem Tritonsee ist die Pallas hervorgegangen[48]. Er war ein Erdmensch (Autochthon), nach andern ein Sohn Poseidons, und dabei König der **Ektenen** in Böotien, in Attika Vater des Eleusis und Gemahl der **Daïra** Persephone[49]. Er war auch Vater des Kadmos und der drei Praxidiken (Alalkomeneia, Thelxinoia und Aulis).

Wer dieser **Ogygos** gewesen sei, sagt uns sein Name[50], nämlich ein die Welt umkreisender Strom. Aber überall am

---

48) **Syncell.** S. 148. **Serv.** Ecl. VI, 41. **Euseb.** praep. ev. X, 10. **Strabo** VIII. S. 384. **Schol.** Ap. III, 1178. **Suidas** *s. v. ὠγύγιον.*

49) **Paus.** I, 38, 7. IX, 5, 1. **Schol.** Lyk. 1206.

50) Mit dem Adjectiv *ὠγύγιος* wurde nämlich, wie es scheint, etwas Extremes bezeichnet, so dass also *ὠγύγια κακά* ebensowohl riesenhafte als uralte Uebel sein können (s. Suidas). Synonym mit *ὠγύγιος* ist *ὠγένιος*, welches ebenso gedeutet wird. Nun kommt aber *ὠγένιος* von *ὠγήν*, und ist *ὠγήν* Nebenform von *ὠκεανός*, so wie *ὠγενίδαι* Nebenform von *ὠκεανίδαι* ist: (vgl. **Völcker**, Myth. Iap. G. S. 61. **Buttmann**, Myth. I, 205 ff. **Pherekydes** bei Clemens Al. strom. IV. p. 621) mithin muss auch der alte König *Ὤγυγος* Eins mit *Ὠκεανός* gewesen sein, und diese Annahme wird dadurch bestätigt, dass jener König *Ὤγυγος* auch König der Götter gewesen sein soll (**Schol.** Hes. *θ.* 806). Für *ὠγύγιος* sagte man ferner auch *ὀγύγιος* (s. **Hesych.** *ὀγύγια μέλη*), und das Thor zu Theben, welches *Ὠγύγιαι πύλαι* genannt wurde, hiess auch *Ὄγκας* oder *Ὄγγας Ἀθηνᾶς* (**Hesych.** und **Paus.** IX, 12, 2). *Ὄγκος* heisst die Krümmung, aber für *ὀγκύλος* sagte man auch *ὀγύλος* (*ὀγγύλλω*), und dies führt uns wieder auf *ὀγύγιος* und *ὤγυγος* zurück. Der Begriff dieses Wortes wird also sein **Reif, Umkreis** (*ὠγή, φάλαγγος τὸ ἔσχατον καὶ τὸ ἄκρον* sagt Hesych, und das war eine passende Bezeichnung für den die Erde zu äusserst einfassenden und umkreisenden Weltstrom. Sanskritgelehrte sagen aus, dass *augha — ogha* die **Fluth** oder **Sinfluth** bedeute, demnach *ὠγύγης — ὠγάγης* der **Fluthgeborene** sei (s. **Windischmann**, Ursagen der Arischen Völker, S. 5 f.).

Ende der Welt ist auch der Eingang zur Unterwelt, und die Gewässer der Erde haben ebensowohl aus dem Okean wie aus der Unterwelt ihre Ursprünge, und an vielen Orten der Erde, wie z. B. auf der Akropolis zu Athen und im Tempel Poseidons bei Mantinea und zu Mylasa in Karien, sah man Meereswogen aus dem Erdboden hervorquellen (Paus. VIII, 10, 4); darum ist es kein Wunder, wenn jene Ueberschwemmungsfluth ebensowohl aus der Unterwelt wie aus dem Okean hergeleitet wurde, und man, den in jener Sinfluth Umgekommenen opfernd, Wasser und Kuchen in die Erdlöcher schüttete, in denen die Fluth sich verlaufen und der Drache sich verkrochen hatte[51]). Man muss in der That noch sehr geringe Beobachtungen über das Leben der Menschen und ihre Gebräuche angestellt haben, wenn man hinsichtlich dieser und anderer Sinfluth-Sagen an eine aus den ältesten Zeiten, wo möglich gar aus dem Stammlande der Menschheit, fortgeerbte Tradition denken kann. Wer, frag ich, hat's denn erzälen sollen? Etwa die aus den hinter den Rücken geworfenen Steinen entstandenen Menschen? Oder hatte der Deukalion nichts Angelegentlicheres zu thun, als diesen Stein-Menschen seine Erlebnisse zu erzälen? Und wenn es Noah gethan hätte sammt Allen die mit ihm in dem Kasten waren, würde wohl das jüngere Geschlecht der Sache so eine grosse Wichtigkeit gegeben haben? Konnten sie's wissen und ermessen, dass die Ueberschwemmung über die ganze Welt sich erstreckt und dass die Vernichtung die ganze Menschheit betroffen habe? Nein, sondern sie mussten das Ereigniss für ein lokales halten, und dann hatte es keine grössere Bedeutung als hundert andere verheerende Uebel ebenfalls. Vollends gottesdienstliche Gebräuche für ewige Zeiten zum Andenken Ertrunkener einzuführen, ist eine Sache, welche allenfalls in unseren Denkmale-stiftenden Zeiten möglich wäre,

---

51) Paus. I, 18, 7. Luk. *dea S. c.* 13. p. 459. Suidas und Et. M. Phot. *s. v.* *ὑδροφόρια*. Schol. Arist. Acharn. 961. Schol. Pind. Nem. V, 81.

aber gewiss nicht in der Urzeit. Und welcherlei Gebräuche! Im Monat Anthesterion (Februar und März), ohngefähr am 1. März, an einem verruchten Tage (*μιαρὰ ἡμέρα*), kochte man allerlei Früchte und schüttete sie dem unterirdischen Hermes sammt Dionysos aus (daher *χύτροι* genannt, zum Andenken der in der Sinfluth Umgekommenen, und man glaubte, dass die Seelen der Verstorbenen um diese Zeit aufsteigen und umherwandeln [52]). Diese Töpfe haben die grösste Aehnlichkeit mit den Hekate-Gerichten, und sollten ohne Zweifel die Geister der Verstorbenen zufriedenstellen, damit sie die Erde nicht verunreinigen möchten durch ihr Umherwandeln von der Zeit an, wo diese, von der Befleckung des Winters gereinigt durch die Frühlingsgewässer, wiederum voll Segens sein und Früchte zur Ernährung der Menschen tragen sollte.

Auf diese Reinigung bezieht sich der Name Deukalion [53]). Ingleichen ist dies damit gesagt, dass der Lichtgott Phöbos, derselbe welcher den Lindwurm erlegte, auch der Retter aus der Sinfluth war; denn am Parnass war die Arche Deukalions gelandet, als die Wasser sich verlaufen hatten; dort war er mit seinem Weibe ausgestiegen und hatte die neue Bevölkerung aus Steinen hervorgerufen (welches, nebenbei gesagt, ein etymologisches Mährchen ist, weil *λαοί*, Leute, so wie *λᾶες*, Steine, lautet) und sodann den Delphischen Tempeldienst gegründet. Und die fünf Heiligen (*ὅσιοι*), welche zu Delphi in Gemeinschaft mit den Propheten den Gottesdienst besorgten, stammten von Deukalion her (Plut. *qu. gr. c.* 9). Ist daraus nicht klar zu entnehmen, dass der Phöbos, welcher den Erddrachen schlug und sodann sich und das ganze Land reinigte, und der Deukalion, der die reinigende Sinfluth überstanden hat, beide Reiniger der Erde seien? Wir werden die Bedeutung

52) Hesych. Phot. s. v. *μιαρὰ ἡμέρα*. Plut. *Sylla* 14. Schol. Arist. Frösch. 218. Hermann, Gott. Alt. 58, 20—22.

53) *δευκές* ist so viel wie *λευκόν*, *λαμπρόν* nach Hesych, vgl. *πολυδευκής* — *πολυλευκής* Pollux.

der Lindwürmer später erörtern. Dass der Deukalion auch Menschenschöpfer ist gleich dem Prometheus, das hat er mit andern Stammvätern von Völkern und Herdgöttern gemein. Er soll auch sammt seiner Gemahlin Pyrrha vom Prometheus und der Pandora herstammen, während Andere wiederum die Pandora zu seiner Tochter machen (Hes. Fragm. 29), ein Beweis, dass Deukalion und Pyrrha mit Prometheus und Pandora d. h. der Noah mit dem Adam, zusammenzufallen schienen, was wir auch an dem Yima (siehe oben Seite 11 f.) gesehen haben, der nämlich beide zugleich repräsentirt. Eine andere Deukalions-Tochter heisst Protogeneia, d. h. das erste Weib, was auch Pandora und Pyrrha sind. Der Name Pyrrha und Pyrrhos aber bezieht sich auf das Land Thessalien, wo Deukalion zu Hause ist; denn dieses Land hat vor Alters Pyrrha oder Phyrrhaea geheissen, und an der Grenze Thessaliens befand sich eine Anhöhe Namens Pyrrha, und vor derselben lagen zwei Werder, Deukalion und Pyrrha genannt (Strab. IX. S. 435[54]).

Die Arche Deukalions hat auch am Berge Othrys in Thessalien gelandet und er hat dort den 12 Göttern Altäre gebaut und den Sohn Hellen gezeugt, von dem die Hellenen stammten. Wiederum Andere lassen ihn zu Kynos im Lokrerlande aussteigen und zu Opunt wohnen[55]. Zu Opunt wurde auch das Grab der Protogeneia gezeigt, und das der Pyrrha zu Kynos (Strab. IX. S. 425. Schol. Pind. a. a. O.). Deukalion hatte aber auch in Attika dem Olympischen Zeus seinen Tempel gebaut und neben diesem Tempel lag er begraben (Paus. I, 18, 8. Strabo IX. S. 425). In Argos hat Deukalion auf dem Berg Aphesios gleichfalls dem Zeus einen Altar gebaut (Et. M. s. v.

54) Noch ist zu erwähnen, dass der Deukalion auch ein Sohn der Seegöttin) Hesione heisst, ingleichen der *Προνόη* (denn so wird für *Ποιτίη* zu schreiben sein beim Schol. Od. $\varkappa$, 2), welche an *Προμηθεύς* erinnert.

55) Schol. Pind. Ol. IX, 64. Schol. Apoll. III, 1087. Schol. Il. β, 681. Strabo IX. S. 443.

Ἀφέσιος, und hierin gleicht er dem Aeakos, von welchem wir im nächsten Paragraphen sprechen wollen. Auch auf dem Aetna und auf dem Athos hat er sich niedergelassen[56]).

Eine andere Sage lautet so: Parnasos, Sohn Poseidons und einer Nymphe, hatte am Parnass eine Stadt gebaut, die in der Sinfluth unter Deukalion untergieng; die Menschen flüchteten auf die Höhen des Parnass und gründeten dort eine neue Stadt Lykoreia, nach Lykoros benannt, einem Sohn Apolls und der Nymphe Korykia (Paus. X, 6, 1). In Arkadien hat diese Sinfluth unter dem König Nyktimos stattgefunden, der allein davon kam. Derselbe ist, wie Pelops, von den gottlosen Lykaonssöhnen geschlachtet und dem Zeus zum Essen vorgesezt worden, und wieder belebt (Schol. Lyk. 481). Die Gaea (Erde) mit aufgehobenen Händen flehte um die Rettung des Nyktimos, als Zeus das ruchlose Geschlecht vernichtete (Apollod. III, 8, 1. 2). In Attika hat dieselbe Ueberschwemmung unter dem König Kranaos stattgefunden, der ein Erdmensch oder Autochthon war (Apollod. III, 14, 5). In Megara hat die Fluth unter dem König Megaros stattgefunden, der ein Sohn des Zeus und einer Nymphe Sithnis war; derselbe rettete sich auf den Berg Gerania, von Kranichen (so wie Noah von Tauben) geleitet (Paus. I, 40, 1). Auf der Insel Kos spielt Merops, Sohn des Hyas (Regengottes), die Rolle Deukalions; auf Rhodos sind es die Heliaden welche die Sinfluth überdauerten (Schol. Il. *α*, 250. Diod. V, 56). Unter den mythischen Königen Attikas hat noch einer Aehnlichkeit mit dem Deukalion, nämlich Kekrops, der zweigestaltige (διφυής) Schlangenmensch. Die Schlange ist ein Symbol der Ueberschwemmung, und der Kekrops ist, wie auch der Deukalion, in das Sternbild des Wassermanns übergegangen (Hygin. *astr.* II, 29). Er hat nicht bloss das Athen in Attika gegründet, sondern war auch in Böotien bei Haliartos zu Hause, und hat auch dort

---

56) Serv. Ecl. VI, 41. Hygin. f. 153. Nigid. Schol. German.

einst am Tritonfluss die beiden Ortschaften Athena und Eleusis gebaut, welche durch die Ueberschwemmung des Sees Kopais vernichtet worden sind, und auch auf Euböa hat er er ein Athen gegründet[57]. Seine Frau war eine Tochter des Aktäos, d. h. des Regen-gebenden Zeus, die drei Thaujungfrauen Agraulos Pandrosos und Herse heissen theils seine theils Aktäons Töchter; er hat den Landesnamen Akte in den Namen Kekropia umgewandelt und den Streit zwischen der Athena und dem Poseidon dahin entschieden, dass dieser zurückwich und der Athena den Besiz des Landes überliess (welches eben so gut wie eine Beendigung der Sinfluth ist); dann hat er zuerst dem Zeus ein Rind geopfert und auch die Beerdigung der Menschen zuerst eingeführt (Syncell. 284. Macrob. I, 10). Als Poseidon im Streit um das Land zu kurz gekommen war, überschwemmte er die Thriasische Flur und sezte ganz Attika unter Wasser (Apollod. III, 14, 1). Daraus kann man entnehmeu, was dieser Streit um den Landesbesiz eigentlich bedeutet. Und recht hübsch bemerkt Plutarch *sympos.* IX, 12, 6, dass der Poseidon überall um die Landschaften streitet und überall in diesem Streit unterliegt, in Attika der Athena, in Delphi dem Apollon, in Argos der Hera, in Aegina dem Zeus, in Naxos dem Dionysos, und doch überall friedlich mit diesen Göttern, denen er weichen musste, zusammen wohnt, ingleichen dass der zweite Tag des Monats Boedromion, als der Tag an welchem dieser Streit stattgefunden habe, unter die *nefastos* gehöre. Es fielen aber in diesen Monat auch die Boedromia zum Andenken des Sieges über die Amazonen, und zweitens die Eleusinia zum Andenken des Sieges über den Eumolpos (Plutarch. Thes. c. 27. Etym. M. p. 202. Paus. I, 38, 3), und der Name Boedromios, welchen auch Apollon trug (Paus. IX,

57) Strabo, IX. S. 407. Paus. IX, 33, 1. I, 5, 3. Euseb. chron. 2 p. 76.

17, 2), scheint überhaupt Beistand zum Obsieg bedeutet zu haben.

14. Aeakos. Peleus. Myrmidonen.

Wir haben noch zwei Urväter von Völkerschaften oder Menschenschöpfer zu betrachten, in deren Sagen zwar nichts von einer Sinfluth vorkommt aber desto mehr von Regen-, Quellen- und Seegewässern die Rede ist. Indem aber die Aehnlichkeit dieser Heroen mit dem Deukalion nicht zu verkennen sein wird, muss desto deutlicher aus ihrer Betrachtung erkannt werden, dass die Ueberschwemmungsfluth von den regelmässigen Regengüssen, welche die Jahreszeit bringt, einestheils und die Menschen- oder Völkerschöpfung von der Wiederbelebung der Natur durch die erquickende Feuchtigkeit anderntheils nicht zu trennen ist.

Der Aeakos aber und der Peleus, der eine in Aegina der andere auf dem Pelion daheim, haben folgende Züge mit einander gemein:

1) Sie sind beide Häuptlinge, Urheber, Führer der Myrmidonen sowohl als auch der Hellenen: denn auch Aeakos verehrt den Zeus *Πανελλήνιος* und hat alle Hellenischen Fürsten um sich versammelt.

2) Sie sind beide mit Seefrauen vermählt.

3) Sie stehen beide in der engsten Beziehung zu dem Regengotte Zeus sowohl als auch zu See- und Quellendämonen; denn der Skeiron wird von dem Cheiron schwerlich verschieden sein.

Betrachten wir sie jezt einen nach dem andern!

Als einst Griechenland bei anhaltender Dürre zu verschmachten fürchtete, giengen Gesandte aus allen Staaten nach Aegina zum Sohne des Zeus und der Europa oder der Aegina und baten, dass er sich für sie verwenden möchte. Und Aeakos opferte sodann dem Zeus Aphesios auf der Höhe des Skironischen Felsens (s. über Skiron oben), welcher auch

Panhellenios hiess, und die Noth nahm ein Ende (Paus. I, 44, 9. II, 29, 7). »Wenn auf der Höhe des Hellenischen Zeus auf Aegina eine Wolke steht«, sagt Theophrast (π. σημείων I, 24) »so gibt es meistens Regen.« Nahe bei Epidauros war der Berg Arachnäos, vor Alters Sapyselaton genannt, auf welchem ein Altar des Zeus und der Hera stand. Auf diesem Altar wurde gleichfalls geopfert, wenn es lange nicht regnen wollte (Paus. II, 25, 9). Vom Aeakos aber meldet die Sage noch mancherlei Bedeutendes, was ihn als einen Menschenvater gleich dem Persischen Yima (Dschemschid) zu erkennen gibt. Er war in Rath und That ausgezeichnet, sagt Pindar, so dass ihm »alle Heldenblumen der Nachbarländer gerne von freien Stücken huldigten«. Deren Bilder waren alle im Aeakeion, dem frequentesten Orte auf Aegina, zu sehen. Ferner nennt Pindar ihn den tugendhaftesten Menschen und sagt, er sei zum Schiedsrichter sogar für Götter erkoren worden. Dass er Richter in der Unterwelt geworden sei, ist bekannt. Man feierte auf Aegina zweierlei Wettspiele, Delphinia dem Apoll und Aeakeia dem Aeakos zu Ehren (Schol. Pind. Ol. XIII, 155). So wie Peleus, heirathete er eine Seegöttin, die Psamathe, welche auch des Proteus Gattin genannt wird und so wie Proteus und wie Thetis sich verwandeln konnte (Hes. ϑ. 1004). Mit ihr zeugte er den Phokos, einen anderen Zagreus, von welchem wir noch besonders sprechen werden.

Sein Sohn Peleus, gezeugt mit der Skirons-Tochter Endeis, Vater des Seedämons Achilleus, Freund des Quellendämons Chiron, ist eine Wiederholung von ihm. Seine Myrmidonen, vom Aeakos in ähnlicher Weise wie die neue Bevölkerung von Deukalion geschaffen, oder auch von Zeus mit der Eurymedusa (einer anderen Eurynome) gezeugt[58]), waren nach Hesiod die ersten Schiffbauer und Seeleute. Von der-

58) Strab. VIII. S. 375. Hesiod. Fr. 93. Hygin f. 52. Schol. Lyk. 175.

selben Art werden auch die Achäer gewesen sein, deren Name gleich dem des Achilleus und Acheloos, auf das Wasser Bezug hat, während Peleus den feuchten Schlamm andeutet[59]. Achäer und Myrmidonen werden immer zusammen genannt (Il. π, 564. 595). Zu Pella opferte man dem Peleus und dem Chiron einen Achäer, sagt Clemens Al. (protr. 12, 33), und Peleus ist dem Homer ein braver Rathgeber und Sprecher der Myrmidonen. Obgleich der Peleus mit den Kentauren zu kämpfen hat, die ihn ermorden wollen, so lebt er dennoch in der innigsten Freundschaft mit dem Kentauren Chiron, mit welchem er auch im Cultus vereinigt ist; denn die Sepias-Grotte, in welcher der Pelias mit der Thetis hauste, lag unterhalb der Chironshöhe am Pelion. Auf der Höhe desselben Berges aber war das Heiligthum des Regengottes Zeus Aktäos. Auf diesem Pelion, einem zweiten Olymp, mittelst dessen die Aloiden den Himmel erstürmen wollten, war die Hochzeit des Peleus und der Thetis im Beisein aller Götter gefeiert worden. Und Peleus, als Myrmidonenkönig, überstrahlte alle Menschen durch Wohlstand und Reichthum von Geburt an (Il. ω, 534). Von den Todtschlägen und mehrmaligen Reinigungen und dem Aufenthalte des Helden in verschiedenen Gegenden, und anderen Sagen welche später an den Namen des Peleus angeknüpft worden sind, scheint Homer nichts zu wissen[60]. Aber wichtig ist, dass unser Held eine Tochter Polydora (eine andere Pandora) mit der Aktors-Tochter Polymele gezeugt hatte, was ihn noch deutlicher als einen anderen Deukalion zu erkennen gibt.

---

59) Die Myrmidonen waren vielleicht μορμόνες, d. h. δαίμονες πλανῆται nach Hesych, oder eine Art Telchinen. Denn das etymologische Mährchen von den Ameisen taugt noch weniger als das von den Steinen als Leuten.

60) Vgl. Pind. N. IV, 88 ff. V, 44 ff. Anton. Lib. c. 38. Schol. Ap. I, 224. Schol. Arist. Wolk. 1059. Schol. Lyk. 175.

15. Die Reinigungen nach der Sinfluth und die Sündenböcke.

Zum Beweise, dass die Sinfluth wirklich eine alljährliche Abwaschung der Erde war, dient die Betrachtung gewisser Ceremonien, die zu Athen und anderwärts verrichtet wurden. Dort feierte man nämlich alljährlich gegen das Ende des Märzes die Delphinia, ein Fest dessen Name auf den von Apoll erlegten Lindwurm hinweist, der wiederum ein Symbol der überschwemmenden Gewässer ist. Apoll, der Retter Deukalions aus der Sinfluth, heisst auch Delphinios von der Erlegung dieses Drachen her. An dem genannten Feste aber wurde ein Wettspiel geübt, genannt Wassertragung, und darin bestehend, dass man um die Wette Wasser in die Abgründe schüttete aus welchen die Drachenbrut hervorgekommen war[61]. An dem nämlichen Feste, im Monath Munychion, giengen die Mädchen mit Bittzweigen in das Heiligthum des Delphischen Apolls gleich denen zu Aegialeia (Plut. Thes. c. 18): dem Suidas zu Folge war das ein Trauerfest zu Ehren der in der Sinfluth Umgekommenen. Darum ist es wahrscheinlich, dass die Kuchen von Weizen und Honig, die man zu Athen alljährlich neben dem Kronostempel (den Deukalion gebaut hatte, und nicht weit davon war er begraben) und dem Haine der Olympischen Erdgöttin in das Loch warf, worinnen sich das Wasser nach der Sinfluth verlaufen hatte, zu dem nämlichen Opferdienst gehörten (Paus. I, 18, 7). Es wird gemeldet, dass man am 16. des Monaths Munychion zum Tempel der Artemis Munychia eine Art Kuchen brachte, die rings mit Lichtern besteckt waren, womit man die Göttin Hekate ehrte[62]. Der darauffolgende Monath Thargelion aber war als ein Rei-

---

61) Schol. Pind. Pyth. VIII, 88. Nem. V, 81. Ol. VII, 156. Suidas v. ὑδροφόρια. Plut. Sylla c. 14.

62) Suidas. I. p. 182. Etym. M. p. 99. Athen. XIV. p. 645, A.

nigungsfest ganz dem Apoll und seiner Schwester geweiht (Diog. L. II, 44), und man sagte, die beiden Gottheiten seien in demselben geboren und zwar am 7.[63]), welcher Tag auch in jedem anderen Monath dem Apoll heilig war. Die Opfer und die Processionen galten nebenbei auch dem Helios und den Horen, und man trug alle möglichen Erzeugnisse des Bodens in der Procession[64]). Am Tag der Delphinia aber gieng auch die heilige Gesandtschaft nach Delos, und Theophrast (bei Athen. X. p. 424, E.) bemerkt, dass der Apoll, welchem in Delos der Tanz aufgeführt wurde, der nämliche sei, dem die Thargelien gefeiert wurden. Plato im Phaedon (p. 58, B.) sagt, dass während der Zeit, wo diese Wallfahrt unterwegs war, der Brauch war, die ganze Stadt zu reinigen[65]). Darum werden wohl auch die zwei Sündenböcke (*φαρμακοί*), um diese Zeit geopfert worden sein, welche, mit schwarzen und weissen Welkfeigen behangen, hinausgeführt wurden, weil Helladius (bei Phot. p. 534 od. 872) ausdrücklich sagt, dass sie wegen der Ermordung des Androgeos geopfert wurden[66]): der todte Körper der Sündenböcke wurde verbrannt und die Asche in das Meer geworfen (Tzetz. Chil. v. 735). Wie diese Opfer und Feste dem Feste des Kronos und seinen Opfern entsprechen, zeigt das oben S. 50 aus Phorphyrius (II, 54) Angeführte. Auch zu Athen wurden, so wie in Rhodus, die Leichname der hin-

---

63) Plut. symp. VIII, 1, 2. Qu. Gr. 9. Diog. Laert. II, 44. Hesiod. ε. 770.

64) Hesych. v. *θαργήλια — τὰς ἀπαρχὰς τῶν φαινομένων* schr. *φυομένων ποιοῦνται καὶ περικομίζουσι — καὶ ὁ θαργήλιος χύτρος ἐστὶν ἀνάπλεως σπερμάτων*. Schol. Arist. Ritt. 725. Porphyr. abstin. II, 7.

65) Darum wird der Name *θαργήλιος* oder *ταργήλιος* (Choerob. bei Cram. An. IV. p. 411, 23) von *τάργειν* = *τέργειν* abwischen, herzuleiten sein, und bedarf man der feinen Erfindung *θάρε ἥλιε* nicht. Die Aspiration des Anlauts rührt von dem nachkommenden *ρ* her.

66) Harpokr. p. 291. Vgl. Hipponax. Fr. 36. p. 217 m. Ausg. Müller, Dorier II. p. 326 f. Hermann, Gott. Alt. §. 60, 12—17. Schömann, Gr. Alt. II. p. 435 und 244.

gerichteten Verbrecher mit ihren Kleidern vor dem Tempel der Aristobule, welcher vor dem Melitischen Thore war (Plut. Themist. c. 22), hingeworfen, woraus zu entnehmen, dass man alle Verbrecher für Sündenböcke anzusehen pflegte[67]. Dergleichen Menschenopfer wurden ferner von den Arkadiern an ihrem Feste Lykaea gebracht, von den Kureten in Kreta am Kronosfeste, von den Poeniern aber oder Phöniziern zu allen Zeiten wenn Kriegsunglück oder andere Nöthen den Staat bedrängten (Porphyr. abstin. p. 150. 200 ff.), was auch von den Griechen regelmässig geschah bei einem Auszug zu einem Kriege (das. p. 203), und das gieng so fort bis auf Hadrian, welcher den Menschenopfern ein Ende machte. Von der Zerreissung lebender Menschen zu Ehren des Zeus Rohesser (ὠμάδιος) werden wir später noch zu sprechen haben, ingleichen von den Menschenopfern welche zu Athen der Athena oder der Agraulos gebracht wurden.

Die Sündenböcke[68] aber waren mitunter auch arme Menschen, die sich dazu hergaben, ein Jahr lang gefüttert und dann für die Sündenbefleckung der Stadt getödtet zu werden[69]. Die Leukadier stiessen alljährlich dem Apoll zu Ehren einen Verbrecher von dem Leukadischen Felsen. Damit der Gott, wenn er wollte, ihn retten könnte, band man ihm Vögel-Schwingen und was den Fall erleichtern könnte an den Leib, und unten an der See stand eine Anzal Kähne bereit, den Fallenden aufzufangen und über die Grenzen zu schaffen (Strabo X. p. 451).

Dieser weisse Felsen war übrigens aus den Homerischen Gedichten herübergenommen in der Art wie man auch die

67) Merklin über die Talos-Sage in Abh. Petersb. Akad. B. VII. p. 65.

68) φαρμακοί, auch Unfläthe (σόρβακες, nicht σόρβακχοι) genannt.

69) Serv. Aen. III, 57 *Massilienses quoties pestilentia laborabant, unus se ex pauperibus offerebat alendus integro anno publicis et purioribus cibis: hic postea ornatus verbenis et vestibus sacris circumducebatur per totam civitatem cum exsecrationibus, ut in ipsum reciderent mala civitatis, et sic projiciebatur.*

Sirenen und die Kimmerier und die Insel der Kalypso an bestimmten und bekannten Gegenden unterzubringen gewusst hatte. Nämlich Homer (Od. ω, 11) lässt den Hermes, als er die Seelen der getödteten Freier in den Hades hinabführt, zur Strömung des Okeanos und zum Felsen Leukas und zu den Thoren der Sonne und zur Behausung der Träume und dann erst auf die Asphodel-Wiese kommen, wo die Schatten Gestorbener sich aufhalten. Zur Erklärung des weissen Steines hat man an die Redensart »weisse Gebeine faulen« gedacht. Indess muss man sich dabei einen schroffen Felsen denken, von welchem man durch einen Sprung in das Schattenreich hinabstürzt: denn das Springen vom Leukas-Stein, als eine That der Verzweifelung oder auch der todesmuthigen Verzückung, war sprichwörtlich, woraus auch die Sage von dem Selbstmord der Sappho entstand[70].

16. Das Seeungeheuer und die Menschenopfer.

Die Opferung der Sündenböcke hängt mit der Erlegung des Drachen einestheils und anderntheils mit der Sendung der sieben Knaben und sieben Mädchen zusammen. Das geht ausser dem Obengesagten aus dem Brauch in Aegialeia hervor, wo die sieben Knaben und sieben Mädchen zur Sühne für die Tödtung des Lintwurms den abgewandten Apoll und seine Schwester begütigen mussten (Paus. II. 7, 7).

Eine andere Art von Menschenopfern, ebenfalls auf die Sinfluth sich beziehende, wurde an vielen Orten den in der See und im Feuchten waltenden Mächten gebracht. Die Stadt Iope im Land der Philister lag hoch auf einem Felsenvorsprung an der See, und hatte in dieser Lage die Sinfluth überdauert. An der Felswand war einst die Andromeda ange-

70) Wahrscheinlich veranlasst durch ein Wort von ihr wie das Anakreons Fragm. 19 (17): *ἀρθεὶς δηὖτ' ἀπὸ Λευκάδος πέτρης ἐς πολιὸν κῦμα κολυμβῶ μεθύων ἔρωτι*: vgl. Eur. Kykl. 165.

schmiedet gewesen, und man zeigte die Spuren dieser Anschmiedung sammt dem Gerippe des Seeungeheuers als Reliquien[71]). Dort und zu Gaza und Askalon wurde auch der Fischmensch Dakon und das Fischweib Derketo verehrt, von welcher lezteren wir späterhin zeigen werden, wie sie mit der angeketteten Andromeda-Hesione-Eurynome Eins war. Dort in Iope ist der Seher Jonas zu Schiff gestiegen, der den Untergang der an den Wassern gelegenen Stadt Ninive prophezeit hat, der selbst als Opfer zur Beschwichtigung der Gewässer in die See gestürzt und von dem Seeungeheuer verschlungen worden ist, aber trozdem fortgelebt hat, so gut wie der ins Meer gestürzte Melkarth-Melikertes oder Palaemon. Besser gieng es dem Griechischen Sänger oder Seher A r i o n, der, in gleicher Weise von den Schiffern in das Meer gestürzt oder sich zu stürzen gezwungen, sofort von dem Seethier[72]) auf den Rücken genommen und zu dem, so hoch wie Iope gelegenen, Tempel Poseidons hingetragen wurde, woselbst zu allen Zeiten das Bild dieses Melikertes, sizend auf einem Delphin, zu sehen war (Herod. I, 23). Der Name des Arion erscheint noch einmal (*Ἀρείων* geschrieben) in wichtiger mythologischer Bedeutung, indem er ein von Poseidon geschaffenes Ross, einen anderen Pegasos, bezeichnet, und gleich diesem Pegasos die in Wolkengestalt aufsteigende Feuchtigkeit bedeutet. Und dieses dunkelmähnige Ross ist niemand anders als der Poseidon selbst.

Die mit ihrem Sohne ins Meer gestürzte Leukothea wurde nicht allein auf dem Felsenvorsprung Moluris in Megara (von wo sie hinabgesprungen war) sondern auch anderwärts, freilich unter anderen Namen, mit ihrem Sohne oder Gesellschafter verehrt, und zwar meistens durch Menschenopfer. Auf der

---

71) P l i n. H. N. V, 14, 34. IX, 4, 11. T z e t z. Lyk. 836. P o m p o n. M e l a I, 11, 20. S t r a b o XVI, 2. p. 759.

72) *δελφίς*, zur Erinnerung an die *δελφίνια* und an den Lintwurm *δελφύς*.

Insel Tenedos z. B. ehrte man einen Tennes und eine Halbgöttin (Ἡμιθέα) als Kinder des Poseidon-Sohnes Kyknos. Der Tennes war in Folge einer Verleumdung seiner Stiefmutter ins Meer geworfen worden von seinem eigenen Vater, aber Poseidon hatte ihn gerettet und zum König der Insel gemacht, woselbst er göttlich, sogar durch Kinderopfer verehrt wurde[73]. Seltsam, aber nicht ungewöhnlich, ist es, dass der Achill (der doch mit seiner Mutter Thetis nur eine Wiederholung des Tennes und der Hemithea ist) in einem feindlichen Verhältniss zu diesen steht, und nicht allein den Kyknos, sondern auch den Tennes todtschlägt (Diod. V, 83).

Auf Rhodos endlich verehrt man eine Halia als Schwester der Telchinen, die bei Homer und Hesiod unter den Nereiden aufgeführt ist, eine Ehre, welche auch der Leukothea von Pindar (Ol. II, 54. Pyth. XI, 3) angethan wird.

B. Männliche Elementengeister.

I. Ungeheuer und Thiergestalten (πέλωρα und θῆρες).

Wir haben bereits bemerkt, dass Homer von den menschengestaltigen Riesen die thier- oder missgestaltigen unterscheidet. Wir müssen noch hinzufügen, dass er unter den missgestaltigen wiederum zwei Klassen, die Ungeheuer (πέλωρα) und die Halbthiere (θῆρες) unterscheidet. Zu jenen rechnet er den Hephaestos, die Gorgo, die Skylla, den Polyphem[74], zu diesen die Kentauren (Il. α, 268), und ganz gewiss würde er auch die Satyren so genannt haben, wenn er sie

73) Schol. Il. α, 38. Diod. V, 83. Konon c. 28. Paus. X, 14, 2. Tzetz. Lyk. 229.

74) Il. ε, 741. ϑ, 140. Od. ι, 428. κ, 87.

gekannt hätte. Alle mit einander haben das gemein, dass sie den Elementen angehören, dem Wasser, der Erde, dem unterirdischen Feuer, auch der Luft als widerwärtige Winde oder reissende Ströme. Und je nach der Natur dieser Elemente erscheinen sie entweder furchtbar und grausam oder gutartig und harmlos. Und die ersteren sind immer auch riesenhaft, und nicht bloss missgestaltige und halbthierische, sondern auch aus mehreren Thieren zusammengesezte Ungeheuer, und endlich ganze Thiere, wie der Löwe und Eber, welche die schlimmen Jahreszeiten regieren, wie die Chimaera in Lykien, das feuerspeiende, aus Löwe, Drache und Geiss zusammengesezte Ungeheuer (Il. ζ, 181), wie das Schlangenweib Echidna, das Hundeweib Skylla (eine See-Hekate), die Wasserschlange Lerna, der fünfzigköpfige Kerberoshund, der dreileibige oder dreiköpfige Hirte Geryones. Gutartig dagegen sind die stiergestaltigen Flussgötter, die pferdegestaltigen Quellengötter, vollends die bocksartigen Satyren sammt den eselgestaltigen Silenen, und meistens auch die Tauben- und Schwanen-Jungfrauen. Nach Homers Vorgang also kann man die erstere Klasse als Missgestalten (πέλωρα), die andere als Halbthiere (θῆρες) bezeichnen.

1. Löwe und Eber.

Wir betrachten nun einige Thiergestalten, und zwar zuerst den Löwen und den Eber. Dem König Adrastos wird vom Orakel gesagt, dass er seine zwei Töchter einem Löwen und einem Eber anheurathen soll: der Admet, um die Alkestis zu gewinnen, musste einen Löwen und einen Eber vor den Wagen spannen: Herakles muss in Arkadien erstlich einen Löwen und dann einen Eber bekämpfen. Der schöne Adonis wird von einem Eber todtgebissen: die Nymphen auf der Insel Keos werden von einem Löwen verjagt, und mit ihm kommt die alles verdörrende Gluthhitze, zu deren Vertreibung endlich Aristäos die Passatwinde herbeiruft. Der Löwe, welcher von den Dichtern *αἴθων*, brennend, genannt wird, ist das Symbol dieser Gluthhitze (Porph. *abstin.* IV, p. 352), und wer ihn erlegt besiegt oder zähmt, ist ein dem Melkarth entsprechender Held. Ehe der Herakles den Nemeischen Löwen hinwegschaffte, musste er mit dem Kithäronischen kämpfen, welcher von gleicher Art war. Während er mit diesem zu kämpfen hatte, beschlief er die 50 Töchter des Thespios oder Thestios, welche offenbar dasselbe sind wie die 50 Danaiden und 50 Nereiden, nämlich Nymphen, und zeugte mit ihnen allen Kinder: das heisst, er hat die von dem Löwen unterdrückten Gewässer wieder in Fluss gebracht und fruchtbar gemacht [75]. Der Nemeische Löwe war nach Hesiod ein Sohn des Typhon, d. h. des Qualmes, und der Echidna, erzogen von der Hera. Andere sagen, er sei aus dem Mond auf die Erde gefallen und ein Sohn der Selene gewesen. Das Unthier hatte sogar das Heiligthum des Zeus zu Nemea verwüstet (Eur. ras. Herakl. 359=351). Es war unverwundbar, und Herakles musste es mit den Armen umschlingend erwürgen. Aus seinem Fell machte er nachher seine Bekleidung, d. h. er verwandelte sich selbst in einen Dämon der Wärme. So wie der Held während der Bekämpfung des Kithäronischen Löwen bei dem Thestios Aufnahme und Bewirthung gefunden hatte, also kehrte er, als er zu diesem Abenteuer auszog, bei dem Bauern Molorchos ein. Nach 30 Tagen (so lang dauern die Hundstage) wollte der Molorchos, weil der Held noch nicht zurück war, ihm ein Todtenopfer bringen: dieses Opfer wurde sodann dem Zeus Heiland (*Σωτήρ*) gebracht als Herakles wirklich wiederkam, d. h. der Herakles und dieser Zeus waren éins. Auch nach Lesbos wurde der Kampf mit dem Löwen verlegt (Schol. Theokr. XIII, 6).

Eber hat es ebenfalls mehr als éinen zu bekämpfen gegeben, und nicht alle sind vom Herakles aus dem Wege ge-

75) Paus. III, 19, 1. Plin. H. N. XXXVI, 33, 39.

räumt worden. Der Kalydonische z. B. ist von Meleager, einem anderen Dionysos = Melkarth, erlegt worden. Von diesem Eber ist Ankaeos, ein zweiter Adonis, mag er nun in Arkadien oder auf Samos zu Hause sein, getödtet worden[76]. Zur Ueberwindung des Unthiers aber half die Atalanta mit, d. h. die Nymphenkönigin Artemis, dieselbe, welche es auch gesendet haben soll.

Der Erymanthische Eber hatte sein Lager in tiefem Schnee auf dem Gebirge Lampeia, und Herakles fieng ihn, wie den Kerberos, lebendig, und brachte ihn zum Eurystheus geschleppt, der sich aus Furcht in einem ehernen Fasse verbarg.

Der Aegyptische Typhon verfolgte einst bei Vollmond ein Schwein: da fand er den Sarg des Osiris und zertrümmerte ihn und zerriss den Leichnam in 14 Stücke[77]. In Syrien dagegen ist der Adonis von dem Wildschwein getödtet worden, in dem Wildschwein aber stak der Ares[78]. Wohl schwerlich wegen der Trichinen, sondern seiner anderen Gefährlichkeit wegen, war das Schwein den Aegyptern und den Semiten ein unreines Thier. Im Vollmond ist der Osiris zerrissen worden, und im Vollmonde wurde auch immer das Schwein geopfert, und da ass man sein Fleisch am 17. Tage des Monaths Athyr, dem Todestage des Osiris[79]. Auch dem Erleger des Erymanthischen Ebers wurden Schweine geopfert (Welcker II. p. 787. 756), und auch der Erde: denn bei dem Raube der Kore sind auch die Schweine des Eubuleus (Bruders des Triptolemos) mit von dem Boden verschlungen worden. In Böotien wurden daher Ferkel in Erdkeller (μέγαρα genannt) hineingetrieben, und diese Schweine kamen allemal im anderen Jahre bei Dodona wieder zum Vorschein. Aehnliches geschah auch zu

76) Schol. Lyk. 488. Apollon. I, 162. Schol.
77) Plut. Is. cap. 8, 18, p. 354, 358.
78) Firmic. Mat. c. 9. Ioann. Lyd. mens. p. 212.
79) Plut. c. 13, 42. Herod. II, 47.

Athen in den Thesmophorien [80]). Aus dem Allen ist zu entnehmen, dass der Eber nicht die Gluthhitze, sondern die kalte Jahreszeit bedeute.

Die Germanen, wenigstens die um die Ostsee herum, trugen Helme in Gestalt von Schweinsköpfen, welche, wie wir aus Tacitus Germ. 45 erfahren, der Göttermutter geweiht waren und selbst gegen Feinde Schuz gewähren sollten [81]). Diese Göttin heisst bei Tacitus *Nerthus*, ihr Mann muss *Niordhr* sein, und sie müssen sich zu einander verhalten wie *Frey* und *Freya*. Der Frey reitet auf einem Eber zur Schlacht, und der Freya gehört der Eber *Gullinbursti* (Goldborstig). Der Freya aber gehört auch der nordische Löwe, die Kaze, an: denn ihr Wagen wird von Kazen, wie der der Rhea von Löwen, gezogen. Auch den Aegyptern musste die Kaze mit ihren Gluthaugen mitunter die Stelle des Löwen vertreten (Horapoll. I, 10), und sie glaubten, dass sie eine lebendige Stunden-Uhr sei und die Tage des Mondwechsels anzeige [82]).

Löwe und Eber verwandeln sich auch zur Menschengestalt, so wie der Lintwurm zum hörnernen Siegfried, vielleicht auch zum unverwundbaren Achilleus, geworden ist. Denn es wird erzält, dass dem Adrastos, welcher der Ἀδράστεια — Asiatischen Aphrodite = Nemesis — einen Tempel bei Theben gebaut hat, und dessen Leiden die Sikyonier gleich denen des Dionysos durch tragische Chöre darstellten (s. Herod. V, 67), einst ein Orakel bekommen habe, er solle seine beiden Töchter an einen Löwen und an einen Eber verheurathen: der Eber war Tydeus und der Löwe Polyneikes (Eur. Phoen. 1155). Sodann ziehen diese beiden mit Hilfe des Adrastos gegen Theben, und erliegen mit dem ganzen Heere: denn der alte Drache des Kadmos gewinnt den Sieg über Löwen und

80) Clemens protr. p. 5, 36. (II, 16). Paus. IX, 8, 1. Hesych. μέγαρα.

81) Ettmüller zu Beowulf S. 49 ff.

82) Damasc. Leb. Isidors p. 537 f.

Eber. Dabei geschieht es, dass der Löwe, genannt Haderreich (Πολυνείκης), seinen Bruder Ruhmecht (Ἐτεοκλῆς) im Zweikampfe ersticht und zugleich von ihm erstochen wird. Die Stelle, wo das geschehen war, ohnfern dem Grabe des geopferten Menoekeus, war durch eine Säule und einen steinernen Schild darauf bezeichnet: man brachte den Brüdern Todtenopfer, und dabei pflegte immer die Flamme und der Rauch sich entzwei zu spalten (Paus. IX, 18, 3. 25, 2).

Noch gefährlicher als dieser Haderreich war der Tydeus den Thebanern. Denn während die Achäer am Aesopos gelagert sind, geht er allein nach Theben hinein, fordert alle Thebaner zum Kampfe heraus und besiegt alle, und auf dem Rückwege, da man ihm einen Hinterhalt gelegt hat, erschlägt er alle funfzig Mann bis auf einen [83]). Das war also ein Blutbad troz dem, welches beim Neleus und dessen Söhnen angerichtet worden ist. Wegen eines Mordes war er schon aus der Heimath (Aetolien) geflüchtet. Sodann hat er im Kampfe vor Theben, von Melanippos (dem Hades) tödtlich verwundet, den vom bodenverschlungenen Amphiareus (Ueberwinder des Todes und Heilgott) ihm dargereichten Schädel des Schwarzrössers von einander gehauen und das Hirn herausgeschlürft, damit aber bei seiner Gönnerin Pallas die Gunst verscherzt, so dass sie ihm die Unsterblichkeit nun nicht mehr verleihen mochte [84]). Sein Grab war bei Theben neben dem Grabe des Melanippos von Maeon gestiftet (den Tydeus, als er die 50 erschlug, begnadigt hatte), und bestand aus drei rohen Steinen (Paus. IX, 18, 2).

2. Der Drache oder Lintwurm.

In den grossen Schlangen, Drachen oder Lintwürmern stecken Erd- und Wasser-Geister. Der Name δράκων von

83) Il. δ, 383 ff. ε, 800 ff. κ, 285.

84) Schol. Il. ε, 126. Schol. Lyk. 1066. Eustath. p. 1066, 2. Schol. Pind. Nem. X, 12.

δέρκω bezeichnet ein scharfsichtiges Wesen, und das ist die Asklepische Schlange zu Epidaurus (Horat. Sat. I, 3, 27), welche dabei noch eine andere, uns hier weniger angehende, Bedeutung hat.

Das Schlangenweib Echidna wohnt im Norden bei den Arimern oder bei den Skythen. Wir wollen ihr dahin folgen, um zu sehen, welche wichtige Rolle die Lintwürmer in der nordischen Mythologie spielen. Da verwandelt sich erstlich Odin selbst bisweilen in die Schlangen Svafnir und Ofnir. Sodann sind die drei Brüder Fafnir, Regin und Otter, Söhne des Hreidmar. Als der Otr von den Göttern Loki Odin und Hoenir erschlagen worden ist, müssen diese Götter zur Busse dem Hreidmar so viel Gold zahlen, als in den Balg des Otter geht. Dieses Gold bekommen sie von dem Zwerg Andvari, dem Schwarzelfen in Fischgestalt, welcher den Schaz unter dem Wasser (wie der Otter) bewacht, daher *Andvari*, Verwahrung, genannt. Dieser Schaz spielt nun eine grosse Rolle als Nibelungenhort. Erst wurde um denselben der Hreidmar von seinen eigenen Söhnen ermordet, dann hassten und verfolgten sich die zwei Brüder desswegen. Fafnir sezte den Schreckenshelm seines Vaters (*regis-hialmr*) auf den Kopf (ein Medusenhaupt), fuhr auf eine Haide, verwandelte sich da in eine Schlange und lag auf dem Golde. Regin machte sich eine Schmiede und schmiedete dem Sigurd (Siegfried) das bekannte Schwert, mit welchem dieser den Ambos in den Grund schlug, und half ihm den Fafnir erlegen. Dessen Herz wurde vom Siegfried geröstet und gegessen, worauf er die Vogelsprache verstand. Auch der Regin wurde von ihm getödtet: aber der Schaz hat weder ihm selbst noch denen, die ihm darum erschlugen, Segen gebracht.

Auch Beowulf muss am Ende seiner Tage mit einem Drachen kämpfen, der grosse Schäze hütet, und erlegt zwar den Wütherich, trägt aber den Tod davon. Die Schäze waren von Vorfahren aufgesammelt und von einem derselben vergraben worden, der sich sodann, gleich dem Fafnir, um sie zu behalten, in einen Drachen verwandelte (Beowulf-Lied V. 2784—89. 2276). In Nächten zog dieser Drache durch die Luft mit feurigem Brande Fieber bringend (V. 2279. 2286). Wenn er dann gluthgeschwellt auf seiner Tenne lag, mass er 50 Fuss.

Aber auch der See-Riese Grendel nebst seiner Mutter, der zu den Nichsen gerechnet wird, war von gleicher Art: wenigstens mit einer Wurmhaut gepanzert (V. 437): sodann war die Hize seines Blutes, als er getödtet war, so gross, dass von ihr das Eisen schmolz (V. 1630). Seine Mutter, die Grandwölfin (von *Grend*, d. h. Kies, wovon wohl auch Grandel kommt) genannt, reisst den Beowulf in ihre unterirdische Halle hinab, wo auch Waffen an der Wand hängen und Schäze aufbewahrt sind (V. 1627).

Das Wesentliche an diesen Sagen, welche in zusammenhängende Geschichte verwandelt erscheinen, ist, dass ein Schaz von unterirdischen Dämonen (Schwarzelfen) gehütet wird, und diese Dämonen nehmen die Gestalt von Schlangen, Ottern, Fischen, Lintwürmern an, weil der Schaz auch unter Wassern liegt; ferner werden diese Schazhüter um ihres Hortes willen erschlagen, und ihre Ermordung muss gebüsst werden, sogar von Göttern, der Hort aber bringt auch dem neuen Besizer immer wieder den nämlichen Lohn, welchen er dem früheren Besizer gegeben hat.

In anderen mittelalterlichen Sagen spielen solche Drachen immer wieder die nämlichen Rollen, wie z. B. der Drache, den Tristan erlegte, an einem Wasser hauste, in welches hernach Tristan sich legte, um sich abzukühlen von der Hize, welche die abgeschnittene Zunge ihm verursachte. Dem ähnlich ist, dass solche Drachen mit ihrer Brunst die Wasser verderben, woraus Seuchen entstehen[85]. Denn sie fliegen auch durch die Luft und lassen dabei ihre Brunst in die Brun-

85) Kuhn, Die Herabkunft des Feuers etc. S. 51, 52.

nen hinab, wesshalb zur Reinigung derselben das Johannisfeuer und das Nothfeuer gebraucht wird. Derartige Entsündigungen ganzer Länder in Folge ihrer Verunreinigung durch solche Drachen, haben wir auch bei den Griechen zu betrachten. Ein Drache hütet die goldenen Aepfel der Hesperiden, gezeugt von Typhon und der Echidna, mit hundert Köpfen begabt. Ein Drache hütet (in dem τέμενος Ἄρεος) das goldene Vliess, welches Iason aus dem Fabellande Kolchis holen muss. Ein Drache, gezeugt von Ares und der Tilphosa, liegt am Dirke-Quell, aus welchem Kadmos das Weihwasser schöpfen muss, und hier, wie dort, wächst aus den hingestreuten Zähnen des erschlagenen Lintwurms eine Schaar gepanzerter Männer auf, welche nicht minder gefährlich sind wie der Drache, aber doch ein gleiches Schicksal haben. Ein Drache hütet die Quelle bei Nemea und bringt das liebliche Kind Opheltes oder Archemoros um, dem zu Ehren sodann, als der Drache von den sieben Helden erlegt ist, die dortigen Spiele gestiftet werden. Hier bereits weissagte Amphiaraos, dass dieser Drache die sieben Helden in den Tod hinabreissen werde. Als sie nach Theben kamen, war es ein zweiter Drache, der ihren Untergang herbeiführte, der einst von Kadmos erschlagene, aber noch unter dem Erdboden fort und fort waltende und seine Opfer fordernde, lebendige Menschen, welche in die Drachenhöhle gestürzt werden mussten. Dieses Opfer brachte Menoekeus für sein Vaterland, und lenkte dadurch, wie Decius einst bei den Römern, das Verderben von seinem Volke auf die Feinde herüber (Eur. Phoen. 898 = 960).

3. Echidna und Typhon.

Das Schlangenweib Echidna wird, wie der Typhon, ins Arimaspenland verlegt: dort wohnt sie in einer Höhle, halb Weib und halb Schlange (Hesiod ϑ, 300 ff.). Sie ist die Mutter der Sphinx, verübt auch die Bosheiten der Sphinx und rafft die Vorübergehenden weg, bis sie vom

Vielaug Argos (Ἄργος πανόπτης) im Schlafe erschlagen wird [86]). Bei Hesiod ist sie, gleich dem Geryoneus, vom Chrysaor und der Kallirrhoe gezeugt, bei Pherekydes ist sie eine Tochter des Phorkys, gleich den Hesperiden, bei anderen stammt sie vom Tartaros und der Erde. Sie selbst hat mit dem Typhon, welcher ebenfalls oft Schlangengestalt hat, und mit noch anderen, gar manche Ungethüme gezeugt: den Kerberos, den Orthos, den Drachen in Kolchis und bei den Hesperiden, die Skylla, die Chimaera, die Gorgo, die Hydra, den Nemeischen Löwen, den Adler, welcher dem Prometheus die Leber frisst u. s. w. Wie endlich Herakles mit ihr die Stammväter der Skythen zeugte, erzält Herodot IV, 8 ff., aber diese ausländische Sage kümmert uns weniger.

Den Schlangenleib hat die Echidna mit den Attischen Heroen Kekrops und Erichthonios gemein, welche Wasserdämonen sind. Sodann müssen wir uns der Schlangen-Jungfrauen, Echiniaden, erinnern, Töchter des Acheloos, die ihren Vater vernachlässigten und deshalb von ihm vernichtet wurden. Sie waren Nymphen, so gut wie die Hesperiden, die Besizerinnen des Drachen, und wie die Sirenen und wie endlich auch die Sphinx mit dem Schlangenschweif, welche mit den Sirenen so viele Aehnlichkeit hat. Drachen pflegen sich da aufzuhalten wo Ueberschwemmungen stattfinden, und das Drachenweib, die δράκαινα, bei Delphi, welche den Typhon aufzieht, ist nicht vom Drachen Python und nicht von der Echidna verschieden. So wie aber der Typhon unterirdisches Feuer ist, welches dann und wann hervorbricht, so ist auch die Echidna unterirdisches Wasser, dessen stürmische Bewegungen mit denen des Typhon in Verbindung stehen: es ist das Wasser, dessen Verlaufen und Zurückziehen in die Erdhöhlen alljährlich durch Wassergiessen in derartige Löcher unterstüzt wurde. Die Echidna ist ein unterirdisches Wesen (νερτέραν nennt sie Euripides a. O.), und sie wohnt in Höhlen wie der

86) Apollod. II, 1, 2. Eur. Phoen. 985.

Typhon. Pisander beim Schol. Plat. Phaed. p. 346 Tauchn. erzält, dass Kadmos dem Zeus das Mittel an die Hand gegeben habe, über den Typhon Herr zu werden; eben dieser Kadmos aber ist auch ein Schlangenbesieger.

Der Riese Typhon wird von Pindar ein Wurm genannt (Pyth. I, 46). Nach dem Homerischen Hymnus auf Apoll und nach einer Dichtung des Stesichoros zürnt Hera dem Zeus darüber, dass er ohne sie die Athena zur Welt gebracht hat, und um sich dafür zu rächen, gebiert sie den Typhon, ein dem Hephaestos verwandtes Wesen, und gibt ihn zum Auferziehen dem Schlangenweib (δράκαινα) bei Delphi, woselbst sich der Berg *Τυφαόνιος* nicht weit von dem Berge *Φίκιος* (dem Sphinx-Berge) befand (Hesiod ἀσπ. 32). Hesiod macht den Typhoeus zu einem Sohne der Erde und des Tartaros (ϑ, 822). Homer aber sagt gelegentlich: »Bei den Arimern (die man in Kilikien, in Lydien, in Syrien sucht) dröhnt die Erde, wenn sie von dem zürnenden Zeus gepeitscht wird: denn dort ist das Lager des Typhoeus« (Il. β, 782). Aber dem Pindar zufolge ist der Aetna auf ihn gestürzt oder die Pithekusen, andere wiederum versezen sein Lager nach Phrygien, andere vermengen ihn mit dem Aegyptischen Typhon, dem Mörder des Osiris (Schol. Pind. Ol. IV, 11). Zwischen Aegypten und Syrien war der Serbonische See: dort hatte sich der Riese hineingestürzt, von Zeus verfolgt (Schol. Apoll. II, 1211). Im Kaukasos ist der Typhaonische Fels, wo der Typhos Blut gelassen hat, vom Blize getroffen, und aus dem Blut ist der Drache geworden, welcher das goldene Vliess hütete [87]). Seine Bedeutung ist klar aus seinem Namen zu erkennen: es ist der Qualm und das Feuer der Vulkane und das damit verbundene Zittern der Erde, es ist ferner auch die Windsbraut, die Wasserhose und der Wirbelwind. Die Theo-

87 Schol. Apoll. II, 1210. Man vergleiche ferner über dieses Ungethüm Hesiod ϑ, 821, ff. Aesch. Prom. 351 ff. Pindar Pyth. I, 32. Frag. 69. p. 149. Strab. XIII. p. 626. Apollod. I, 6, 3. Ant. Lib. 28.

gonie scheint den Typhaon (ϑ, 306) von dem Typhoeus zu trennen (ϑ, 821, 869), sehr mit Unrecht; diesem Sammelwerke hätte niemand folgen sollen.

4. Erechtheus.

Der Attische Erechtheus oder Erichthonios (denn beide sind Eins, s. Welcker II. p. 286) war ein Schlangen-Mensch. Die Erde hatte ihn hervorgebracht, aber die Göttin Athene hatte sich seiner als Mutter angenommen, ihn in ihre Burg gesezt und den Thau-Schwestern zur Behütung gegeben. Dieses Amt kostete den drei Mädchen das Leben, und dieses Menschenopfer scheint mehr noch der Schlange als jener Göttin gegolten zu haben (Il. β, 547), wiewohl die Athene so innig mit diesem Schlangen-Menschen vereinigt war, dass sie dessen Haus wie ihr eigenes gebrauchte (Od. η, 81), und dass die Burgschlange, welche auf der Akropolis erhalten wurde (Herod. VIII, 41), ebenfalls von ihr unzertrennlich war. Der Vater dieses Erechtheus, Hephaestos, war ursprünglich ebenfalls ein Schlangen-Mensch gewesen; davon hatte er noch die Wackelbeine behalten. Mit der nahen Verwandtschaft beider verträgt es sich gar wohl, dass der Erechtheus auch Poseidon genannt wird, und dass in seinem Tempel auf der Burg zu Athen das Seewasser sammt dem heiligen Oelbaum zu finden war[88]); denn auch der Hephaestos hat lange Zeit in der See bei der Thetis und der Eurynome gelebt, und die Quellen kommen alle aus der See her.

5. Delphyne, Tilphussa.

Das Delphische Orakel und der Erdspalt, aus welchem der wunderbare Dunst entstieg, wurde von einem Lintwurm gehütet, welcher Python und auch Delphyne oder Delphys hiess[89]). Den nämlichen Namen führte der Drache, halb Thier

88) Herod. VIII, 55. V, 82. Paus. I, 26, 6.

89) Schol. Apoll. II, 706. Hesych. v. Schol. Eur. Phoen. 239.

und halb Mensch, welcher in Kilikien die Korykische Höhle bewachte (Apollod. I, 6, 3), und dieser Name verdient, ehe wir weiter gehen, eine nähere Betrachtung. Delphusa hiess nach Steph. Byz. eine Quelle bei Delphi, Thelpusa oder Telpusa ein Ort und eine Nymphe in Arkadien am Fluss Ladon. Dieser Ladon hat seinen Namen mit dem Drachen gemein, welcher im Hesperidengarten die goldenen Aepfel (also einen goldenen Schaz) hütet (Schol. Ap. IV, 1396), und dieser Ladon war der Vater der Nymphe Thelpusa. Telphusa oder Tilphussa hiess ferner eine dem Apollon heilige Quelle in Böotien[90]). Nun ist aber Tilphusa auch ein Beiname der Erinys, mit welcher der Ares den Drachen zeugte, welchen Kadmos erschlug (Müller, Orchom. 122, 480), und diese Erinys ist wiederum éins mit der trauernden Demeter, die am Bach Ladon bei Thelpusa ihren Tempel hatte. Hinter Thelpusa (sagt Paus. VIII, 25, 4) fliesst der Ladon an dem Heiligthum der Demeter im Onkeion vorbei, und die Göttin wird von den Thelpusiern, so wie auch vom Antimachos, Erinys genannt, weil sie hier herum irrte, ihre Tochter suchend. In diesem Zustande war sie, als Poseidon in Pferdegestalt mit ihr, die ebenfalls in ein Pferd verwandelt war, das Ross Areion zeugte. Nachher, als sie ihren Zorn fahren liess, hat sie sich im Ladon gebadet und darauf Lusia (Badende) geheissen (Paus. VIII, 25, 4). Alles das nämliche erzälte man auch zu Phigalia in Arkadien, wo man die schwarze Demeter verehrte und noch ausserdem wusste, dass dieselbe vom Poseidon die (unterirdische) Herrscherin (*Δέσποινα*) geboren habe (auch die Thelpusier sprachen von einer Tochter dieser beiden Aeltern, aber der Name wurde geheim gehalten), und dass die Göttin ihre Trauer in einer Höhle abhielt, während alle Gewächse verdorrten, bis sie vom Pan zufällig entdeckt und sodann durch die Parzen auf Zeusens Geheiss begütigt wurde (Paus. VIII, 42, 2. Ptolem. p. 188 Westermann).

90) Paus. VIII, 25, 2. IX, 33, 1. Hom. Hym. Apoll. 379.

Delphi wird seinen Namen wohl daher gehabt haben, weil es am Mittelpunkt der Erde und an dem berühmten Erdschlunde[91]) lag, aus welchem der begeisternde (dämonische) Dunst aufstieg. Das war eine Oeffnung der Unterwelt; daraus erklärt sich auch, dass die Reinigungsfeste Delphinia hiessen, dass der Gott Apoll in einen Delphin sich verwandelte, als er die Kreter nach Krisa und Delphi hinleitete (nach dem Homerischen Hymnus) und dass der ins Meer geworfene Sündenbock Arion von einem Delphin gerettet wurde.

6. Der Drache Python von Apollon erlegt.

Apollon kommt in die Gegend von Haliartos an die Quelle Telphusa, und erklärt dieser Nymphe, dass er da seinen Tempel gründen wolle, lässt sich aber von dieser weiter weisen zum Parnass nach Krisa. Hinterher erkennt er, dass die Nymphe ihn tückisch betrogen habe, und bestraft sie durch Unterdrückung ihres Quells (Hym. 247). Das ist einerlei mit der Erlegung der Drachin Delphyne selbst, welche ohne Zweifel mit jenem Quellgeiste éine Person war. Denn wie schlimm dergleichen Dämonen mitunter erscheinen können, das zeigt uns die Sphinx. Andere haben dafür einen männlichen Drachen-Menschen, ähnlich dem Fafnir und Regin, gesezt, der ein Sohn der Erde, und zwar der schwarzen (*Μελαίνη* oder *Κελαινώ*) also einer Demeter Erinys, und mit ihr zugleich Besizer des Orakels war (Paus. X, 6, 3. Hygin. 140). Der Homerische Hymnus macht die Sache noch schlimmer, indem er der Sphinx-artigen Drachin (300) den Typhaon von der Hera zur Hilfe senden lässt. Auch der Typhon in Kilikien, welcher dem Zeus die Sehnen abschnitt, ist mit dem Drachenweib *Δελφύνη δράκαινα* verbrüdert gewesen (Apolld. I, 6, 7). Die

---

91) *Δελφύς* heisst die Bärmutter (*μήτρα*, *vulva*), *δέλφαξ* das Schwein (mit der *vulva ampla*, Horat. Ep. I, 15, 41), *δελφίς* das Meerschwein oder Delphin: vgl. Curtius, Gr. Etym. II. p. 65.

Erlegung des Lintwurms zu Delphi aber wird von Euripides (Iphig. T. 1189—1245) also erzält. »Lag da mit scheckiger Haut der Lintwurm dunkelroth in dem Schatten des Lorbeerhaines dicht versteckt, ein Ungeheuer der Erde, dem Erdorakel zur Hut. Ein zartes Kind noch an der Brust in den Armen der Mutter hüpfend, schossest du ihn zu Tod, Phöbos, tratest hin zum begeisternden Plaz, dich auf dem goldenen Dreifuss niederlassend, wo der Welt vom allweisen Siz, unbetretnem Grund, dein Orakel ertönt, in der Mitte der Welt Kastaliens Quell nah der Thron erbaut ist.« Der Ort wo der Drache erschossen und das Orakel nachher hingebaut war, hiess Schüzenhügel *Τοξίου βοῦνος* (Hesych).

Dieser Kampf nun wurde in dem neunjährigen Feste Septerion zu Delphi mimisch vorgestellt. Man errichtete eine Hütte auf einer Tenne, nicht höhlenartig sondern so anständig, dass sie für eine Königsbehausung hätte gelten können, als Wohnung des Drachen. Gegen diese Hütte rückte man schweigend an, wie zu einem versteckten Ueberfall, und das nannte man Doloneia. Ein nicht verwaister Knabe, welcher den Apoll vorstellte, war Führer: die andern folgten ihm mit brennenden Fackeln. Die Hütte wurde angezündet, der Tisch umgestossen: dann floh man ohne umzublicken durch die Thüre der Kapelle. Dann folgte das Umherirren des Knaben, seine Knechtschaft, seine Reinigung im Tempel, welches alles eine grosse Befleckung und eine vermessene That vermuthen liess. Die Deutung war verschieden: theils sagte man, Apoll habe nach der Tödtung flüchten müssen und der Reinigung bedurft, theils auch, er habe dem verwundeten und fliehenden Python auf dem sogenannten heiligen Wege nachgesezt, und als er ihn einholte, habe er ihn bereits gestorben gefunden und dessen Sohn Ziege (*Αἴξ*) hatte ihn bestattet[92]. Kadmos musste nach der Tödtung des Drachen dem Ares (welcher hier

92) Plut. Qu. gr. 12. p. 293. Def. or. 14. p. 418. Aelian V. H. III, 1.

die Stelle des Hades vertritt) acht Jahre lang dienen: Apoll musste nach der Erlegung des Python dem Admetos (Hades) wahrscheinlich eben so lange fröhnen. Man hat bemerkt, dass immer in 99 Monathen (8 Jahren) der Frühaufgang der Plejaden mit derselben Phase wieder zusammenfällt, oder auch, dass je nach 9 Jahren das Sonnenjahr wieder in Ordnung sei, indem die Verwickelung mit dem Mondenjahr aufhöre (s. Bunsen III. p. 437). In Aegialeia (Achaja) wusste man, dass Apoll und Artemis nach Erlegung des Drachen mordbefleckt dahin gekommen, und von einem Popanz (φόβος) fortgeschreckt worden seien (also in keinem besseren Zustande als die Mörder Orest und Alkmäon). Sie flohen zum Karmanor nach Kreta, Aegialeia aber wurde von einer Pest heimgesucht, zu deren Abwendung 7 Knaben und 7 Mädchen an den Bach Sythas bittflehend wallfahrten mussten. Von deren Bitten bewogen, kehrten die Götter Apoll und Artemis in die Burg der Stadt zurück, und man baute an der Stelle der Ueberredung (Πειθώ) eine Kapelle (Paus. II, 7, 7).

Es ist merkwürdig, dass Apoll nach Erlegung des Lintwurms auch in dem Thal Tempe soll gereinigt worden sein, dem Thale, welches, den Olympus und Ossa von einander spaltend, einst den Wassern welche das Binnenland bedeckten Abfluss gegeben hat. Und bekränzt mit Lorbeer aus diesem Thale, und mit einem Lorbeer-Zweig in der Hand, soll der Gott nach Delphi zurückgegangen sein und das Orakel in Besiz genommen haben. Man zeigte den Altar, wo er sich kränzte und den Zweig nahm. Dort opferte man und bekränzte sich an dem beschriebenen Feste, wie es der Gott gethan hatte. Der heilige Pythische Weg aber gieng durch Thessalien, Pelasgia, die Gegend am Oeta, das Land der Aenianer, Melier, Dorier, Lokrer, und alle diese gaben der Procession ein ehrenvolles andächtiges Geleite gleich wie den Sendungen aus dem Hyperboreerlande (Aelian a. a. O.). Zu der Reinigung aber von der Lintwurms-Befleckung gehörte ohne Zweifel auch die Musik, die »Pythische Weise«, welche nach ihrer künstlichen Ausbildung und Erweiterung den Kampf mit den Drachen in fünf Theilen darstellte[93].

7. Schlange, Hahn und Hund.

Die doppelte, sowohl bös- als gutartige Natur der Schlange erkennt man schon aus den biblischen Erzälungen, erstlich, dass die Schlange zum Sündenfall verführt, zweitens dass ihr Anblick, als ihr Bild von Moses aufgerichtet war, von Leiden, und zwar wiederum vom Biss einer Schlange, heilt. Aus Horaz siht man, dass der Schlange zu Epidauros der schärfste Blick zugetraut wurde (Sat. I, 3, 27). Schlangen reinigten den Melampus im Schlafe die Ohren, dass er die Vogelsprache verstand (Apolld. I, 9, 11): und als Siegfried das Herz des Fafnir gegessen hatte, verstand er ebenfalls die Vogelsprache. »Die Landleute in Norwegen«, sagt K. Schwenck in Myth. d. Germ. p. 10, »hielten eine Ringelschlange in den Ställen zur Gesundheit des Viehes. Von dem Fleisch der Schlange Hwitoren, meinten sie, werde man weise, und schrieben dem Schlangenfleisch auch Heilkräfte zu. Schlangenhaut brachte man an die Wöchnerinnen, damit sie leichter gebären könnten. Linné erzält, eine solche glückbringende Schlange habe ihre Haut einem Bauernjungen gegeben, der sie gegessen habe, wodurch er weise geworden, die Heilkunde geübt und selbst Wunder gethan habe.« Dem Seher Polyidos zeigt eine Schlange ein Kraut womit man Todte wieder aufwecken kann (Hygin. f. 136). Die Schlange heisst *δράκων*, weil die Schlangen im Finsteren sehen, und in Erdhöhlen herumkriechend die unterirdischen Schäze und die verborgenen Kräfte der Pflan-

93) 1. *ἀνάκρουσις*, Vorspiel, 2. *πεῖρα*, Recognoscirung, 3. *κατακελευσμός*, Herausforderung, 4. *ἴαμβοι*, Kampf mit Trompetenruf und Zähne-Knirschen des Lintwurms, 5. *σπονδεῖον*, Sieg, dabei Syrinx-Pfeifen als Verröcheln des Ungeheuers. Pollux, IV, 10, 84. Strabo, IX, 3. p. 421.

zen erforschen. Zu solcher Kenntniss aber gelangten sie als blosse Thiere nicht, wenn nicht etwas Höheres in ihnen steckte. In Deutschen Mährchen erscheinen die Schlangen als Hausgeister, und in Griechischen und Römischen Mythen repräsentiren sie oft den Genius (s. meine Rel. d. Römer, I. p. 40). Dieser Glaube reicht auf den Aegyptischen Kneph zurück (s. Schwenck Myth. d. Aeg. p. 61). Als Schlange zeugt Zeus mit der Persephatta den Zagreus, und der Sabazion schlüpft als Schlange den Frauen durch den Busen in den Mysterien: (Clem. Al. protr. p. 5. §. 16). Die Schlangen, welche im Bette der Zwillinge Herakles und Iphiklos sich zeigten, waren von der nämlichen Art, ingleichen die, welche im Bette der Mutter Alexanders und im Bette der Mutter der Gracchen erblickt wurden, und nur der Missverstand hat aus dem Schlangenhalter Herakles (ὀφιοῦχος) einen Schlangen-Erwürger gemacht (s. Schwenck, Myth. d. Semiten, p. 294). Zu Amphikleia in Phokis (wo Dionys durch Träume heilte) wurde einst ein ausgesezter Knabe von einer Schlange gehütet und gegen einen Wolf vertheidigt, und als der Vater des Kindes aus Missverstand die Schlange sammt dem Kinde todtgeschossen hatte, verbrannte er beide Leichen auf éinem Scheiterhaufen, und die Gegend behielt die Gestalt brennender Scheiter (Paus. X, 33, 5). Stecken aber einmal Genien in den Schlangen, so stecken auch Geister von Gestorbenen in ihnen: und dass die Schlangen, Ottern, Lintwürmer zu den unterirdischen Dämonen gehören, haben wir gezeigt.

Auch der Todtenerwecker, der Asklepios selbst, verwandelt sich öfter in die Schlange (Paus. II, 10, 3. III, 23, 4. Liv. X, 47, 6). Derselbe führt unter anderen die Beinamen Glänzender (Αἰγλαήρ und ἀγλαόπης, Hesych) und hat zur Tochter die Aegle und zur Gattin die Leuchtende Λαμπετία (Schol. Arist. Plut. 701), weil er aus dem Dunkel des Hades zum Lichte des Tages die fast schon Gestorbenen zurückführt und ein Rettungslicht den Menschen ist (Arist. Plut. 639). Das bedeutet auch der Hahn, der Wecker des Morgens, welcher dem Asklepios heilig war und von Wiedergenesenen geopfert wurde. Und die nämliche Bedeutung muss auch sein Begleiter der Hund haben, welcher in der Finsterniss die Gespenster siht, wenn welche herankommen, und sie durch sein Bellen verräth, also vor den des Nachts waltenden bösen Dämonen beschüzt, damit man gesund und wohlerhalten den anderen Tag wiedersiht. Hund und Hahn spielen darum eine so wichtige Rolle in dem Glauben der Parsen und sind beide die Symbole des Fortlebens geworden, indem sie den Tod überwinden helfen. Der Todte musste von einem Hunde angebellt werden bei den Parsen, dann konnte er fortleben, und die Seele wurde von einem Hunde, gleichwie bei den Aegyptern von dem hundsköpfigen Gott, in das Paradies eingeführt. Wenn der Hund mitunter für ein unreines Thier geachtet wurde, so kommt das daher, weil er ebenfalls zu den unterirdischen gehört gleich dem Drachen, und wenn Herakles den Kerberos besiegt und die Lernäische Schlange, so hat das den Sinn, dass er, als Sonnenheld, solche Wesen der Finsterniss bewältigt. Allein der Hund führt auch wiederum aus der Finsterniss zum Lichte, und darum ist er an den Himmel versezt als Hundsstern oder Sirius, und der Aegyptische Seelenführer und Seelen-Wäger, der hundsköpfige Anubis, ist auch zugleich der Sirius. Diese Ehre hat sich der Hund dadurch verdient, dass er der Erigone (Frühgeborenen) ihren erschlagenen und in den Brunnen geworfenen Vater Ikarios (den Regengott) suchen half, wobei dieser Hund den Namen Macra (der Glänzende) führt, ganz so wie auch der Aegyptischen Isis Hunde den gemordeten und zerstückelten Osiris nicht allein aufsuchen sondern auch beklagen halfen, wobei sie mit ihrem Gebelle die schlimmen Bestien (und Dämonen!) verscheuchten (Diod. I, 87).

Den Veden zufolge wird der dunkle Weg zum Size der Seligen von zwei gefleckten Hunden, mit je vier Augen, bewacht, und eine dieser Hündinnen, Sarama genannt, wird auch von Agni oder Indra sammt den Angirasen ausgesendet, die geraubten Kühe zu entdecken und ihre Milch den Sterblichen zu bringen (Bunsen II. p. 119 f.).

8. Charon und Kerberos.

Die Griechen haben aus dem Anubis ihren Charon gemacht, dem wir sammt seinen Verwandten hier betrachten wollen. Dieser Charon, welchen Homer noch nicht kennt, wurde mit Hunds-Ohren vorgestellt (Schwenck, Myth. And. p. 437) und sein Name (*χάρων* = *χαροπός*, helläugig) ist das Prädicat eines Hundes. Also wird er von dem dreiköpfigen Thorhüter Kerberos (vgl. den dreiköpfigen Hermes) im Grunde nicht verschieden gewesen sein. Dieser Kerberos sollte wohl eigentlich *κέρβολος* oder *σκέρβολος* (Kläffer) heissen[94]. Eine Verwandte des Charon, der Natur und dem Namen nach, ist die Charybdis, und sein Doppelgänger ist der Frühauf (*Ὄρθος*, der gleichfalls vom Herakles bezwungen wird[95]). Aber ohne Hilfe der Athene und des Hermes, der ihn geleiten musste, wäre dem Helden der Sieg über diese Höllenhunde nicht möglich gewesen (Eur. Herakl. 615. Paus. II, 37, 7). Orthos oder Orthros (es kommen beide Schreibarten vor) bedeutet den Morgen: also beweist sich dieser Hund als sinnverwandt mit dem Hahne, der den Morgen weckt, und haben wir also richtig gedeutet, wenn wir den Hund als den Ueberwinder der Finsterniss und der Geister der Finsterniss gefasst haben.

Die Sanskrit-Gelehrten betrachten es als ausgemacht, dass der Name Kerberos Eins sei mit *Çabala* buntscheckig, einem Prädicate des Indischen Höllenhundes *Sârameyas*, und

---

94) *κερβολεῖν* oder *σκερβολεῖν* heisst *λοιδορεῖν* (wohl eigentlich anbellen), und *κέρκαφος*—*σκέραφος*—*σχέραφος* bedeutet Lästerung. So wenig, als *κερβολεῖν* von *βάλλειν* stammt, kommt *κερτομεῖν* von *τέμνειν*, und mit *κῆρ*, Herz, haben sie beide vollends nichts gemein (s. Curtius, Gr. Etym. I. p. 117).

95) Hes. *ϑ*. 309. Il. *ϑ*, 368. Od. *λ*, 625.

dass dieser leztere Name selbst in Hermeias wiederzufinden sei, und dass endlich der Hund Orthros dem sanskritischen *Vritra* entspreche. Der Vritra ist nämlich ein Dämon, welcher die Wolken zurückhält, und vom Indra (welcher daher den Beinamen, Vritrahan, Vritra-Tödter, empfangen hat) mit dem Bliz erschlagen wird, worauf die Gewässer herabströmen und die Erde befeuchten[96]. Wir können hier um so weniger beistimmen, als wir in dem Vritra keinen Höllenhund sondern einen die Erde verbrennenden und vom Zeus mit dem Bliz erschlagenen Phaethon erkennen müssen, und beim Hermes niemals (wie bei dem Asklepios, bei der Hekate-Artemis, beim Aktäon u. s. w.) einen Hund erblicken weder auf Bildwerken noch in Mythen, geschweige dass er selbst jemals hundsgestaltig erschiene. Anderseits kann auch von den vieräugigen Hunden Sârameyas keiner für einen Gott des Schlafes oder Genius des Todes gelten, für die sich das Bellen und das Hin- und Wiederlaufen (s. bei Kuhn p. 127) nicht schicken würde.

II. Feuergeister.

1. Die Einäugigen und die Geblendeten.

a) Orion und Euenios.

In Böotien lebte ein Riese Namens Orion, der ein Hirte und Jäger war, wie der Kyklope Polyphemos, und auch ein Baumeister gleich den Kyklopen, denn er baute dem König Zanklos in Sicilien einen Hafendamm und sezte darauf ein Heiligthum des Poseidon (Diod. IV, 85). Dieser Riese war sehr schön, und wurde darum von der Morgenröthe (*Ἠώς*) geliebt gleich dem Tithonos, mit welchem er auch ohne Zwei-

96) Kuhn in Haupts Z. f. d. A. VI, 1. p. 125 ff. Th. Müller in Kuhns Zeitschr. V. p. 15. IX. p. 1 ff. Spiegel, Avesta p. CXV.

fel einerlei Wesens war, nämlich ein Sonnendämon, was sich sogleich noch deutlicher zeigen wird (Od. *α*, 121). Homer selbst aber vergleicht ihn mit den Zwillingen Otos und Ephialtes (Od. *λ*, 310), mit denen er auch einerlei Schicksal hatte, nämlich von der Artemis, weil er ihr Zumuthungen machte, erschossen zu werden. Auch in ihre Nymphen war er verliebt, so lief er (wie Minos der Britomartis), den Plejaden nach unaufhörlich, bis sowohl er selbst als jene in Sternbilder verwandelt wurden[97]. Auf Chios (woselbst er die Insel von wilden Thieren reinigte: denn auch Böotien oder wenigstens die Gegend um *Ὑρία* oder *Οὐρία* hat er entwildert der Korinna zufolge: Schol. Nikand. Ther. 15) wollte er einmal der Tochter des Oinopion, die Merope, gewaltsam nahen, und wurde bei dieser Gelegenheit erst trunken gemacht von diesem Weingotte und dann geblendet, ganz wie der Kyklope Polyphem (vgl. Pind. Frag. 50. p. 217 m. Ausg.). Aber Orion bekam sein Augenlicht wieder mit Hilfe des Glühenden, Kedalion, des Schmiede-Gesellen des Hephaestos auf Lemnos, indem ihn dieser der aufgehenden Morgenröthe entgegentrug[98]. Daraus ist nun deutlich zu erkennen, was sowohl die Blendung als auch die Wiedergewinnung des Augenlichtes besagen wolle. Die Sonne wird nicht nur allabendlich blind und gewinnt alle Morgen ihr Augenlicht wieder, sondern verliert auch im Winter die Hälfte ihres Lichtes, was beim Tithonos, dem Liebling der Eos, durch sein Hinschwinden und beim Apollo durch seine Abwesenheit bezeichnet wird. Der Name Orion aber selbst scheint die einbrechende Nacht und den Schlaf zu bezeichnen[99]. Nach der Wiederherstellung des Augenlichtes

---

97) Schol. Apoll. III, 226. Pind. N. II, 17 Schol. Fragm. 52. p. 217 m. Asg.

98) Apolld. I, 4, 3, 5. Servius Aen. X, 763. Lukian d. dom. 28. Anton. Lib. 25. Eratosth. *καταστ.* 7.

99) Hesych: *ὦρος ἡ νὺξ ἀπ' Ὠκεανοῦ*. Diese Glosse muss richtig sein, weil sie mit einer Glosse des Etym. M. übereinstimmt: *ὦρος καὶ ἄωρος*

muss der Riese Kandaon (von *καίειν* und *δαίειν*) geheissen haben, welcher Namen desselben von Lykophron (328) überliefert wird (Schol. 938 das.). Aus dem etymologischen Mährchen von dem Urin- oder Samen-lassen der drei Götter Zeus Hermes und Poseidon, ob es gleich vom Pindar herzurühren scheint (Strabo IX, 1. p. 404), ist weiter nichts zu entnehmen, als dass der Orion auch zu den Erdgeborenen gehört, denn die Rindshaut ward in die Erde gegraben (vgl. Hygin. astron. II, 34).

Dieser Orion hat einen Doppelgänger in dem Hüter der Sonnen-Rinder zu Apollonia, den man geblendet hat, weil er im Schlaf liegend nicht gewahr wurde, wie 60 Wölfe die Herde verwüsteten[100]. Dieser Hirte hiess entweder *Εὐήνιος* oder *Πειθήνιος*, und beide Namen bezeichnen einen Wagenlenker, mithin den Sonnen-Dämon selbst. Er genoss göttliche Verehrung zu Apollonia, und die Aufseher der heiligen Herden daselbst waren seine Erben.

b) Kyklopen.

Wie sehr diese zwei Hirten dem Kyklopen Polyphemos gleichen, braucht nicht gesagt zu werden. Um deren Einäugig-Sein zu erklären, hat man eine Masse Einfälle vorgebracht[101]), aber an den Odin und an den Ormuzd scheint man nicht gedacht zu haben. Das einzige Auge auf der Stirn des Ormuzd wird ausdrücklich auf die Sonne gedeutet, indem es im Jaçna (I, 36) heisst: »Der glänzenden Sonne, der mit schnellen Pferden begabten, dem Auge des Ahura-Mazda.« Damit vergleiche man Macrob. Sat. I, 21, 12 *Solem Jovis oculum appellat antiquitas.* Auch dem Aegyptischen Horos ist sein Auge vom Typhon genommen und verschluckt, aber nachher dem Sonnen-

κατὰ πλεονασμὸν τοῦ α, μηδὲν πλέον σημαίνοντος, ὦρος γὰρ ὁ ὕπνος. Καλλίμαχος Πολλάκι καὶ κανθῶν ἤλασ' ἄωρον ἄπο. Καὶ Σαπφώ. Ὀφθαλμοῖς δὲ μέλας χύτ' ἄωρος.

100 Herod. IX, 93. Konon c. 30.

101 Schömann in seinem Programm *de Cyclopibus* theilt davon ein Duzend mit, und darunter wirklich einige recht lächerliche.

gott wieder gegeben worden (Plut. Isid. c. 55). Und Odin hat sich des einen Auges selbst beraubt, indem er es zum Pfand sezte für einen Trunk aus Mimirs Quelle, welcher Weisheit (Allwissenheit) verleiht, was man auf das Untergehen der Sonne im westlichen Okean deutet. Dieser Trunk erinnert übrigens auch an den goldenen Trinkbecher und Kahn des Helios. Es gibt endlich einen griechischen Zeus, welcher ausser den zwei regelmässigen Augen noch ein drittes auf der Stirn hat. Dieser Zeus befand sich zu Argos, auf dem Wege nach der Burg Larissa, und stand dort im Hofe unter freiem Himmel, und man glaubte, es sei das nämliche Bild welches einst im Schlosshofe zu Ilion gestanden hatte und bei welchem der greise Priamos Zuflucht suchte, als die Burg erobert ward[102]. Mit Recht wird also dieser Zeus vom Schol. Eur. Troj. 16 ein Umfriedungs-Gott (*ἕρκειος*) genannt[103]. Aber Pausanias hat Unrecht, wenn er die drei Augen auf die drei Reiche der Welt bezieht — Himmel, Erde und Meer — über welche Zeus walte. Denn diese gehen den Umfriedungszeus weniger an als einen anderen, und passender wäre er in dieser dreifachen Eigenschaft mit drei Leibern oder drei Köpfen dargestellt worden. Die Künstler haben auch den Polyphem mit drei Augen, zwei kleinen an der rechten Stelle und einem grossen auf der Stirn, abgebildet. Und man kann sichs denken, warum gerade der Umfriedungs-Zeus mit diesem Stirn-Auge ausgezeichnet war, der Gott, welcher in der Aula, demjenigen Theil des Hauses stand, wo der Himmel hereinleuchtete, wo der Familien-Herd mit den Hausgözen die Bewohner des Hauses um sich versammelte. Denn dieser Theil, *cavaedium* bei den Römern, *ὕπαιθρον* bei den Griechen genannt, konnte, wenn er eine runde Gestalt hatte, eine Runde (*τροχός* und *κύκλος*) genannt werden, und nach Hesych (v. *κύκλους*) lässt sich annehmen, dass

---

102) Paus. II, 24, 5. Virg. Aen. II, 512.

103) *τὸν δὲ ἕρκειον Δία — τρισὶν ὀφθαλμοῖς κεχρῆσθαί φασιν κτλ.*

die umgebenden Mauern auch Kyklopische Runde geheissen haben. In diesem Sinne würden also die Ausdrücke Kyklopischer Siz und Kyklopiden-Herd, Kyklopisches Land, Stadt oder Mauer (Κυκλώπειον ἕδος und Κυκλωπίδες ἑστίαι und πόλις und γᾶ Κυκλωπία, endlich die τείχεα Κυκλώπια) nicht sowohl einen von Klyklopen gema hten Bau, als vielmehr das Umfriedungs-Gemäuer bezeichnen, und in der That verbindet sich mit diesem Ausdruck wenigstens bei Euripides immer der Gedanke an die traute Heimath[104]). Und dann brannte hier das heilige Herdfeuer, dessen Anzündung man immer dem Hephaestos und verwandten Geistern verdankte.

Die Kyklopen aber sind mehr Feuer- als Sonnen-Geister (darum gibt es auch deren ein ganzes Heer) und mehr unter- als oberirdisch; darum schmieden sie bei dem Hephaestos, als dessen Gesellen, im Aetna, und sizen auch in Kilikien bei den Giganten, wo man ihre Zahl auf sieben angibt und sagte, sie hätten Arme am Bauch[105]). Auch in Thrakien sollen sie gehaust haben.

Die Kyklopen haben aber ausserdem noch viele Eigenschaften, in denen sie theils den Giganten und theils den Telchinen gleichen. Sie walten erstlich auch in der See, dann auf dem Isthmos von Korinth hatten sie ein altes Heiligthum, in welchem ihnen geopfert wurde neben den See-Dämonen Palaemon und Leukothea (Paus. VI, 2, 2). Man siht hieraus, was Homer für eine Berechtigung hatte, seinen Polyphem zu einem Sohne Poseidons und der Nymphe Thoosa zu machen. Dass sie zweitens Jäger und Viehzüchter sind, haben wir gesehen, ingleichen dass sie, wie die Sonnen-Hirten, ihre eigenen Herden hüten, und dabei geblendet werden. Auch mit den Satyren

---

104) Eur. Orest. 942. El. 1147. Iph. T. 811. Iph. A. 144. Ioph. Frag. 222.

105) Thuk. VI, 2. Kallim. Artem. 56 f. Strabo VIII. p. 373. Eustath. Il. II, 559. p. 286, 20.

und mit den Nymphen haben sie als rohe Naturmenschen manches gemein, und nicht mit Unrecht lässt Horaz sie mit diesen sympathisiren beim Beginn des Frühlings, so dass sie zu schmieden beginnen in ihrer Werkstatt gerade wenn jene anfangen ihre Reigen aufzuführen (Hor. I, 4, 8). Eine besondere Erwähnung verdient endlich noch der Kyklope Geraestos auf Euböa, welcher dieselben Menschenopfer von sieben Knaben und sieben Mädchen wie der Kretische Minos empfängt (Apolld. III, 15, 8), mithin mit diesem Feuer- und Sonnen-Dämon wohl Eins war.

Hesiod benennt drei Kyklopen mit den Namen Donner, Bliz und Weissglanz (*Βρόντης, Στερόπης* und *Ἄργης*), und ein von Göttling für unächt gehaltener Vers bezieht diese Namen darauf, dass die Kyklopen dem Zeus die Blize schmieden. Wenn man aber bedenkt, dass auch die Sonnenpferde bei dem Korinthischen Dichter Eumelos diese Namen führten (s. Hygin f. 183), so wird man dieselben lieber auf die zulezt genannte Eigenschaft der Kyklopen beziehen mögen, vermöge deren sie dem Talos gleichen.

Diese einäugigen Feuerarbeiter gleichen also ihrem Meister Hephaestos auch darin, dass sie nicht bloss einem Elemente angehören: denn dieser Hephaestos wohnt auch eine Zeit lang bei der Thetis in der See, und wenn er als Daedalos ins Labyrinth eingesperrt ist bei dem Kretischen Minos, so erscheint er auch als ein Unterirdischer, wie die Kyklopen im Aetna.

c) Phineus und Lykurgos.

An dem Weltende im Osten sizt ein Windebändiger, Phineus genannt[106]. Begibt man sich von dem Aeolos her zu diesem, so glaubt man aus dem Elysium in den Tartaros

---

106) Eigentlich wohl *φιμεύς* oder *φιμωτής* d. h. Einzwänger, so dass der Name mit *δεσμωτής* synonym sein wird, den wir erst spät durch die Dichter der Argonautenfahrt kennen lernen.

zu kommen. Denn erstlich ist der Phineus selbst, wie auch seine Söhne, geblendet, dann ist er von Ungeheuern und Scheusalen, den Harpyien, umgeben, endlich ist er überhaupt ein gemarterter und Andere marternder Mann. Denn er sperrt sein Weib und seine Kinder in Höhlen ein oder gräbt sie im Erdboden ein, und dieses Weib, »die Boreastochter, das Götterkind, welches mit den Winden wettlief über steile Halden weg« (Soph. Ant. 985), ist doch offenbar nichts Anderes als was ihr Vater und ihre Mutter die Oreithyia (über Berge weg Stürmende) sind; und ihre Söhne, mit welchen sie die Strafen und Leiden theilt, werden wohl ebenfalls bei der Profession der Mutter geblieben sein. Von den Harpyien aber ist es deutlich und anerkannt, dass mit ihrem Namen reissende Winde bezeichnet werden. Endlich werden wir auch von den zusammenschlagenden Felsen (συμπληγάδες) zeigen, dass es Sturmwinde sind.

Der Phineus nun ist König zu Salmydessos in Thrakien bei den zusammenschlagenden Felsen. Ob er nun gleich seine Kinder einsperrt und martert, so wird er doch auch selbst geblendet, gleich wie der andere Thrakische König, der Lykurgos, der mit dem Dionysos streitet, und, obgleich er diesen in die See jagt, doch auch wieder von ihm eingekerkert und geblendet wird. Der Lykurg nun ist offenbar ein Sonnendämon und wird als solcher auch von Pferden zerrissen, und der Phineus ist etwas Aehnliches: denn sein Weib heisst *Ἰδαία* die Sehende, und auf ihren Anlass werden die Söhne seines anderen Weibes, der Boreas-Tochter Kleopatra, eingemauert und gemartert. Da kommen mit den Argonauten die Boreas-Söhne Zetes und Kalais ins Land, und von diesen werden ihre eingekerkerten Vettern befreit und auf den Thron gesezt, der Phineus aber wird getödet. Geblendet aber wurde der Phineus entweder vom Helios, oder vom Perseus, oder vom Boreas oder vom Poseidon, und zwar aus verschiedenen Gründen[107].

107) Schol. Apoll. II, 1781, 207. Apollod. I, 9, 21.

Dabei wurde er auch noch von den Harpyien geplagt, welche ihm die Speise wegnahmen und dafür ihren Unrath zurückliessen (Aesch. Eur. 50. Frag. p. 35 m. A.). Bei seiner Blindheit besizt er auch die Gabe der Weissagung, und leistet mittelst derselben den Argonauten die nämlichen Dienste, wie der Nereus und der Proteus anderen Abenteurern, doch nicht als See-Dämon, sondern wie der Atlas, der Titane.

2. Die Daktylen vom Ida.

Die Idäischen Daktylen sollen früher an dem Phrygischen als an dem Kretischen Ida heimisch gewesen sein (Strabo p. 472). Sophokles in dem Satyrspiel *Κῶφοι* nannte sie Phryger, ingleichen Ephoros bei Diodor V, 64 und der Verfasser der Phoronis. Nach anderen waren sie die ältesten Bewohner von Kreta, und Rhea oder auch eine Nymphe hatte durch einen Griff in den Berg Ida oder in das Land bei Oaxos (Ὄαξος) sie hervorgebracht[108]). Von jenen ältesten Bewohnern stammten die neuen Kureten und Korybanten, von diesen wieder die hundert Idäischen Daktylen der jüngeren Generation[109]). Apollonios zeichnet zwei Daktylen aus als Schicksalslenker (μοιρηγέτας) und Beisizer der grossen Götter, den Titias und den Kyllenos, von denen auch berichtet wird, dass man in Milet ihnen noch vor der Rhea zu opfern pflegte, und in der Milesischen Kolonie Heraklea in Bithynien wurde der Titias als der mächtigste Beförderer der Wohlfahrt des Staates, als Zeussohn u. s. w. verehrt und auch Theophanes genannt (Schol. Ap. I, 1126). Man unterschied ferner rechte und linke, auch männliche und weibliche, in verschiedener Zahl, theils deren zehn, nach den Fingern der Hand, bald funfzig und hundert. Die rechten, sagte Pherekydes, heben den Zauber auf, die linken machen ihn. Derselbe nahm zwanzig rechte und

108) Diomedes III. p. 474. Apollon. I, 11, 31.

109) Diod. V, 64. Schol. Ap. I, 1126. Strabo p. 473.

dreissig linke an, und nannte sie alle mit einander Gaukler, Zauberer und Metallarbeiter[110]).

Das ist das Wichtigste, was wir von ihnen erfahren, und dasselbe ist auch völlig genügend. Andere fünf Namen haben wir oben aus Pausanias mitgetheilt. Der Idäische Herakles nun, der es mit Magie und Sympathie und Amuleten zu thun hatte (Diod. V, 64), war sehr verschieden von dem Alkmene-Sohn (Paus. IX, 27, 8). Der Name Kelmis (von κηλεῖν) wird so viel wie *Mulciber* bedeuten. Ovid. Met. IV, 287 meldet, dass der Kelmis in Stahl *(adamanta)* sei verwandelt worden, und es gab ein Sprichwort *Κέλμις ἐν σιδήρῳ* (s. Zenob. prov. IV, 80). Akmon (ἀκμής) bezeichnet den Unverwüstlichen. Der Name Damnameneus bezeichnet einen Bezwinger. Durch Clemens Al. (strom. I. p. 132. §. 73) erfahren wir, dass von den Idäischen Daktylen die Zauberformel der sogenannten fünf Ephesischen Worte erfunden war, welche bei Hesych also lauten: *ἄσκιον, κατάσκιον, λίξ, τετράξ, δαμναμενεύς*, und deren man zur Bannung böser Geister sich bediente[111]). So kommt der Name Damnameneus auf Talismanen oder Amuleten vor.

Die drei Daktylen Kelmis, Akmon und Damnameneus werden von römischen Gelehrten mit den Laren *(lares praestites)* für Eins gehalten, ingleichen die Kureten[112]). Gewiss

---

110) *γόητας καὶ φαρμακέας καὶ δημιουργοὺς σιδήρου πρώτους καὶ μεταλλέας.* In der Phoronis hiess es von ihnen:

ἔνθα γόητες
Ἰδαῖοι Φρύγες ἄνδρες ὀρέστεροι οἴκι' ἔναιον
Κέλμις Δαμναμενεύς τε μέγας καὶ ὑπέρβιος Ἄκμων,
εὐπάλαμοι θεράποντες ὀρείης Ἀδρηστείης,
οἳ πρῶτοι τέχνην πολυμήτιος Ἡφαίστοιο
εὗρον ἐν οὐρείῃσι νάπαις, ἰόεντα σίδηρον,
ἐς πῦρ τ' ἤνεγκαν καὶ ἀριπρεπὲς ἔργον ἔδειξαν.

111) Fröhner im Philol. XXII, 3. p. 545.

112) Nigidius bei Arnob. III, 41. Diomedes III, 474. Lutatius zu Stat. Theb. IV, 784.

sind die Daktylen unterirdische Dämonen. Nun unterscheidet aber Nigidius a. O. viererlei Genien nach den vier Reichen, himmlische, unterirdische, seeische und irdische, und die lezteren nennt er Genien der Menschen, die ersteren gelten ihm für Idäische Daktylen. Allein das ist ein Irrthum: denn die Daktylen, als Laren und zumal als Metallarbeiter, müssen den unterirdischen Geistern (den Erdmännlein und Bergleutlein) beigezält und mit den Kyklopen in éine Klasse gerechnet werden.

Schwerlich werden diese Phrygischen Däumlinge von der Zal der Finger den Namen gehabt haben, und selbst die Zal, dass ihrer zehn gewesen seien, scheint auf Missdeutung zu beruhen. Der Finger hat drei Glieder, drei Glieder hat auch der daktylische Rhythmus, und drei waren die Obersten dieser Geisterschaar. Die Zal drei ist eine heilige und zauberkräftige Zal: drei sind der Weltreiche, welche durch die drei Kroniden vorgestellt werden, dreierlei Geister und Genien gibt es, denen die drei jugendlichen Götter Apoll, Dionysos und Hermes vorstehen, und die indischen Açwinen haben Alles dreifach eben wegen dieser drei Reiche.

Auch der Fingerring (δάκτυλος) besizt die Kraft von Amuleten, und wird zum Schuz gegen Behexung und allen möglichen Schaden, der von bösen Geistern kommen kann, getragen[113]. Es gab eine Deutung, dass die Idäischen Daktylen diesen Namen führen wegen ihrer G e s c h i c k l i c h k e i t (Pollux, II, 4, 1). Richtiger würde man sagen »wegen ihrer Zauberkunst«, und weil ihre Bilder Amulete waren und weil auch schon das Aussprechen ihrer Namen vor Unheil schüzte (Plut. prof. virt. T. VII. p. 266 Hutt). Die Daktylen hiessen E r d g e b o r e n e (γηγενεῖς), welches Prädicat irrthümlich hie und da auf die Kureten übergetragen wird, wegen ihrer Ent-

---

113) B e c k e r Charikles II. p. 294. A r i s t o p h. Plut. 885 sammt Schol. Für δακτύλιος aber wird manchmal auch δάκτυλος gesagt z. B. P o l l u x I, 11. γ. p.

stehung aus dem Erdboden durch den Griff der Rhea. Sie haben die Bearbeitung der Metalle zuerst aufgebracht, was die Kureten doch nicht vermocht hatten; denn deren Verdienste beschränken sich auf Viehzucht, Jagd und was man dazu braucht, woraus eben ihre Verwandtschaft mit den Nymphen zu erkennen ist, während der Bergbau, die Schmiedekunst und die Hexerei jene, wie gesagt, als Berggeister charakterisirt (Diod. V, 64. Plut. Numa 15). Zu dem Wesen solcher unterirdischer Dämonen gehört aber immer auch die Missgestalt, welche sich hier in der Zwerggestalt zeigt (Herod. III, 37).

3. Hephaestos.

Homer nennt den Hephaestos ein Ungeheuer (*πέλωρ αἴητον*). Er ist an beiden Beinen hinkend, d. h. sie biegen sich einwärts wenn er auftritt, wird auch mitunter in Zwerggestalt gebildet (Herod. III, 37) und spielt unter den Göttern eine gutmüthige und dabei komische Figur. Alles das bekundet eine koboldartige Natur, wie sie den Idäischen Daktylen und den Telchinen eigen ist, und beweist, dass er ursprünglich in diese Klasse gehört. Die Schmelzung und Bearbeitung der Metalle gleicht der Zauberei, und die Zauberer und Hexenmeister haben immer etwas Koboldartiges. Von den drei Obersten der Idäischen Daktylen (Kelmis, Damnameneus und Akmon) hätte wohl einer auch Hephaestos heissen können, d. h. der Anzünder. Es dauerte daher nicht lange, so wurde der Hephaestos mit dem Feuer selbst identificirt. Schon Homer und Pindar sagen gerne »Flamme des Hephaestos«, statt des Feuers; Spätere gebrauchen häufig den Namen Hephaestos für Feuer, was auch schon in der Ilias geschiht (β, 426). In den Mythen nun tritt bald die eine bald die andere Seite hervor. Das Feuer stammt vom Himmel, woselbst der Prometheus es hat holen müssen; es gibt aber auch unterirdisches vulkanisches Feuer, welches der Hephaestos mit seinen Kyklopen repräsentirt. Darum ist der Hephaestos der Nebengänger des Prometheus und ist ferner ein Sohn der Hera, und zwar der Hera allein (Hesiod ϑ. 927). Er wird von seinem Stiefvater ein paar Male aus dem Himmel hinausgeworfen aus irgend welchen Ursachen (denn diese ersinnen die Dichter wie sie wollen), und wird das eine Mal in Lemnos von den Sintiern aufgenommen, das andere Mal von der Okeans-Tochter Eurynome und von der Thetis: dann schmiedet er diesen, neun Jahre lang in Verborgenheit lebend, die prächtigsten Sachen (Il. *α*, 594. *σ*, 395). Das lehrt uns seine Einheit mit den Schmieden und Seegeistern, den Telchinen, verstehen. Ausserdem scheinen in diesen Sagen noch zweierlei Naturerscheinungen vermenschlicht zu sein, das Fallen von Sternschnuppen, Meteorsteinen, feurigen Kugeln aus dem Himmel, und das Feuerspeien gewisser Berge auf der Erde, wie des Mosychlos auf Lemnos. Dort hatte der Hephaestos eine Schmiede und dort wohnten auch die Sintier, welche ihm ganz besonders lieb waren (Od. *ϑ*, 294 sammt Schol.), wahrscheinlich eine Art von Telchinen, wie ihr Name zu bezeugen scheint [114]). Nicht minder als Lemnos wurde ihm später der Aetna lieb und die Liparischen Inseln, als diese Weltgegend den Griechen bekannt geworden war [115]). Im Aetna arbeiteten die Kyklopen, gleich als seien sie Schmiedegesellen; die Liparischen Inseln, besonders die *Ἱερά*, waren ihm gleichfalls heilig (Strabo VI. p. 275). Als Beherrscher des Feuers wirkt er theils mit dem Prometheus zusammen zur Entwilderung der Menschheit, theils mit der Athene als der Beherrscherin der Gewerbe und Verleiherin aller Kunstgeschicklichkeit in nüzlichen Arbeiten (Hom. Hymnus 19).

Nach einer Dichtung des Aeschylos war Prometheus vom Hephaestos bei seinem Feuerdiebstahl gefördert worden und

---

114) Hephaest führt auch selbst den Beinamen *Σίντιος*, s. Nicetas *ἐπίϑ. ϑεῶν* bei Westermann Mythogr. p. 355.

115) Pindar lässt den Typhos, auf welchem der Aetna liegt, *Ἀφαίστοιο κρουνούς*, d. h. Flammenbäche, hervorspeien, Pyth. I, 47.

war die Entwendung auf der Insel Lemnos vollbracht worden (s. Aesch. Fragm. p. 40 m. Ausg. Prom. 14). In Athen wurden die drei Gottheiten Athene Hephaestos und Prometheus mit und neben einander verehrt, und hatten die lezteren einen gemeinsamen Altar (Schol. Soph. Oed. C. 56). Der Werkerin Athene (Ἐργάνη) zu Ehren in Gemeinschaft mit dem Hephaestos feierten die Metallarbeiter das Schmiede-Fest [116]. Soll doch Hephaestos auch verliebt in die Jungfrau gewesen sein und mit ihr oder auch ohne sie (denn sie wusste dabei ihre Jungfrauschaft zu retten) den Erichthonios gezeugt haben [117]. Sonsten hat Hephaestos wegen der Schönheit seiner Werke die Charis oder auch die Aglaia (Ἀγλαΐα) zur Gattin, an deren Stelle dann die Aphrodite gesezt worden ist, welche natürlich einem solchen Ehemanne nicht treu bleiben konnte. Das hat nun zu dem lustigen Mährchen Anlass gegeben, welches Homer in der Odyssee erzält [118].

Auch mit dem Dionysos ist der Hephaestos befreundet, und diese Freundschaft scheint von dem Kabirendienst auf Lemnos herzurühren, indem bisweilen einer der Kabiren mit ihm vermengt wird [119].

Von der Kunstfertigkeit des Hephaestos wäre viel zu erzälen. Es genügt uns zu wissen, dass nichts Schönes und Künstliches, aus Metall gefertigt, je bei Menschen oder Göttern erblickt worden ist, welches nicht von ihm gemacht war, und dass er darum auch die Beinamen kunstreich u. s. w. (κλυτοτέχνης, πολύφρων, τεχνήεις) bekommt.

116) Eustath. Il. II, 552 = 1497. Suidas v. Pollux II, 24, 105. Von dem Fackellauf an diesem Feste s. oben und vgl. Herod. VIII, 89.

117) Apollod. III, 14, 6. Eratosth. καταστ. 13.

118) Il. σ, 382. Hesiod. ϑ. 945. Od. ϑ, 268.

119) Vgl. Eratosth. καταστ. 11, wo er sammt dem Dionys und den Satyrn zum Gigantenkampf auf Eseln reitet, und Paus. I, 20, 3, wo er sich von seinem treuen Bruder Dionys trunken in den Himmel führen lässt, um die Hera wieder aus dem Nothsessel zu befreien, in welchem er sie gefangen hat.

Auf den Herd stellte man kleine Hephaestosbilder von Thon, damit der Gott das Feuer bewahren möchte[120]. Er hatte gewiss auch Theil an dem Feste der Familiengemeinschaft, den Apaturien, welche unmittelbar vor den *Χαλκείοις* gefeiert wurden: denn das Kind wurde durch Herumtragung um den brennenden Herd zum Familiengliede eingeweiht. Wenn er hin und wieder mit dem Helios vermengt wird und wenn er von einem Dichter bei Pausanias (VIII, 53, 5) ein Sohn des Talos genannt wird, so rührt dies vielleicht von Aegyptischen Vorstellungen her, kann aber auch dazu dienen, die Einheit der Phlegyer mit den Titanen und den Titel Titan beim Sonnengott zu erklären.

4. Daedalos und Palaemon.

Ein Doppelgänger des Hephaestos ist erstlich der Daedalos, obgleich seine Missgestalt nicht verbürgt ist, zweitens der Palaemon. »Auszeichnung in jeglicher Kunst vor Irdischen schenkte die Lichtaug selber den bildenden Meisterhänden dort. Werke schwebten auf den Strassen Lebenden Wandelnden gleich.« Diese von den Rhodiern gesagten Worte bei Pindar (Ol. VII, 93) pflegt man auf die Heliaden zu beziehen, denen indess nicht einmal Diodor V, 57 nachrühmen kann, dass sie auch Bildhauer oder Bildschnizer gewesen seien, während von den auf Rhodos hausenden Telchinen allgemein bekannt ist, dass sie diese Kunst besassen (vgl. Lobeck Aglaoph. p. 1187). Dieselbe Kunstgeschicklichkeit wird ferner auch dem Daedalos zugeschrieben, dessen Name ein Collectivum ist, so dass richtiger die Daedalen gesagt würde. Auch des Daedalos Bilder sollen eine Art von Automaten gewesen sein, was man nicht rationalistisch auf scheinbare Lebendigkeit deuten, sondern einfach als Wunder oder Zauberei stehen lassen muss. Wenn nun Daedalos mit den Telchinen

120) Suidas v. *ἐπιστάτης* und Schol. Aristoph. Vög. 436.

diese, mit den Kyklopen eine andere Kunst, nämlich die Baukunst, gemein hat, und von Homer drittens in Hervorbringung wunderbarer Bildwerke, wie der Schild Achills ist, dem Hephaestos an die Seite gestellt wird (Il. σ, 592), so wissen wir, wo wir ihn hinzuthun und für was wir ihn zu halten haben. Die Alten hatten sich dahin geeinigt, den Daedalos für eine historische Person zu nehmen, woher es auch kam, dass man ihm bestimmte alte Götterbilder und auch Bauten zuschrieb, und die Neueren stehen grossentheils noch auf dem nämlichen Standpunkt.

Der Daedalos soll an mehreren Orten gewesen sein und gewirkt haben, in Attika, in Kreta, in Sicilien, in Sardinien u. s. w., und die Sage sezt diese Aufenthaltsorte mit einander in Verbindung, indem sie den Daedalos von dem einen zum anderen flüchten lässt, durch mancherlei Anlässe genöthigt, woraus eine zusammenhängende Lebenserzälung des Heroen geworden ist. Wer diese lesen will, der wende sich an Diodor IV, 76 ff. oder auch an Jacobis Myth. Wörterbuch u. s. w. Wir aber haben noch zu bemerken, dass der Daedalos auch in Aegypten daheim war und zu Memphis göttlich verehrt wurde (Diod. I, 97). Seinen Namen kann man ebenso gut von *δαίω*, wissen, verstehen, wie von *δαίω*, brennen, leuchten, herleiten, weil die beiden Verba Eins sind, wie wir gezeigt haben. Er hatte einen Schwestersohn Talos (*Τάλως*), der noch kunstreicher war und viele Erfindungen machte: dessen Name bedeutet die Sonne, nach Hesych. Von seinem Sohn Ikaros, der, als ein zweiter Palaemon, auf diese oder jene Art im Meere ertrunken ist, werden wir später noch zu sprechen haben. Der Aristaeos, mit welchem Daedalos nach Sicilien kommt, war mit jenem Ikaros éines Wesens: diese Verwandtschaft aber und dieser Umgang wollen die Bedeutung des Daedalos erweitern, dass wir nicht bloss den Bildschnizer und Baumeister, sondern auch den Elementargeist in ihm erkennen sollen.

Der andere Doppelgänger (Palaemonios — Palaemon — Palamedes) heisst ein Sohn des Lernos vom Stamm des Hephaestos, ist krummbeinig wie dieser (Apollon. I, 202), gewandt in Erfindungen und listig wie Odysseus, gehört wie dieser auch der See, und wird allgemein mit Melikertes (Melkarth) vermengt (Apollod. I, 9, 16).

III. Seegeister.

1. Telchinen.

»Rhodos hiess früher auch Telchinis, sagt Strabo (XIV. p. 653) von seinen Bewohnern, den Telchinen, welche theils Zauberer und Hexenmeister genannt werden, weil sie Wasser des Styx auf Schwefel sprengten, um Geschöpfe und Gewächse zu verderben, theils ausgezeichnete Künstler, welche durch Verleumdung in diesen üblen Ruf gekommen seien: sie seien aus Kreta über Kypern nach Rhodos gekommen, und haben zuerst Eisen und Kupfer bearbeitet und auch dem Kronos die Sichel geschmiedet.« Derselbe (X. p. 472) erklärt sie für Eins mit den Kureten, und sagt, es waren ihrer neun. Diodor (V, 55) aber erzält Folgendes: »Sie waren Söhne des Meeres (*Θάλασσα*) und haben mit der Okeanstochter Kapheira den Poseidon aufgezogen. Sie waren ferner die Erfinder mancher nüzlicher Künste, haben zuerst Götterbilder gemacht und manchen Kultus gegründet[121]). Aber sie sollen auch Zauberer gewesen sein, die, sobald sie wollten, Wolken und Regen und Hagel und Schnee herziehen konnten. Dabei konnten sie sich in alle Gestalten verwandeln, um auszuweichen wenn man etwas von

---

121) So gibt es z. B. einen *Ἀπόλλων Τελχίνιος* zu Lindos, eine *Ἥρα Τελχινία* zu Kameiros und Ialysos und *Νύμφαι Τελχίνιαι* ebendaselbst. Nikolaos bei Stob. serm. XXXVIII, 225: *βάσκανοί τε σφόδρα ἦσαν καὶ φθονεροί· τεχνῖται δὲ ὄντες καὶ τὰ τῶν προτέρων ἔργα μιμησάμενοι Ἀθηνᾶς Τελχινίας ἄγαλμα πρῶτοι ἱδρύσαντο, ὥσπερ εἴ τις λέγοι Ἀθηνᾶς βασκάνου*: vgl. Paus. IX, 19, 1.

ihren Künsten profitiren wollte. Poseidon, als er gross geworden, verliebte sich in ihre Schwester, das Seeweib (*Ἁλία*), und zeugte mit ihr sechs Söhne, aus welchen die morgenwärts (wohnenden) Geister (*δαίμονες προσηῷοι*) geworden sind, während die Halia zur Leukothea wurde, der man das Fest Halieia (*ἁλίεια*) auf Rhodos feierte (Athen. XIII. p. 561 c). Später in Vorahnung der kommenden Ueberschwemmung sind die Telchinen von der Insel weggezogen [122]). «

Man trifft die Telchinen ausser Rhodos und Kypern noch auf mehreren Inseln des Mittelmeeres an, und auch Sikyon hat einst Telchinia geheissen. Auch haben noch mehr Götter den Beinamen Telchinios geführt, welcher durch *βάσκανος* (Hexer) erklärt wird [123]). Sie sind aber an sich keineswegs böse Wesen; denn sie haben nüzliche Erfindungen gemacht und Gottesdienste gegründet [124]). Aber, so wie es ja auch rechte und linke Daktylen gab und nicht bloss weisse sondern auch schwarze Genien, so können die Telchinen auch böse sein, mit dem blossen Blick verderben [125]). Darum bekommen sie überall das Prädikat neidisch, was sie als unseren Hexen und Hexenmeistern ähnliche Wesen charakterisirt. Und dadurch sollen sie auch Götter feindlich gegen sich gestimmt ha-

---

122) Simmias von Rhodos bei Clemens Strom. p. 674=243, 26 sagt: *Ἀμμὰς δ' Ἰγνήτων καὶ Τελχίνων ἁλυκὴ ζάψ*, d. h. Mutter und Amme der Ureingeborenen und der Telchinen war die salzige Meeres-Erregung. So wird einfach die »desparate« Stelle zu corrigiren sein, welche also überliefert ist: *ἀμασιγνήτων καὶ Τελχίνων ἔφυ ἡ ἁλυκὴ ζάψ*. Lobeck Paral. p. 111 vermuthete *μνάμονας Ἰγνήτων Τελχῖνας ἄφυσσ' ἁλυκὴ ζάψ*.

123) Dass der Name von *θέλγειν* komme und Zauberer bedeute, war bereits den Alten nicht unbekannt: denn man sagte vor Alters auch *Θελγῖνες*, wie Eustath. Od. *α*, 47 bezeugt, und eine Nebenform von *Τέλχιν* scheint *Θελξίων* zu sein bei Paus. II, 5, 6. 7.

124) Z. B. der Mylas die *Μυλάντια ἱερά* auf dem Vorgebirge Kameiros, der Atabyrios den Dienst des also benannten Zeus auf dem Berg *Ἀτάβυρις*: s. Hesych v. *Μύλας*.

125) *Oculi ipso vitiantes omnia visu*, Ovid Met. VII, 366. Ttetz. Chil. XII, 814.

ben, und soll Zeus sie durch Ueberschwemmung ersäuft haben (welches schwer halten mochte, da sie Wasserdämonen von Haus aus waren), oder Apollon soll sie mit Pfeilen erschossen haben [126]). Sie sind auch keineswegs schön von Gestalt: denn Eustathius (p. 771, 50) gibt ihnen Zwittergestalt zwischen Fisch und Schlange mit grünen Augen, schwarzen Brauen, Flosshänden ohne Füsse, und sagt, sie waren aus Aktäons Hunden in Menschen zurückverwandelt.

Nonnus, welcher die Telchinen mit in den Thiasos des Dionys aufnimmt, spricht von ihnen folgendermassen (XIV, 36): »Es kamen die missgünstigen Telchinen aus den Tiefen der See, Lykos, Kelmis, Damnameneus, im Feuchten lebende, wahnsinnige Dämonen, die, einst von den Heliossöhnen Thrinax, Makareus und Auges aus ihrer Heimath Rhodos vertrieben, mit den eifersüchtigen Händen ihrer Arme Wasser vom Styx schöpften und die Flur des fruchtbaren Rhodos unfruchtbar machten durch Besprengung mit dem Tartarischen Wasser.« Den Lykos kennen wir auch aus Diod. V, 56, und aus der dortigen Erzälung können wir schliessen, dass mit der Vertreibung der Telchinen aus der Insel Rhodos eine Trockenlegung derselben und Beschüzung vor Ueberschwemmung gemeint sei. Die Heliaden aber haben mit den Telchinen um den Besiz der Insel gestritten, so wie anderwärts die obersten Landesgottheiten mit dem Poseidon streiten, welcher ebenfalls überall den Kürzeren zieht.

2. Triton. Amphitrite.

Eine von den Nereiden, Namens Amphitrite, wird von Hesiod dem Poseidon zur Gemahlin gegeben, und sie gebiert ihm den Triton, »welcher in der Tiefe der See bei seinen Aeltern in goldenem Palast wohnt, ein gewaltiger Gott«

126) Selbst die Rhea sei ihnen ἀνταία, feindlich, sagt der Schol. Ap. I, 29. 1141, sammt Etym. M. 111, 46.

(Hesiod ϑ. 930. 243. 254). Dieser Gott hat einerlei Namen mit dem See Triton, d. h. dem Mittelmeer. Denn wenn die Argonauten vom Malea-Vorgebirg aus in den Tritonsee verschlagen worden sind (Herod. IV, 179), und wenn sie ihr Schiff aus dem Okean in die Mündung des Tritonsees hinübergetragen haben, und von da aus unmittelbar in die Heimath geschifft sind (nach Pindar Pyth. IV, 34 ff.); so ist klar, dass dieser See mit dem Mittelmeer zusammenhieng, wenn er nicht das Mittelmeer selbst war. Allein der Name eignet vielleicht gar keinem bestimmten Gewässer, indem er gar vielen Bächen, Flüssen und auch Seen gegeben wird, und stimmt mit dem der Seegöttin Amphitrite überein[127]). Anfangs hat es wohl nur éinen Triton gegeben, und das war der Glaukos oder Proteus als Dämon des Tritonsees. In der That dachte man sich denselben als ein dem Proteus ähnliches Wesen, z. B. zu Tanagra in Böotien, wo er vom Dionys bestraft worden ist, als er den badenden Frauen zusezte, oder von den Männern überlistet mit Wein berauscht und dann geköpft worden ist, als er die Heerden am Ufer plünderte (Paus. IX, 20, 5). Nachher kam der Glaube auf, dass die See von vielen dergleichen Wesen bewohnt sei, welche auf Muscheln blasen und mit Menschenstimmen reden, obgleich sie fischartig gestaltet seien und die Farbe von Fröschen haben, schuppenartige Haut, zusammengeklebte Haare, Fischkiemen, breite Mäuler und spize Zähne, meergrüne Augen, muschelartige Finger und Nägel, und Fischschwänze statt Beinen (Paus. IX, 21, 1. VIII, 2, 7). Was auf dem Lande die Satyren waren, das waren somit die Tritonen in der See.

---

127) Die Ableitung von *τρεῖν*, zittern, wird von Bergk in Jahn's Jahrb. 81, 5, p. 306 mit Recht verworfen, welcher dagegen auf *τείρω τρίβω τιτράω τιτρώσκω* hinweist. *Τείρειν torquere* ist drehen: also finden wir in dem *τριτωνίς* einen Wendelsee, d. h. einen um die Länder sich herumschlingenden See, worunter unsere Vorfahren den Okean, mitunter auch das Mittelmeer verstanden haben. Darum ist auch das Symbol des Triton oder der Tritonen die Wendelschnecke.

Dagegen behielt die Amphitrite ihre schöne Nymphengestalt, obwohl sie gleich dem Proteus bei Homer Haifische und Seethiere weidet [128]. Von einem Tempel oder Altar verlautet nichts, obwohl man ihren Namen für den des Meeres zu gebrauchen pflegte und sie für die Gattin Poseidons anerkannte (Pind. Ol. IV, 104 = 184). Das macht, weil sie nicht verschieden war von der Thetis, mit welcher sie das Tanzen im Reigen der Nereiden gemein hat (Schol. Od. γ, 91. Eustath.), und auch nicht von der Leukothea, welche an ihren Plaz sich eindrängte. In Gemeinschaft ihres Gatten Poseidon findet man sie wohl hin und wieder abgebildet und angebetet [129]. Wenn aber in der Sage von Enalos die Gewährsmänner berichten, dass die Amphitrite sammt Poseidon das Opfer einer Jungfrau gefordert habe, so ist sie hiebei offenbar mit der Asiatischen Naturgöttin vertauscht.

3. Palaemon. Glaukos.

Der Name Palaemon ist uns schon mehr als einmal begegnet, als Doppelgänger des Hephaestos und des Daedalos, und mehr als einen Dämon werden wir noch in das Meer stürzen sehen, und am Ende will sich sogar der Atlas als einen anderen Palaemon zu erkennen geben. Denn die Himmelssäulen, welche er hält, trägt an seiner Stelle auch einmal der Poenische Herakles, der sie auch errichtet haben soll, und dieser Herakles ist kein anderer als der Melkarth = Melikertes, der Melikertes aber ist der Palaemon. Wunder darf uns das nicht nehmen von dem Greise, welcher die Tiefen der See so gut wie den Lauf der Gestirne kennt und in der That die drei Welten mit einander vermittelt, wesshalb er auch an dem Sonnendämon Titan einen Collegen in der Astronomie hat. Der Palaemon aber beweist seine Einheit mit diesen Seedämonen noch in anderer Weise. Die Telchinen z. B. haben eine

128) Od. μ, 97 κῆτος ἃ μυρία βόσκει ἀγάστονος Ἀμφιτρίτη.
129) Paus. II, 1, 7. Clemens Al. Protr. p. 41.

Schwester Halia, in die sich Poseidon verliebt, und zeugt mit ihr sechs Söhne, die morgenwärts wohnenden Geister (s. o. p. 103), welche in aller Weise wieder den Telchinen gleich sind. Denn indem sie im Osten der Insel Rhodos hausen, thun sie den Menschen vielen Schaden, und beschlafen zulezt ihre eigene Mutter. Da verbarg sie Poseidon unter dem Erdboden, die Halia aber stürzte sich ins Meer und wurde in die Leukothea umgetauft, indem sie göttliche Verehrung erhielt (Diod. V, 55). Wenn diese östlichen Geister nicht den ostwärts gehenden Kedalion und Orion gleich handelten, so wüsste ich diesen Namen (welchen auch die Artemis führt, Plut. Them. 8) nicht zu erklären. Euripides (Med. 1250) lässt die Ino-Leukothea mit zwei Kindern ins Meer springen, und diese Kinder sind ebenfalls unter dem Erdboden verborgen worden, also wohl von den genannten Dämonen nicht verschieden. Der Melikertes aber wird auch mit dem Glaukos vermengt, der ein Seedämon ist von gleicher Art wie der Atlas und der Phorkys, und ein Hexenmeister trotz den Telchinen[130]. Durch den Genuss des Krautes Immerleb (ἀείζων), welches auf den seeligen Inseln wächst, verwandelt sich dieser Glaukos, der ein Fischer war, in einen Seegott und springt in das Meer (wie Palaemon) bei Anthedon in Böotien[131]. Er war schon hochbetagt und lebenssatt, als er in die See sprang, sagt der Schol. Apoll. a. O., und bei den Iberern wird er der Alte genannt (vgl. II, 767). Aeschylos, dem er den Stoff zu einer Tragödie gegeben hat, nennt seinen Bart dicht (δαῦλον), und beschreibt ihn selbst als ein menschenähnliches Thier (ἀνθρωποειδὲς θηρίον, Frag. p. 114 m. Ausg). Nach Plato (Rep. X. p. 611. D.) sind seine Glieder verwittert und von den Wellen ruinirt, mit Muscheln und Seegras und Steinen bewachsen. Er besizt auch die Gabe der Weissagung, wovon die Seefahrer

130) Athen. VII, p. 296 D. Schol. Arist. Wesp. 1404.

131) Athen. a. O. Paus. IX, 22, 7. Schol. Eur. Orest. 352. Schol. Apollon. I, 1310. Ovid. Met. XIII, 919 f.

viel zu erzälen wussten (Paus. IX, 22, 7). Athenäos aber erzält von ihm nach verschiedenen Autoren Folgendes: Er verliebte sich auf der Insel Dia (Naxos) in die Ariadne (worinnen er mit dem ebenfalls ins Meer gestürzten Theseus zusammentrifft), wurde dabei von Dionysos gefangen und mit Weinreben gefesselt, und erst als er gestanden, wer er sei, wieder entlassen. Er hat auch wirklich bei der Ariadne geschlafen, als sie von Theseus verlassen war, auch konnte er sich rühmen ein Sohn Poseidons und der Nymphe Nais zu sein. Er verliebte sich ferner in eine gewisse Ialysos-Tochter Namens Syme, entführte sie auf die Insel dieses Namens bei Karien und liess sich dort mit ihr nieder. Er hat das Schiff Argo gebaut und als Steuermann gelenkt, und als Iason mit den Tyrrhenern focht, blieb er allein unverwundet: darauf erschien er nach Zeusens Willen dem Iason in der Tiefe der See und war ein Seegott geworden. Er hat früher Melikertes geheissen, sagt Nikanor von Kyrene, und ist in den Glaukos umgetauft worden. Der Iambendichter Aeschrion liess ihn in die Hydne, die Tochter des Schwimmers Skyllos von Sikyon, verliebt sein, und durch den Genuss eines Krautes, das Kronos gesäet hatte, unsterblich werden. Nikander sagt, er habe den Apoll in der Musik unterwiesen. Der Dichter Hedylos sagt, dass er aus Liebe zum Melikertes in die See gesprungen sei. Hedyle, dessen Mutter, dichtet ihm eine sentimentale Liebe zur Scylla an (s. meine Elegiker B. II. p. 108).

Es gab noch einen anderen Glaukos, der, wie der Thrakische Diomedes, von seinen tollgewordenen Rossen zerrissen wurde (Eur. Phoen. 1124. Aeschyl. Frag. p. 36. m. Ausg.). Die Sage hätte noch hinzusezen sollen, dass er dabei, wie Phaëthon, ins Meer gestürzt wurde, um die Einheit dieses mit jenem sogleich anzudeuten. Sodann gab es noch einen dritten Glaukos, einen Sohn des Minos und der Pasiphaë, welcher mit dem See-Glaukos das gemein hat, dass er durch den Genuss eines Krautes wieder lebendig wird. Demselben steht ein

Seher zur Seite, Namens Polyidos, d. h. Vielgestaltiger, und beide zusammen machen sicher nur éine Person aus. Wenn ferner der See-Glaukos dem Palaemon entspricht, so scheint dagegen dieser Gestorbene, Betrauerte, Begrabene und wieder Belebte dem Melikertes zu gleichen [132]. Dass er auf Kreta göttliche Verehrung genoss, ist aus Lukian (Saltat. c. 49) zu entnehmen. Die Wiedererweckung dieses Glaukos und das Fortleben des im Kessel gesottenen Melikertes waren wichtige Ereignisse für die Orphisch-Pythagoreischen Ansichten von der Wiederbelebung Gestorbener, und der Dienst der Leukotheas-Kinder (der *flebilis Ino*) bestand in Trauer, wie um Gestorbene. In Tenedos sollen dem Palaemon sogar Kinder geopfert worden sein [133]. In Korinth verehrte man den Palaemon in einer unterirdischen Kammer (Paus. II, 2, 1), und sein Vetter Sisyphos hatte ihm zu Ehren die Isthmischen Spiele eingesezt: Andere sagen, sie seien dem frühverblichenen und von einem Lintwurm an einer Quelle getödteten Kinde Archemoros zu Ehren gestiftet worden, welches Kind von dem Palaemon nicht sehr verschieden sein wird. Dass aber derartige Spiele immer Todten zu Ehren gehalten wurden, ist bekannt. Jezt aber müssen wir dem Stifter Sisyphos selbst unsere Betrachtung widmen.

4. Sisyphos. Odysseus. Palaemon.

Dass der Sisyphos Eins oder verwandt mit dem Seegotte sei, ist deutlich schon dadurch gesagt, dass er das Ross mit dem Dreizack aus dem Boden soll herausgeschlagen haben, was doch sonst nur der Poseidon zu thun pflegt (Et. M. p. 473, 43). Er lag auf dem Isthmos begraben, wo die Spiele dem Poseidon oder auch dem Melikertes gefeiert wurden, und doch

132) Seine Geschichte gibt am ausführlichsten Hygin. c. 136, dazu Apollod. III, 2, 1.

133) Schol. Lyk. 225 *ὁ Μελικέρτης ὁ τῆς Ἰνοῦς υἱός· οὗτος σφόδρα ἐτιμᾶτο ἐν τῇ Τενέδῳ, ἔνθα καὶ βρέφη αὐτῷ ἐθυσίαζον.*

konnte man die Stelle seines Grabes nicht angeben: auch zu Korinth hatte er ein Heiligthum [134]). Sodann war hinter dem Tempel der Aphrodite auf der Burg Akrokorinth die Quelle Peirene ihm heilig, ein unversiegliches Wasser, an welchem sein Enkel Bellerophon, ebenfalls ein Seedämon, das Quellross Pegasos gefangen und gezäumet hatte. Dieses Wasser war ihm von dem Flussgotte Asopos geschenkt worden, als er ihm die Entführung seiner Tochter durch den Zeus ver rieth, sagt man.

Um dem nachlaufenden Flussgott Asop zu entgehen, verwandelte Zeus sich in einen Stein (wahrscheinlich einen *βαίτυλος*), und einen eben so grossen Stein muss nun Sisyphos zur Strafe unaufhörlich in der Unterwelt wälzen [135]). Andere sagen, er habe die Strafe dafür bekommen, weil er den Tod betrogen und in Fesseln gelegt hat, der sodann von Ares befreit werden musste: und als er nachher dem Tod zum zweiten Mal überantwortet war, hat er wiederum aus dem Hades sich herausgelogen, vorgebend, dass er sein Weib Merope zur Rede sezen müsse, weil sie seinen Leib nicht beerdigt habe [136]). Hier sehen wir einestheils den durch nichts zu fangenden und festzuhaltenden Proteus und zweitens den selbst aus dem Hades wiederkehrenden und den Mächten des Todes trozenden Glaukos-Polyidos-Melikertes. Die Strafe in der Unterwelt stellt ihn in éine Klasse mit den Titanen, und das Steinwälzen muss auf eine physische Erscheinung zurückgeführt werden. Der Poseidon baut Mauern um die Städte, aber nicht mit so leichter Mühe wie sein College Apollon. Denn dieser zieht die Quadern mit dem Klang seiner Leier auf die Mauern

---

134) Paus. II, 2, 2. Strabo VIII, 6. p. 379.

135) Schol. Lyk. 176. Schol. Il. *α*, 180. Paus. II, 5, 1. Od. *λ*, 593.

136) Pherekydes bei Schol. Il. *ζ*, 153. Theognis 703. Soph. Philokt. 449 = 444. 625 = 617. Schol. Pind. Ol. I, 97. Eustath. p. 1701, 50 ff.

hin, Poseidon wälzt sie mit der Kraft seiner Arme. Also werden Mauern von Poseidon gebaut und auch wieder eingerissen (Il. η, 461), und Sisyphos ist der Erbauer der Burg von Korinth, auch König hier auf diesem dem Poseidon geweihten Isthmischen Lande, und diesen Thron hat er von der Medea überkommen [137]).

Schon Homer, Hesiod und Theognis rühmen die Schlauheit dieses Königs [138]), und er wetteiferte in diesem Punkte mit dem eben so verschmizten Autolykos, mit dessen Tochter Antikleia er auch den Odysseus zeugte, sein Ebenbild [139]). Seine übrigen Sippen waren von derselben Art: z. B. seine Frau Merope war eine Tochter des Atlas, eines ähnlichen Schlaukopfes, von dem wiederum der grosse Betrüger Hermes stammte. Sein Sohn war der eben von uns betrachtete Glaukos, von dem wieder ein anderer See-Dämon und Reiter, Bellerophon, stammt (Apolld. I, 9, 3. Ilias ζ, 153 ff.).

Die von Sisyphos geschwängerte Antikleia bekommt der Laertes zur Frau, und sie gebiert ihm den Odysseus, den er für seinen Sohn aufzieht, einen See-Dämon gleich ihm selbst, der mit dem Glaukos die weiten Seereisen (s. Aesch. Fragmente p. 115 m. Ausg.) und mit dem Poseidon den Besiz der Rosse gemein hat. Denn auf der Burg von Pheneos in Arkadien war ein Tempel der Athene Tritonia und stand ein erzenes Bildniss des Reisigen Poseidon (Ἵππιος), von Odysseus sammt einem Heiligthum der Rossefinderin Artemis Εὑρίππα) gestiftet, als er seine durch alle Griechischen Lande gesuchten Rosse endlich an jener Stelle gefunden hatte. Derselbe hat sodann dort in der Gegend von Pheneos seine Gestüte gehalten und seine Rindvieheerde auf dem Ithaka

137) Apolld. I, 9, 3. Thuk. IV, 42. Paus. II, 3, 11.

138) ὃ κέρδιστος γένετ' ἀνδρῶν Σίσυφος Αἰολίδης, sagt Homer, Il. ζ, 153. αἰολομήτης nennt ihn Hesiod Frag. 32. ὅστε καὶ ἐξ Ἀΐδεω πολυιδρίῃσιν ἀνῆλθεν πείσας Περσεφόνην αἱμυλίοισι λόγοις sagt Theogn. 703. 712.

139) Schol. Il. κ, 267. Hygin. f. 201.

gegenüberliegenden Continent, und man zeigte dem Pausanias sogar eine Aufschrift auf dem Poseidonsbild, welche eine Verordnung des Odysseus für die Rosshirten enthielt (Paus. VIII, 14, 5). Ferner ist von Odysseus überliefert, dass er in Lakedaemon nahe am Markt der Bahnerin Athene (Κελεύθια) ein Bild gestiftet habe, als er im Wettlauf daselbst die Penelope errungen hatte. Diese wenigen den Gottesdienst betreffenden Nachrichten müssen dem Forscher mehr gelten als alles was in der Ilias und Odyssee von diesem Helden gefabelt ist. Ein einziger Punkt aus diesen und anderen Fabeln scheint von Bedeutung zu sein, weil man nicht einsehen kann, aus welchen ästhetischen oder ethischen Gründen ein Dichter auf so einen Einfall verfallen konnte, nämlich die Geschichte mit dem hölzernen Ross.

Ὀδυσσεύς von ὀδύσασθαι scheint einen zürnenden See-Dämon zu bedeuten: Poseidon zürnt ihm beständig, so dass auf den Heros wiederum das Leiden dessen, was der ihm entsprechende Gott den Menschen anthut, übergetragen ist.

Der Odysseus hat einen Nebenbuhler Palamedes, in welchem uns wieder der schon bekannte Palaemon begegnet. Dieser grosse Schlaukopf und Erfinder vieler nüzlichen Dinge, gleich dem Prometheus, wird ebenfalls in der See ertränkt und dann in einen Seedämon verwandelt, wie auch sein Vater der Schiffer (Ναύπλιος) und seine Brüder Steurer und Schifflenker (Οἴαξ und Ναυσιμέδων). Dem Palamedes aber war auf dem Berg Lepetymnos bei Methymna unter diesem Namen eine Kapelle geweiht (Tzetz. Lyk. 384. Philostr. vit. Apoll. IV, 13). Vom Nauplios ferner heisst es, er habe den Tod seines Sohnes an den Argivern gerochen dadurch dass er an dem Vorgebirg Kaphareus die trügerischen Feuer leuchten liess und die Schiffe stranden machte[140]. Dieser also gefährliche Seedämon war ebenfalls mit Gewalt in die See

140) Tzetz. Lyk. 384. Schol. Eur. Orest. 422.

gestürzt worden, wie sein Sohn und wie Melikertes. Früher war er mit der Klymene vermählt gewesen oder mit der Philyra oder endlich mit der Hesione, von denen wenigstens die lezte sicher zu den Seefrauen gehört (Apolld. II, 1 z. E.).

5. Briareus. Aegaeon. Aegeus.

Hesiod nennt als Hundertarme die drei Söhne des Uranos und der Gaea: Kottos, Briareos oder Obriareos und Gyes, welche Schlag, Gewaltstärke und Umringung zu bedeuten scheinen[141]).

Homer selbst erklärt den Briareos für Eins mit Aegaeon, und andere halten auch den Gyes für identisch mit beiden, und ganz offenbar werden mit allen diesen Namen bloss Eigenschaften des sturmempörten Meeres bezeichnet, dessen Gewalt allen anderen Gewalten überlegen scheint[142]). Der Aegaeon (dessen Name von *αἰγίς* Bülge kommt) wird theils mit dem Poseidon vermengt theils auch von ihm geschieden, und zwar mit Recht. Er soll, wie auch der Aegeus, welcher nicht von ihm verschieden sein kann, im Aegäischen Meere seinen Tod gefunden haben, also ein Dämon dieses Meeres geworden sein, wie auch der Theseus, und wie die oben betrachteten See-Dämonen (s. Konon bei Schol. Apoll. a. O.). Der Aegeus soll von der Akropolis aus ins Meer gesprungen sein, seltsam genug, da die Akropolis so weit von der See entfernt ist! Hernach hat er eine Kapelle bekommen, und ist, wie alle die in Attika

141) Der Name *Κόττος* wird, wie *κότταβος*, von *κόπτω* herkommen (Lobeck, Pathol. p. 285). *Βριάρεως* oder *'Οβριάρεως* (vgl. *ὄβριμος*) bezeichnet den Gewaltigen, Starken, von *βριάω—βριαρός* (Curtius, Gr. Etym. II, 109). Endlich bei *Γύης* (denn so, nicht *Γύγης*, lesen wir mit Göttling) muss man an *γύης* das Krummholz am Pfluge und an das Beiwort des Hephaestos *ἀμφιγυήεις* Krummbein denken, ingleichem an den Heros *Εὐρυγύης*, der einem Kyklopen gleicht: und sofern auch die Form *Γύγης* richtig sein sollte, würde der *'Ωγύγης* ein Namens-Vetter und Verwandter, vielleicht sogar Bruder, des *Γύγης* sein.

142) Hes. v. *αἰγαῖον*. Schol. Apoll. I, 1165.

verehrten, aus blossen Prädikaten des Poseidon entstandenen, See-Dämonen in die Attische Königs-Reihe eingereiht werden[143].

6. Eurygyes. Androgeos.

In Attika verehrte man einen Heros Eurygyes, der auch Androgeos hiess und für einen Sohn des Minos gehalten wurde. Er war entweder im Kampf mit dem Marathonischen Stier oder sonst in einem Gefecht umgekommen, oder auch meuchlings von den Athenern getödtet worden, welche dafür dem Minos das bekannte Opfer der sieben Knaben und sieben Mädchen nach Kreta senden mussten, bis Theseus sie von diesem Tribut befreite. Nach einer anderen Deutung wurden seinetwegen auch die Sündenböcke (φαρμακοί) geopfert[144]. Also hat man diesen Dämon mit Unrecht zu einem Beschüzer des Ackerbaues gemacht, bloss weil sein Name von γύη Artland herzukommen schien: an den Hesiodischen Gyes hat man nicht gedacht. Ganz gewiss aber ist er mit diesem Eins und hat Bezug auf die Sinfluth und auf die Reinigung der Erde von der Winterbefleckung. Sein zweiter Name Androgeos bezeichnet einen ungeschlachten Menschen[145]. Also erinnert sein Wesen auch an den Kyklopen Geraestos, auf dessen Grabe die Athener die vier Töchter des Hyakinthos geschlachtet haben, um von einer Hungersnoth und Misswachs frei zu werden, und erst, als dieses Opfer noch nicht geholfen hatte, entschlossen sie sich zur Sendung des oben genannten Tributs an den

143) Paus. I, 22, 5. Plut. Thes. c. 22. Auch der Aegeus war so ein abgelöstes Prädikat: denn der Poseidon hiess Αἰγαῖος und seine Verehrungsstätten heissen überall Αἰγαί: Il. ν, 21. f. ϑ, 203. Strabo VIII. p. 386. XIII, 615. IX, 400. Schol. Apollon. I, 1165. Hes. v. Αἰγαί. Pind. N. V, 64 sammt Schol. Herod. I, 145. VII, 42.

144) Apolld. III, 1, 2. 15, 7. Diod. IV, 60. Paus. I, 29, 7.

145) Ἀνδρόγεως könnte auch Ἀνδρόγαιος heissen, und γαῖος wird bei Hesych und im Et. M. 223, 24 als παχὺς καὶ ἀναίσϑητος ἄνϑρωπος erklärt: vgl. βουγαῖος oder βουκαῖος.

Minos (Apolld. III, 15, 8). Nun ist ferner zu bemerken, dass der Androgeos in den Leichenspielen des Lahios zu Theben umgekommen ist, dass er in den Spielen der Panathenäen sich ausgezeichnet und über alle Mitringer den Sieg davon getragen hat (Apolld. III, 15, 2. Diod. IV, 60), dass er auf dem Kerameikos begraben lag, da wo man alljährlich den im Kriege Gefallenen ein feierliches Begräbniss veranstaltete, und dass dieses Begräbnissspiel gerade ihm gegolten haben soll[146]. Denn, sagt Hesiod Frag. 106, er hat als Hilfsgenosse der Athener sein Leben eingebüsst[147]. Wenn also Eurygyes in den Spielen an den Panathenäen sich ausgezeichnet hat, so lässt sich daraus entnehmen, dass auch diese Spiele Begräbnissspiele waren, gleich den Isthmischen zu Ehren des Melikertes (Melkarth) und den Nemeischen zu Ehren des Archemoros, und dass er ein diesen ähnlicher Dämon gewesen sein muss. Es ist nämlich noch zu erwähnen, dass dieser Eurygyes auch in der See waltet. Das Wort *εὐρύς* breit ist ein öfter vorkommender Bestandtheil in Namen und Prädikaten von Seegöttern (z. B. *εὐρυμέδων, εὐρυσθενής, Εὐρυνόμη*), Gyes selbst ist ein See-Dämon, und Eurygyes wurde im Hafen Phaleros neben dem See-Dämon Theseus verehrt, und er hatte auch gleich diesem in dem Flecken Oinoe an der Seeküste bei Marathon mit dem Marathonischen Stier gerungen (Paus. I, 1, 4. 27, 10. Diod. a. a. O.). Er wird also mit ihm Eins gewesen sein. Auch der Kyklope Geraestos aber wird wohl mit dem zu Geraestos verehrten Seegott Poseidon in naher Beziehung gestanden haben, d. h. er wird ebenfalls ein in der See ertrunkener Melkarth gleich dem Minos gewesen sein. Und anders lässt es sich überhaupt nicht erklären, dass die einäugigen Kyklopen, gleich den Telchinen, auch in der See zu Hause sind.

146) Hesych. *ἐπ' Εὐρυγύῃ ἀγών*. Thuk. II, 34.

147) *Εὐρυγύης δ' ἐπίκουρος Ἀθηναίων ἱεράων* (nach Göttlings Emendation für *ἔτι κοῦρος*).

IV. Telchinenartige Wesen.

1. Atlas.

Homer kennt den Atlas als Vater der Kalypso, dabei nennt er ihn einen durch seinen Verstand gefährlichen (ὀλοόφρων) Dämon, welcher des ganzen Meeres Tiefen kenne und selbst (eigenhändig) die hohen Säulen halte, welche die Erde unten und den Himmel oben tragen. Er ist, sagt Tzetz. Lyk. 879, ins Meer gestürzt, während er nach den Sternen spähte — ein Schicksal welches er mit dem Glaukos, dem Palaemon, dem Nauplios, dem Aegeus u. s. w. theilte. Seine Himmelssäulen, welche die von Herakles aufgepflanzten Säulen sind, werden wir später deuten. Aus diesem Säulenhalter aber ist bereits bei Hesiod ein Lastträger geworden, welcher selbst anstatt einer Säule oder eines Pfeilers den Himmel auf Kopf und Schultern trägt[148]. Ein solches Loos konnte man für nichts anderes als eine Pein und Marter für irgend eine begangene Schuld ansehen (Pind. P. IV, 478=515), ausserdem ist er bei Hesiod sowohl als auch bei Aeschylus ein Bruder des Prometheus und ein gestürzter Titane. Und so wie dieser bald im Tartaros bald am Ende der Welt (beides ist Eins) Qualen leidet, also steht auch er am Ende der Welt vor den Gärten der Hesperiden, und vermittelt dem Herakles die Gewinnung der goldenen Aepfel nicht ohne versuchten Betrug, ähnlich wie die Graeen den Weg zu den Gorgonen dem Perseus, und wie der Phineus den Weg zu dem goldenen Vliesse der Argonauten vermitteln[149].

Der Halter und Regierer der Himmelssäulen und vielwissende Dämon ist dann auch zu einem Astronomen geworden, welcher die Umdrehung des Himmels beobachtet und da-

148) Homer Od. α, 52. Hesiod. ϑ. 517.

149) Schol. Ap. IV, 1396. Apolld. II, 5, 11.

bei die obere und die untere Welt erforscht hat[150]. Solches thut auch derjenige Atlas, welcher auf dem Heroldsberg (*Κηρύκιον ὄρος*) in Böotien sizt, woselbst sein Enkel Hermes geboren wurde (ebenfalls ein Zauberer und Hexenmeister) auf dem Plaze welcher *πόλος* heisst[151]. Dieselbe Bewandtniss hat es ferner mit dem Arkadischen König Atlas, welcher auf dem Gebirg Kyllene hausste, wo ebenfalls Hermes geboren wurde[152]. Aus dem westlichen Himmelsträger ist endlich ein himmelragendes Gebirge im Westlande gemacht worden, auf welchem der Himmel zu ruhen schien, und der Dithyrambendichter Polyidos hat erzält, dass der König Atlas vom Perseus in einen Berg sei versteinert worden, weil er ihm den Durchzug durch Libyen verwehren wollte (Schol. Lyk. 879).

2. Nereus und die Nereiden.

»Der Nereus (d. h. Schwimmer) ist ein Seedämon«, sagt Hesych, und Alkman nennt ihn Porkos, d. h. Fischer[153]. Homer gebraucht den Namen Nereus noch nicht, sondern kennt den Gott bloss unter dem Namen Seegreis (*ἅλιος γέρων*). Im Volksglauben hiess der Gott schlechtweg der Alte (*γέρων*), z. B. in Gythion an der Lakonischen Küste (Paus. III, 21, 9), und Hesiod bezeugt, dass das seine gewöhnliche Bezeichnung war[154]. Durch sein rechtschaffenes, wahrhaftiges und wohl-

150) Diod. IV, 27. z. E. Schol. Lyk. 879.

151) Paus. IX, 20, 3 *ἐνταῦθα Ἄτλαντα καθήμενον πολυπραγμονεῖν τά τε ὑπὸ γῆς φασι καὶ τὰ οὐράνια.* Bei Dionys. Hal. I, 61 ist wohl irrig *Καυκάσιον ὄρος* für *Κηρύκιον* geschrieben: denn er lässt ihn ebenfalls in Arkadien wohnen als den ältesten König.

152) Dionys. Hal. I, 61. Apolld. III, 10, 1. Der Dichter Kritias nennt die Umdrehung des Himmels *Ἀτλάντειον πόλον*, Frag. 4, 5.

153) *Πόρκος* bedeutet ein Fischernez, *πορκεύς* den Nezfischer, wie *Δίκτυς*: mit dem Porkos aber wird wohl der Phorkys Eins sein. Der Name Nereus wird von den Neueren auf den Stamm *νάω natare* zurückgeführt, und *νηρός* = *ναρός* ist von *Νηρεύς* nicht verschieden.

154) Θ. 233 *Νηρέα δ' ἀψευδέα καὶ ἀληθέα γείνατο Πόντος, πρεσβύτατον παίδων· αὐτὰρ καλέουσι Γέροντα, οὕνεκα νημερτής τε καὶ ἤπιος, οὐδὲ θεμιστέων λήθεται, ἀλλὰ δίκαια καὶ ἤπια δήνεα οἶδεν.*

wollendes Wesen zeichnet sich dieser Seegreis vor den Himmelsträger Atlas aus[155], und unter den Namen seiner Töchter der See-Nymphen, befinden sich drei, welche ebenfalls diesen Charakter aussprechen[156]. Trozdem ist auch Nereus gefährlich-schlau (*ὀλοόφρων*), wenigstens bei späteren Dichtern, insofern er zum Geständniss der Wahrheit nicht eher gebracht werden kann als bis er erst in allen möglichen Verwandlungen zu entrinnen gesucht hat, und diesen Charakter theilen mit ihm auch einige seiner Töchter, die Thetis und die Psamathe[157]. Auch das hat er mit dem Atlas gemein, dass er dem Herakles die Mittel angibt zu den goldenen Aepfeln zu gelangen.

Er hat aber funfzig Töchter, Nereiden genannt, die bei Homer unter diesem Namen noch nicht vorkommen ausser in einer Stelle (Il. σ, 38—48) die bereits von den Alten als ein unechtes Einschiebsel erkannt ist, doch sind diese Seenixen den Dichtern der Ilias unter dem Namen Seegöttinnen (*ἅλιαι θεαί*) und Töchter des Seegreises und Schwestern der Thetis bekannt.

Der Nereiden sind fünfzig, gerade so viele als Tänzer zu einem kyklischen Chorreigen gehören, und sie tanzen auch beständig und ihr Tanz ist das Wellenspiel[158]. Verehrung genossen die Nereiden an manchen Orten, z. B. am Pelion mit der Thetis und dem Peleus zusammen, was dem Pausanias II, 1, 7 zufolge auch anderwärts in Häfen und an Küsten der Fall war, bei Kardamyle an der Lakonischen Küste, wo die Nereus-Töchter ans Land gestiegen waren, um den Achills-Sohn Pyrrhos zu sehen, als er die Hermione als Braut abholte (Paus. III, 26, 5).

---

155) Pind. P. III, 131 *Νηρέος εὐβούλου.*

156) *Θεμιστώ, Προνόη τε Νημερτής θ᾽ ἣ πατρὸς ἔχει νόον ἀθανάτοιο:* Hes. θ. 261.

157) Schol. Apoll. IV, 1386. Apollod. II, 5, 11.

158) Eurip. Iph. T. 400. Iphig. A. 942 (1060). Androm. 1238. El. 433. Troj. 2. Soph. Oed. K. 718. *ἑκατομπόδων Νηρῄδων.*

Auch diese Wesen gehen Verwandlungen ein, wie z. B. die Thetis bei Sophokles die Rolle eines Proteus gespielt hat, als der Peleus sie wältigte.

3. Proteus und Phorkys.

Als Herakles die goldenen Aepfel holen wollte, haben ihm die Nymphen des Zeus und der Themis, welche in einer Grotte an dem Eridanos hausten, den Rath gegeben, bei dem Nereus sich nach den Mitteln zu erkundigen, und zugleich denselben mit Gewalt festzuhalten, weil er sich in Feuer, Wasser und alles Mögliche verwandeln würde[159]. An die Stelle jener Nymphen ist bei Homer (Od. δ, 366) die Tochter des »Seegreises« Eidothea getreten, und der Seegreis heisst hier Proteus statt Nereus, und derselbe hat seine Heimath auf der Insel Pharos bei Aegypten. Die Schilderung dieses Seegreises (*Carpathius senex* bei Ovid. Am. I, 15, 10), lautet ähnlich wie die des Nereus und zugleich wie die des Atlas[160]. Eigenthümlich ist bei ihm nur sein Verhältniss zu den Seerobben, welches ohngefähr dem Verhältniss des Faunus oder Pan zu dem Herdenvieh oder dem der Artemis zu dem Wild im Walde entspricht (Horat. I, 2, 7). Die Gestalten-Wandlung dieses Dämons ist sprichwörtlich geworden, weil man ihn von der Odyssee und von Virgils Georgikon her kannte. Derselbe wird aber auch als Aegyptischer König aufgeführt, wo er von seiner dämonischen Natur nichts beibehalten hat (Eurip. Hel. 4. Herod. II, 112 ff.). Indessen erscheint er doch bei Diod. Sic. I, 62 als ein grosser Gelehrter und Astronom, gleichwie Atlas. Endlich Nonnus c. 66 vereinigt die beiden Personen, indem er sagt, der König Proteus habe in Betrübniss über den Tod

159) Pherekydes bei Schol. Ap. IV, 1396.

160) Od. δ, 366 *πωλεῖταί τις δεῦρο γέρων ἅλιος νημερτής ἀθάνατος Πρωτεὺς Αἰγύπτιος ὅστε θαλάσσης πάσης βένθεα οἶδε, Ποσειδάωνος ὑποδμώς.*

seiner Söhne, die ihm Herakles erschlagen, sich ins Meer gestürzt und sei ein Seedämon geworden welcher auf der Insel Pharos hause. Da sehen wir auch seine Aehnlichkeit mit dem Palaemon.

Eine dritte Varietät des Nereus ist Phorkys, der Sohn des Pontos und der Gaea, Vater der Graea, d. h. der Alten, und der Gorgonen, ingleichen der Nymphe Thoosa, welche den Polyphem gebirt. Er heisst bei Homer Od. α, 72 Seekönig (ἁλὸς ἀτρυγέτοιο μέδων), ingleichen der Seegreis, und es sind ihm die Häfen geweiht, und Lykophron (376) nennt das Meer bei Euböa Fahrplaz des Phorkys (Φόρκυνος ὁρμητήριον). Zu den Seethieren steht Phorkys in dem nämlichen Verhältniss wie Proteus, und Virgil nennt dieselben das Heer des Phorkos. Wenn aber Karystios beim Schol. Theokr. XIII, 22, die zusammenschlagenden Felsen Thore des Phorkos, und wenn Phanokles den Styx Wasser des Phorkos nennen, so scheinen sie den Phorkos mit dem Orcus verwechselt zu haben, ingleichen wenn ihn Euphorion zum Vater der Erinyen macht. Zu solcher Vermengung hatten diese Dichter weiter kein Recht ausser dem Umstande, dass er am Ende der Welt zu walten scheint, als Vater der Hesperiden und ihres Drachen[161]. Auch die Skylla hat er gezeugt entweder mit der Hekate oder mit der Krataeis (Od. μ, 125), und hat sie, als sie vom Herakles erschlagen war, wieder lebendig gemacht durch Brennen mit Fackeln, woraus zu erkennen, dass er auch ein Wundarzt wie der Asklepios war.

Wenn Hesych den Namen Phorkis durch einäugig wiedergibt, so ist damit eine Eigenheit der Phorkiden, aber keineswegs eine Etymologie angegeben. Derselbe erklärt auch φορκός als grau und runzelig, und bezeichnet damit das Prädikat eines Seegreises.

---

161) Hesiod ϑ. 333. Schol. Apoll. IV, 1399, ingleichen der Sirenen: Soph. Fragm. 407. p. 66 m. Ausg.

4. Kyknos.

Im südlichen Thessalien am Pagasäischen Meerbusen hauste ein gewisser Kyknos (Schwan, d. h. Grauer[162]) oder Greis), Sohn des Ares und der Pelopia. Derselbe überfiel die Pilger, welche zum Pagasäischen Apoll wanderten, schnitt ihnen die Köpfe ab, und schichtete die Schädel auf zu einem Tempel des Ares. Dieser Kyknos wird nicht verschieden sein von dem Sohne des Ares und der Pyrene am Bach Echedoros in Makedonien. Als Herakles den lezteren erlegt hat, muss er mit dem Ares kämpfen, welcher den Tod seines Sohnes rächen will, bis Zeus den Kampf beider durch einen Blizstrahl trennt (Apolld. II, 5, 11). In dem Kampf mit dem ersteren Kyknos musste Herakles anfangs sich zurückziehen, weil Ares seinem Sohne half (Pind. Ol. XI, 19 Schol.), aber weil Athena diesem beistand, wurde Kyknos trozdem getödtet und obendrein Ares am Schenkel verwundet[163].

Das Verfahren des Kyknos, Menschen zu morden und ihre Schädel aufzuschlichten, erinnert in der That an die Grausamkeit der vogelgestaltigen Sirenen, welche auf einem Knochen-Haufen ermordeter Menschen sizen. Darum können auch alle die genannten Schwäne von jenem Singschwane nicht verschieden sein, welcher einmal Mensch gewesen und aus dieser oder jener Ursache von Apoll in den Vogel verwandelt worden ist. Entweder war er ein Verwandter Phaethons, als König der Ligurer am Eridanosfluss, und wurde in der Trauer um jenen zugleich mit dessen Schwestern verwandelt (Paus. I, 30, 3. Ovid. Met. II, 367 ff.); oder er war ein schöner Jäger bei Kalydon, der sich sammt seiner Mutter Thyria in den See Ko-

162) Döderlein hält das Wort für verwandt mit *canus*, alt *casnus*, woher *casnar*, d. h. *senex* im Oscischen Dialekte. Andere denken an *canere*, und leiten auch Schwan *(swan)* von *sonare* ab.

163) Hesiod. ἀσπ. Eur. Herakl. 389 ff Paus. I, 27, 7. Stesichoros Fragm. 12. p. 163 m. Ausg.

nope stürzte, wo sie beide in Schwäne verwandelt wurden[164], oder er war König von Kolonae im Trojerlande oder auch zu Tenedos, das nach seinem Sohne Tenos benannt war, und wurde entweder als Kind am Meeresgestade ausgesezt und von einem Schwane gerettet, oder er hat sich später ins Meer gestürzt[165]. Dieser Poseidonssohn war übrigens kein geringerer Held als die zuerst beschriebenen Söhne des Ares, wiewohl er immer ganz schneeweisse Haare hatte (Schol. Theokr. XVI, 49): Denn er zog mit einer Schaar vor Troja und kämpfte mit Achill, der ihn aber, weil er unverwundbar war, nicht mit den Waffen tödten konnte sondern erdrosseln musste, wobei Kyknos in einen Schwan verwandelt wurde von seinem Vater Poseidon[166]. Er ist ohne Zweifel ein See-Dämon, gleich seinem Sohne Tennes, und also gehören die Schwäne eben so gut der See wie den Landteichen an, so wie die See in den Sirenen auch ihre eigenen Musen hat.

Im Beowulfs-Liede heisst die See der Schwans-Weg (V. 201), und der bekannte Schwanen-Ritter Lohengrin wird von einem Schwane über die See und wiederum zurückgezogen. Diesen Schwänen müssen wir noch eine genauere Betrachtung widmen.

5. Die Schwäne.

Die nordischen Walkyren treten oft als Schwanen-Jungfrauen auf, und diese Walkyren gehören zu den Nixen oder Nymphen. Unter den griechischen Nymphen befinden sich auch die singenden und geflügelten Musen, und ob diese gleich nie als Schwäne erscheinen, so ist doch der Schwan ihr Lieblings-Vogel, und schwerlich wohl ist dieser Vogel seines

---

164) Anton. Lib. c. 12. Ovid. Met. VII, 380. Der Leztere lässt die Mutter zum See werden, welcher der Schwanensee hiess.

165) Tzetz. Lyk. 233. Diod. V, 83. Serv. Aen. II, 21.

166) Ovid. Met. XII, 144. Aristol. Rhet. II, 22. Schol. Pind. Ol. II, 147.

Gesanges wegen zu dieser Ehre gekommen[167], sondern eher umgekehrt wird der Gesang ihm darum angedichtet sein, weil er der Musen-Vogel ist. Denn von einem eigentlichen Gesang der Schwäne wissen doch die alten Naturforscher so wenig wie die neueren etwas zu berichten, während die Dichter alle davon voll sind, was ihnen so wenig Sorgen macht, wie das Schwimmen des Eilandes Delos und hundert andere derartige Dinge, die niemand geprüft hat aber jedermann nachspricht. Als Apollon geboren wurde, so kamen die Schwäne vom Bach Paktolos herübergeschwommen und umkreisten sieben Mal das Eiland Delos mit hellem Gesang: und auf dem Ringelteiche der Insel, wo das Wochenbett der Leto war, befanden sich stets singende Schwäne[168]. Ursprünglich lebten sie auf dem Okean diese Singschwäne, dann auf dem Strome Eridanos und auf dem Hebros in Thrakien[169]. Jenseits des Eridanos im Lande der Lygier *Λίγυες* d. h. der Helltönigen war einst ein gesangkundiger *μουσικός* König: den hat Apoll in einen Schwan verwandelt, daher die Singschwäne daselbst, von denen indess die Einwohner dort nichts wussten[170]. Besonders vor dem Sterben pflegten diese Schwäne wundervoll zu singen, gleich als freuten sie sich, mit dem Gott, dessen Diener sie seien, bald inniger vereinigt zu werden[171]. Es waren überhaupt wunderbare Geschöpfe: denn sie bejammerten auch den Tod ihrer Aeltern, und der junge Schwan pflegte liebevoll den alten zu warten Eur. El. 151. Bakch. 1363. Es

167) Vgl. Kallim. Hym. Delos V. 250 *Μουσάων ὄρνιθες ἀοιδότατοι πετεηνῶν.*

168) Eur. Iph. T. 1053=1111. Ion 167. Kallim. a. O.

169) Hesiod. *ἀσπ.* 315. Aristoph. Vög. 769. Euripides im Phaethon, den Anbruch des Morgens im Aethiopenlande schildernd, sagt: an den Quellen des Okeans schreit der melodische Schwan (*πηγαῖς τ' ἐπ' Ὠκεανοῦ μελιβόας κύκνος ἀχεῖ*).

170) Paus. I, 30, 3. Ovid. Met. II, 366. Lucian. de electro 5.

171) Plato Phaed. p. 84 E. 85 B. Aesch. Agam. 1420 *κύκνου δίκην τὸν ὕστατον μέλψασα θανάσιμον γόον.*

ist also eine sehr unnöthige Mühe, wenn man untersucht ob denn der Vogel, welchen die Naturgeschichte als stumm kennt[172], jemals gesungen habe, und zwar noch schöner als alle andern Vögel: eben so unnüz, wie wenn man fragt, ob die Memnonsbilder in Aegypten jemals geklungen haben. Ohnehin waren ja das keine gewöhnlichen Schwäne, so wenig als diejenigen, welche der Deutschen Sage nach singend über den Häuptern der kämpfenden Helden einherziehen, welche mithin offenbar Walkyren sind. Hekataeus aus Abdera erzält in Aelians Thiergeschichte (XI, 1), dass im Hyperboreerlande, wenn das Fest Apolls gefeiert wird, ganze Schwärme von Schwänen von den Rhipäischen Bergen herabkommen und im Tempelhofe sich niederlassen, und wenn nun die Sänger und Kitharspieler den Hymnus anstimmen, so begleiten die Schwäne denselben mit ihrem Gesange so richtig, als wenn sie den Takt vom Chormeister empfangen hätten.

Wie kommt denn aber, muss man dennoch fragen, gerade der Schwan zu der Ehre, Musen-Liebling zu werden? Dafür liesse sich nun eine romantische Erklärung geben. Die Musen sind ursprünglich nicht Sängerinnen, sondern Nymphen, und zwar Najaden. Nun ziert aber der Schwan bekanntlich die schönsten Gewässer, und wir mögen uns einen anmuthigen Teich ohne diese Bewohner kaum denken. Das wäre also der Grund, wesshalb auch in der Germanischen Sage die Walkyren, als sie baden wollten, Schwanen-Gefieder angelegt haben: denn wie gerne nehmen göttliche Wesen die Gestalt von Vögeln an auch bei Homer! und immer wenn die Erscheinung eines Geschöpfes, sei es Mensch oder Thier, wohlthätig oder schädlich auf unser Empfinden oder Handeln einwirkt, hat ein verwandelter Gott oder Geist in demselben gesteckt. Indessen

---

172) Zwar die Naturgeschichte hat in der neueren Zeit auch einen *cygnus musicus* benamset, aber der soll ein dunkles Gefieder haben, während der *κύκνος* der Alten weiss ist, und sein Aufenthalt ist nur der äusserste Norden.

haben wir gesehen, dass ein ganz prosaischer Grund näher liegt. Nämlich alle die Zauberer Weissager und Hexen sind altersgrau und schwanenweiss, und zu denen gehören auch die Nymphen, trozdem dass man sie, wohl später erst, zu schönen Mädchen gemacht hat. Sind aber die Schwäne einmal den Nymphen gleich, so müssen sie natürlich auch singen können, da Weissagen und Singen Eins ist. Wer nun trozdem noch geneigt wäre, an der idyllischen Vorstellung von der Begeisterung der Musen für alles Hohe und Schöne und von dem melancholisch-sentimentalen Gesang jener Vögel festzuhalten, den wollen wir an die vom Kyknos aufgethürmten Todtenschädel und an die von den Sirenen gesammelten Knochenhaufen erinnern.

C. Weibliche Elementen- und Wassergeister.

Die Betrachtung der weiblichen Elementengeister müssten wir nothwendig mit der Ga oder Gaea, Erde, beginnen, welche die älteste Göttin heisst (Soph. Antig. 338) und die Titanen aus sich geboren und wieder in sich zurückgenommen und begraben hat, wenn diese Göttin im Cultus von grösserer Bedeutung wäre. Allein Alles was davon vorkommt ist theils von der Rhea, theils von der Demeter, theils von der Hestia auf sie übergetragen, mit denen sie auch die Prädikate (Kinderhegerin κουροτρόφος, Grüne χλόη, Breitbrüstige εὐρύστερνος) die Feste, die Opfer und die Tempel theilt[173]).

Also spricht man auch von geheimen Weihen dieser Göttin, wie der Demeter, und der Enkel ihres Sohnes Phlyos soll dieselben aus Attika nach Messene verpflanzt haben und

173) Vgl. Paus. I, 31, 2. IV, 1, 4. I, 22, 3.

die Demeter und Kora stehen ihr oft zur Seite (Paus. VII, 21, 4). Sie forderte Keuschheit von ihrer Priesterin gleich der Vesta (Paus. VII, 25, 8). Sie theilte mit der Themis den Besiz von Orakeln[174]. In Schwüren pflegte man sie sammt dem Helios und dem Himmel als Zeugen anzurufen, und dabei schlachtete man dem Helios ein weisses, der Ga ein schwarzes Lamm (Il. γ, 104). Denn sie gehörte zu den Unterirdischen weil sie die Todten beherbergt und erhielt darum auch ihre Opfer bei dem Todtenfeste (νεκύσια oder γενέσια).

Aber diese Berücksichtigungen der Ga im Cultus sind von keiner Bedeutung: denn die eigentliche Erdengöttin der Hellenen war die Hera.

Ausserdem war das Wesen der Naturgöttin unter vielen in Grotten, Wäldern, Winden und Gewässern lebende untergeordnete Göttinnen vertheilt, welche wir jezo betrachten wollen.

I. Von den Nymphen, Idisen, Nixen und ihren Verwandlungen in Schwäne, Tauben, Ziegen, Kühe.

1. Die Nymphen sind immer mit den Satyren zusammen, und lieben gleich diesen die Quellen und die Grotten, die Wälder und die Wildniss, man könnte daher nicht mit Unrecht sagen, sie seien weibliche Satyren Silenen und Kentauren. Der Begriff νύμφα aber ist so weit wie der der Idisen oder Disen, und bedeutet einfach Frau. Es wird daher nicht ungeeignet sein, diesen nordischen Wesen hier eine kurze Betrachtung zu widmen.

Als Hagen im Nibelungenlied nach einem Fergen sucht um über die Donau zu kommen, da hörte er plözlich Wasser giessen, und das geschah von weisen Weibern an einem schönen Brunnen, die sich da ein kühles Bad bereiten wollten. Er schlich ihnen leise nach, sie gewahren ihn und entfliehen: doch

---

174 Paus. V, 14, 8. Aesch. Eum. z. A. Eur. Iph. T. 1259=1201.

er zwingt sie Stand zu halten, dadurch dass er ihre Gewänder wegnimmt. Da spricht das eine Meerweib Namens Hadeburg: »Edler Ritter Hagen, wir wollen dir sagen wie diese Fahrt zu den Hunnen ausgeht, wenn du uns unsere Gewänder wiedergibst.« Dabei schwebten sie wie Vögel vor ihm auf der Fluth, und darum »däuchten ihm ihre Sinne stark und gut«, so dass er ihrer Weissagung gerne vertrauen mochte. Nun wird ihm von der Hadeburg zuerst Glück verheissen, um die Kleider zu bekommen: als sie aber sodann angelegt hatten ihr wunderlich Gewand, so gesteht das andere Meerweib, Namens Winelind oder auch Sigelind, dass die Prophezeiung falsch war, und offenbart sodann den Untergang der ganzen Schaar bei den Hunnen. Ferner sagt sie ihm, wo er den Fergen finden werde und wie er mit ihm verfahren müsse, um seinen Zweck zu erreichen.

An diesen Meer- oder Wasserfrauen ist Vieles merkwürdig. Erstlich dass sie weise Frauen sind, d. h. Alles wissen, wahre δαίμονες d. h. δαήμονες, aber nicht leicht zu finden sind und nicht Rede stehen, man müsste sie denn überraschen und zwingen. Zweitens dass sie im Augenblick sich verwandeln, und zwar am liebsten in Vögel. Damit hängt es zusammen, dass ihre Gewänder, welche sie ablegen können, von wunderbarer Beschaffenheit sind. Es werden nämlich wohl Schwanenkleider gewesen sein gleich denen der drei Walkyren, die von den drei Elfen Wieland Eigel und Helfrich einst im Bade belauscht überrascht und ebenfalls der Gewänder beraubt worden sind. Wer diese Gewänder in Verwahrung hatte, der konnte damit auch die Schwanen-Jungfrauen festhalten wenigstens eine Reihe von Jahren lang.

Im Beowulf-Liede erscheinen die Nixen als gefährliche Wesen, werden zum Engenvolk (Riesenvolk) gerechnet und von Beowulf öfter als einmal bekämpft und erschlagen. Es gibt deren auch männliche (V. 582), und sie scheinen sich kaum von Grendel und seiner Mutter zu unterscheiden. Der verwundete Grendel flieht in das Nixen-Meer: dieselben pflegen sammt anderen Wurm- und Drachen-Gestalten auf Landzungen zu liegen und zur Zeit der Abenddämmerung Schiffer zu verderben.

Jornandes weiss, dass die hässlichen Hunnen von unreinen Geistern *(immundi spiritus)* mit Alraunen in öden Wüsten erzeugt sind. Er hielt sie also für Kielkröpfe oder Wechselbälge, welche bekanntlich noch jezt von Nixen (deren es männliche und weibliche gibt) mit Mädchen und Jünglingen, die sie zu sich hineinziehen, gezeugt und sodann ehrlichen Leuten, besonders solchen die lange kinderlos gewesen sind, untergeschoben werden. Dieses Unterschieben von Draken- und Nereiden-Kindern spielt in den neugriechischen Mährchen, die von v. Hahn gesammelt hat, eine grosse Rolle, nur dass die Untergeschobnen dort zwar dem Scheine nach, missgestaltig, schmuzig, verachtet sind, aber dem Wesen nach und wenn sie ihre Verkleidung ablegen, immer Wunderkinder, als Mädchen himmlisch schön (wie das Aschenbrödel), als Knaben starke, Abenteuer-bestehende, Prinzessinnen-erlösende Hansen sind. Auch das Entwenden der abgelegten Verkleidung, besonders der Flügel, kommt oft vor, dann müssen solche Wesen sich bequemen, Hausfrauen zu werden, wie die schöne Melusine und die schöne Magelone, bis sie etwa wieder in Besiz ihrer Flügel kommen: denn der Trieb zum Tanzen mit den anderen Feen bleibt ihnen unüberwindlich.

Die Hellenischen Nymphen aber bezeugen erstlich ihre Vogelgestalt durch die Flügel, welche ihnen als Musen gegeben werden (Porph. abstin. III. p. 250), sodann treten sie auch als Sirenen auf, als Hesperiden, als Graeen und Gorgonen, als Sphinxe, als Stymphaliden, sogar als Echidna. Da die ihnen entsprechenden männlichen Wesen so thier- und missgestaltig sind, so wäre es zu verwundern, wenn sie selbst immer nur schöne Mädchen wären. Theokrit nennt die Nymphen unheimliche Wesen für die Landleute, indem er erzält, wie sie den schönen Hylas zu sich hineingezogen haben: »Ich lieb dich, mich reizt deine schöne Gestalt, und bist du nicht willig, so brauch ich Gewalt!«

Wenn ferner Nymphen dem Zeus zur Nahrung bald Ambrosia, bald Honig, bald Milch reichen, so scheint daraus zu folgen, dass sie auch als wilde Tauben, als Bienen und als Ziegen erscheinen können. Bienen heissen sie vielleicht nur bildlich, indem diese Thiere wohl zu klein sind, um Dämonen-Leiber sein zu können; indessen kommt es doch vor, dass dergleichen Geister sich auch in Insekten verwandeln, wie der Periklymenos, welchen Herakles erschlug trozdem dass er, einem Proteus gleich, sich in Löwe, Schlange und Biene verwandelte (Apollod. I, 9, 9). Eine Ziege aber hat den Zeus, als er ein kleines Kind war, in Kreta gesäugt. Möglicher Weise könnten auch die Kühe hier eine Rolle spielen, da die Kuhmilch von den ältesten Zeiten her die gebrauchteste war. Indessen findet man nicht, dass Nymphen als Kühe gedacht wären, es müssten denn die Kühe, um welche der Herakles so oft mit den Sonnen-Dämonen und dem Hades kämpft, ebenfalls für Nymphen zu halten sein; und dass unter denselben die Feuchtigkeit, welche den Gewächsen Nahrung gibt, gemeint sei, ist einleuchtend, und auch die mit der nährenden Feuchtigkeit begabte Erde wird als Kuh dargestellt in der Isis, in der Europa und selbst in der Hera. Daraus liesse sichs denn auch erklären, warum die Flussgötter immer die Gestalt von Stieren bei den Griechen haben und mit Stierköpfen abgebildet werden. Wenigstens geschah das nicht wegen ihres Brausens als eines Gebrülles, auch nicht wegen ihres krummen Laufes, obgleich Hesiod ϑ. 789 einen Flussarm ein Horn nennt, und Euripides vom Okean sagt, er umschliesse mit seinen Armen stierhörnig die Erde[175]), eher könnte dabei an das Trinkhorn der Zecher gedacht worden sein, dessen unversiegliches Labsal wenigstens

175) Orest. 1344 (1376) ταυρόκρανος ἀγκάλαις ἑλίσσων χθόνα.

in dem Horn der Amalthea zu erkennen ist[176]. Denn nicht bloss die Flüsse sondern auch die Regengötter Osiris, Apis, Zagreus und Moloch werden als Stiere dargestellt, und Zeus hat in Thiergestalt die Europa entführt, und dem Poseidon waren die Stiere heilig, wesshalb auch die Mundschenkknaben an seinem Feste zu Ephesos Stiere genannt wurden (Athen. X. p. 425 c.). Der Grund aber des Gebrauches der Trinkhörner wird der sein, dass *κέρας* von *κεράσαι* (kredenzen) zu kommen schien. Aber vom Horn zum Stier ist noch ein weiter Weg, so dass auch das Trinkhorn die Verstierung der höchsten und mächtigsten Götter nicht recht erklären kann. Freilich wenn die Erde eine Kuh ist (und sie ist es darum weil Kuh und Erde ursprünglich éin Name ist) so muss der sie befruchtende Mann ein Stier sein, scheint es. Wäre das richtig, so müsste auch der umgekehrte Fall eintreten können, nämlich dass der Stier die Kuh forderte: indess sehen wir den Acheloos als Stier um die Deïaneira freien, welche offenbar von einerlei Art mit ihr ist (sonst würde sie sich nicht mit dem Kentauren Nessos mitten im Wasser begatten), ohne dass diese die Kuhgestalt annimmt, wiewohl ihre Mutter Althäa als Amaltheia (denn beide sind Eins) im Besize des bekannten Füllhornes ist. Der wahre Grund der Stiergestaltung jener Götter scheint sich also für jezt noch unserer Kenntniss zu entziehen.

1. Die Peleiaden.

Die Peleiaden (*Πλειάδες* oder *Πελειάδες*) kennt man gewöhnlich nur als Sternbilder. Das sind sie aber ursprünglich so wenig als der Orion die Kallisto oder irgend eine andere von den mythologischen Figuren, welche unter die Sterne versezt worden sind. Sie waren Bergnymphen und wohnten auf dem Gebirg Kyllene in Arkadien, woselbst auch ihr Vater der

176) Schol. Apoll. IV, 282. Athen. XI. p. 476 a: *τοὺς πρώτους λέγεται τοῖς κέρασι τῶν βοῶν πίνειν, ἀφ' οὗ τὸν Διόνυσον κερατοφυῆ πλάττεσθαι κτλ.*

Atlas gelebt hat. Darum werden sie auch *ὄρειαι* genannt von Pindar und Simonides[177]. Sie liebten die Jungfrauschaft gleich der Artemis (die Taygete war, wie wir sehen werden, selbst eine Artemis), pflegten auch in Gesellschaft dieser zu jagen, und sollen auch Töchter der Amazonen-Königin gewesen sein[178]. Da geschah es, dass der Jäger Orion sich entweder in sie selbst oder in ihre Mutter Pleione verliebte. Sie fliehen vor ihm, und er läuft ihnen nach fünf Jahre lang, bis sie endlich alle miteinander unter die Sterne versezt werden[179]. Dieser Orion, Sohn des Hyrieus (der freilich auch der Sohn einer Plejade, der Alkyone, genannt wird) in Böotien (wo der Flecken Hyria lag) auch Kandaon, der brennende, genannt, hat sich uns oben S. 89 bereits als einen Kyklopenartigen Dämon zu erkennen gegeben. Bei Homer treibt er sein Handwerk, die Jagd, noch in der Unterwelt fort (Od. λ, 572) und ist ein wunderschöner Mann, in den sich die Eos verliebt, gleich den Riesen Otos und Ephialtes, welche gleichfalls von der Artemis, weil sie ihr Zumuthungen machen, erschossen werden[180].

Die Plejaden aber anlangend, deren Namen bei Pindar Simonides, Theokrit u. A. immer *Πελειάδες* lautet, so erkannte die Dichterin Moero aus Byzanz in diesen Tauben diejenigen Nymphen, welche dem Zeus die Ambrosia aus dem Size der Seeligen vom Okean hertrugen (Hom. Od. μ, 63. meine Elegiker B. II. p. 100). Die Ambrosia dieser Nymphen erinnert an das Füllhorn der Amaltheia, welches dem Herakles in jener

---

177) Pind. Nem. II, 17. Simon. Frag. 43. p. 156 m. Ausg. Diod. III, 60 *ἐκλήθησαν δὲ αἱ Ἀτλαντίδες καὶ νύμφαι.*

178) Schol. Theokr. XIII, 25.

179) So erzälten die Kykliker und Pindar Frag. 52. p. 217 m. Ausg. Nem. II, 11. Schol. Il. σ, 486. Nach Aeschylos aber haben sich die Plejaden über die Qualen ihres Vaters Atlas zu Tode betrübt, und sind dann unter die Sterne versezt worden. (Schol. Il. σ, 486 z. E. Athen. XI. p. 491 a.

180) Od. ε, 121. λ, 310. Apollod. I, 4, 4.

Weltgegend vom Hermes geschenkt worden ist, ingleichen an den goldenen Trinkbecher auf welchem dieser Held den Okean beschiffte. Die Ambrosia aber floss daselbst vor dem Schlafgemache des Zeus und der Hera (Eur. Hipp. 730). Dass übrigens diese Tauben Eins sind mit denjenigen Tauben, welche im Haine des Zeus zu Dodona weissagten, werden wir gelegentlich zeigen. Wir haben noch zu bemerken, dass eine jede dieser sechs Plejaden die Mutter eines bedeutenden Sohnes geworden ist; die Maja des Hermes, die Elektra des Dardanos, die Taygete des Lakedaemon, die Alkyone des Hyrieus in Böotien, die Sterope des Oenomaos, die Kelaeno des Lykos und des Nykteus zu Hysiae am Kithaeron, die Merope des Glaukos. Diese ihre Namen aber lassen nicht sowohl Gestirne als Mondgöttinnen in ihnen erkennen, und sie haben dieselben auch mit der Artemis-Hekate gemein. Die Versezung unter die Sterne ist später geschehen und drückt so wenig ihr als des Orions Wesen aus.

Von den Plejaden werden die Hyaden im Grunde nicht verschieden sein. Den Gratien gleiche Frauen (*Νύμφαι Χαρίτεσσιν ὁμοῖαι*) werden sie von Hesiod genannt, und ihr Name Hyaden scheint Ammen des Hyes=Dionysos zu bezeichnen, des stiergestaltigen Gottes, darum sind sie auch als Sternbilder in den Kopf des Stieres geszt worden (Schol. Arat. 172). Euripides nennt sie Töchter des Erechtheus, also fallen sie auch mit den Hyakinthiden zusammen, und darum werden wir sie noch einmal zu betrachten haben.

2. Bienen. Ganymedes. Meliae. Brisae und Briseis.

Die Ernährung des Zeus durch Nymphen könnte man so deuten, dass die Gewässer Feuchtigkeit ausdünsten, welche zum Himmel aufsteigend diesem den Stoff zum Regen leihen, und dabei könnte man sich auf die Magie berufen, welche die Priester mit dem Wasser der Hagno in Arkadien treiben. Allein das Horn des unversieglichen Ueberflusses und der Ambrosia-Quell im Lande der Seeligen und die Zutragung der Ambrosia durch die Peleiaden führen zu einer anderen Deutung; und dazu kommt viertens die Sage vom Ganymedes. Dessen Name kommt erstlich von dem Worte *γάνος*, womit das Labsal und der reine Glanz frischen Quellwassers, sodann auch anderer Getränke, z. B. des Weines und des Honigs, bezeichnet wird. Sodann ist es wichtig zu wissen, dass Pindar diesen Ganymedes an die Quellen des Nil, mithin ebenfalls an das Ende der Welt, versezt, und mittelst der Bewegung seiner Füsse die Ueberschwemmungen dieses Flusses bewirken lässt, mithin offenbar ihn zu einem Flussgott macht (Frag. 184. 267. p. 156 m. Ausg.). Andere haben ihn nach dem Vorgange Homers zu einem Sohn des Trojischen Königs Tros gemacht. Homer erzälte nämlich von diesem gottgleichen Jüngling, er sei der schönste Mensch in der Welt gewesen, und die Götter haben ihn in den Himmel emporgehoben seiner Schönheit wegen, um ihn für sich zum Mundschenk zu haben: zum Ersaz habe sodann Zeus dem Tros die herrlichen Rosse geschenkt (Il. υ, 232. ε, 266). Einem kyklischen Dichter zufolge hat Laomedon zum Ersaz für den Ganymedes einen goldenen Weinstock vom Zeus empfangen (Schol. Eur. Orest. 1377). Auch hat man später den Ganymedes vom Adler des Zeus emporführen, auch den Zeus selbst in diesen Adler sich verwandeln lassen, weil der Ganymedes zu seinem Liebling gemacht wurde. Diese Verdrehung der Sage nach der späteren Mode-Krankheit hin kümmert uns hier weniger, als der Umstand, welchen wir von Pindar erfahren, dass der Ganymedes einer ewigen Jugend sich erfreute (Ol. XI z. E.), womit übereinstimmt, dass zu Phliunt eine Ganymeda als Hebe verehrt wurde (Paus. II, 13, 3, 4). Minder wichtig ist, dass andere den Ganymed vom Tantalos, andere vom Minos rauben liessen, und dass ein Hafen der Entführung in Phrygien war, wo der Jüngling, um nicht missbraucht zu werden, sich vom Felsen hinabstürzte, worauf es hiess, ein Sturm und eine Wolke hätten ihn entführt, u. s. w. (Schol. Il. υ, 234). Dagegen ist der Glaube, dass das Sternbild des Wassermanns am Himmel den Ganymedes darstelle, der höchsten Beachtung werth: denn darinnen liegt die Deutung, dass das Wasserschenken und das Weinschenken als Eins gedacht wurde, und dass eben desswegen die Quellnymphen und die derartigen Jünglinge als Ammen und als Mundschenken des Zeus und der Götter gedacht wurden, weil sie mit unversieglichem Nass die Erde, die Gewächse und die Geschöpfe erquicken. Man muss aber darum nicht glauben, dass es Wasser war, womit die Nymphen den Zeus und die Götter tränkten: die Amalthea, als Ziege, gab ihm Milch, andere gaben ihm Honig (das besagt schon der Name ihres Vaters Melisseus), ein vom Himmel gefallenes Manna nach Aristoteles (hist. anim. V, 22. Plin. H. N. XI, 12. §. 30), endlich die Peleiaden brachten ihm Ambrosia. Auch die Amalthea hatte eine Schwester Namens Biene (Μέλισσα), und wiederum lässt man das Zeuskind von wirklichen Bienen gefüttert werden (Kallim. Hymn. an Zeus 50), die auch später von Zeus in Vögel verwandelt oder auch bloss mit Erzgold überzogen und unempfindlich gegen Frost gemacht wurden (Diod. V, 70. Anton. Lib. 19). Das führt uns auf die Nymphen Meliae (Μελίαι), über welche Schömann ebenfalls eine Abhandlung geschrieben hat, um zu zeigen, dass es wirklich Eschen gewesen seien. Aber wie können Eschen solche Dinge thun? Hesiod (Θ. 187) sagt nicht, dass nur eine gewisse Art von Nymphen diesen Namen trug, sondern dass die Nymphen überhaupt in der Welt so genannt werden, und er lässt diese Nymphen aus den Blutstropfen des entmannten Kronos gleich den Giganten entstehen, welches uns nach der gemachten Erfahrung nicht befremden kann. Und Kallimachos nennt die Melien, als Kamerädinnen der Korybanten, unter den Wärterinnen des Zeus (Vs. 47) neben der Amaltheia und der Panakrischen Biene. Die Melien haben ihren Namen ebenfalls vom Honig: denn warum sollte man nicht *μέλιος* sagen können so gut wie *μείλιος*? So ist auch die Meliböa keine Rinderbesorgerin, sondern eine sanft Helfende, und dieser Name, der so ziemlich mit Melia Eins ist, wird euphemisch der Persephone vom Dichter Lasos aus Hermione gegeben, woselbst die Kora besonders verehrt wurde. Es gab anch Brisen als Nymphen (*Βρίσας νύμφας*) in Kreta, woselbst die Britomartis verehrt wurde: und *βρίτος* bedeutete dort so viel wie mild, süss, wie denn auch jene Brisen den Aristaeos in der Bienenzucht unterrichtet hatten[181]. Endlich gab es auch Bienenfrauen (*Μελίσσας νύμφας*), welche Apollodor (I, 1, 6) geradezu an die Stelle der Melien als Ammen des Zeus sezt[182]. Und die Melissa, heisst es, war eine Schwester der Amaltheia, von welcher wir nun zunächst sprechen wollen, ihr Vater Melisseus war König in Kreta und Religionsstifter: denn er hat zuerst die Opfer und die Processionen und den Cultus eingeführt. So sei auch seine Tochter Melissa nicht allein Nährerin des Zeus mit ihrem Honig gewesen, sondern auch Priesterin der grossen Göttin, deren Priesterinnen überhaupt Bienen heissen (Lactant. 5, 22). Auch bei der Demeter und der Kora und zu Delphi hiessen die Priesterinnen Bienen, und die Artemis soll selbst diesen Namen geführt haben[183].

---

181) Etym. M. v. *Βρῖσαι*. Hesych *βριτύ, γλυκύ. Κρῆτες* und *βρῖσαι — νύμφαι*. Ganz gewiss hatte die Briseis, welche auch Hippodamia hiess, mithin eine Artemis war, ihren Namen eben daher Schol. Il. *α*, 392, und sie ist die eigentliche Gattin des Wasser-Dämons Achilleus (Il. *τ*, 298).

182) Schol. Pind. Pyth. IV, 104. Hesych v. *ὀροδεμνίαδες*.

183) Schol. Theokr. XV, 94. Porphyr. de antro nymph. c. 18 *καὶ τὰς Δήμητρος ἱερείας, ὡς τῆς χθονίας θεᾶς μυστίδας, μελίσσας οἱ παλαιοὶ ἐκάλουν, αὐτήν τε τὴν Κόρην μελισσώδη, Σελήνην τε, οὖσαν γενέσεως προστατίδα μέλισσαν ἐκάλουν*. Die Priester der Artemis zu Ephesus hiess *ἐσσῆν*, Paus. VIII, 13, 1.

3. Amaltheias Horn. Althaea. Ammen des Zeus und des Dionysos.

Althaea oder Amalthaia bedeutet Nährerin[184]). Die Amaltheia, sagte man, ist eine Nymphe, welche das Zeus-Kind genährt hat, und weil andrerseits wieder gefabelt worden war, eine Ziege (*αἴξ*) sei dessen Amme gewesen, so wurde die Amaltheia zur Ziege gemacht und mit der Aex vermengt: das war um so bequemer, da man nun von dieser Ziege sogleich auch das Horn des Ueberflusses nehmen konnte, womit die Amaltheia sich auszeichnete[185]). Indess war dieses Füllhorn, welches die Künstler gerne der Glücksgöttin in die Hand gaben[186]), und welches dem Wunschhütlein des Fortunatus glich, nach andern Aussagen kein Ziegenhorn, sondern ein Rindshorn. Und es stammte auch von keiner Nymphe her, sondern vom Flussgott Acheloos, dem es vom Herakles abgebrochen wurde, als er mit ihm in Gestalt eines Stieres rang wegen der Dejanira[187]). Nun ist aber Acheloos ein allgemeiner Name jedes Wassers, und die Stiergestalt eine allgemeine Eigenschaft aller Flussgötter: mithin wird auch nicht bloss bei dem einen das Füllhorn zu finden gewesen sein. Wenn somit jeder Bach oder Fluss ein Horn des Ueberflusses besizt (denn das allein,

---

184) *Ἀμαλθεύει, πληθύει, πλουτίζει, ἢ τρέφει*, sagt Hesych. Wenn man nun glauben wollte, in dem *ἀμαλθεύειν* den Stamm des Wortes *Ἀμάλθεια* zu haben, so würde man irren: denn jenes ist erst aus diesem gemacht. Die richtige Ableitung und Erklärung gibt ohne Zweifel Joh. Lydus de mens. IV, 48. p. 73 *ἡ ἅμα καὶ ἀθρόως καὶ ἑνὶ χρόνῳ τῷ Διὶ αὔξουσα. ἄλθειν γὰρ τὸ αὔξειν.* Das *ἀ ἀθροιστικόν* oder auch *intensivum*, welches dem lateinischen *con* entspricht, ist aus *ἅμα* (welches auch *ἄμα* heissen könnte, von *ἁμός = ἀμός*) entstanden, und kann also sein *μ* (so wie das privative sein *ν*) vor Vocalen beibehalten (vgl. *ἄμαξα* oder *ἅμαξα* von *aksha—axis*, *ἁμαρτῆ* von *ἄρω*, *ἅμιλλα* und *ὅμιλος* von *ἴλη*.

185) Apollod. I, 1, 7. Eratosth. *καταστ.* 14. Schol. Il. *ο*, 229.

186) Paus. IV, 30, 6. VI, 25, 4. VII, 26, 8.

187) Apolld. II, 7, 5. Schol. Il. *φ*, 194.

und nichts weiter ist die Amaltheia), so ist mit der Mythe, dass diese, entweder selbst oder mittelst der Ziege, den Zeus gesäugt habe, gerade eben so viel gesagt, wie wenn es heisst, die Quellen oder Quellennymphen haben denselben gesäugt oder aufgezogen.

Als Herakles nach Erytheia hinüberschiffen will, um die Rinder des Geryoneus zu holen, bekommt er vom Helios einen goldenen Trinkbecher geschenkt, auf welchem er, wie auf einem Kahne, übersezt. Andere dagegen machen den Trinkbecher zum Amaltheias-Horn und zu einem Geschenke des Hermes [188]).

Betrachten wir jezt die Nymphen, welche den Zeus genährt haben. In Arkadien ist ein Berg Lykaeon, auch Olympus genannt, und heiliger Arkader-Gipfel. Dort ist der Zeus auferzogen worden auf einem Plaze welcher Kretea hiess: und die Nymphen, welche ihn nährten, hiessen Theisoa (so hiess ein Ort im Parrhasierlande), Neda (ein Bach) und Hagno (eine Quelle am Berg Lykaeon, die Sommers und Winters sich gleich blieb). Wenn es im Sommer gar nicht regnen wollte und alles zu verdorren drohte, so gieng der Priester des Zeus Lykaeos zu dieser Quelle hin, und nach Verrichtung gewisser Gebete und Opfer rührte er mit einem Eichenzweig die Oberfläche des Wassers, aus welchem sodann ein Nebel aufstieg. Dann dauerte es nicht lange, so stiegen Wolken auf, die sich immer mehr sammelten und verdichteten, bis der ganze Himmel überzogen war und ein wohlthätiger Regen das Land erquickte (Paus. VIII, 38, 4). Auf dem Altar der Athene zu Alea in Arkadien waren abgebildet Rhea und die Nymphe Oinoe, das Zeuskind haltend, und die genannten Nymphen und noch andere (Paus. VIII, 47, 3). In Messenien war ebenfalls ein Bach Neda und dabei ein Berg Ithome, und diese hatten gleichfalls das Zeuskind ernährt und im Quell

188) Aesch. Frag. 71. p. 126. Hesych. v. Ἀμαλθείας.

Klepsydra auf der Burg gebadet. Und täglich wurde Wasser aus diesem Quell in den Tempel des Zeus Ithomatas getragen [189]. Auch in Naxos, welches Dia hiess, und auf Kreta, ist Zeus geboren (Eratosth. *κατ.* 30), und der Nymphen werden noch gar manche genannt, die seine Ammen waren, z. B. Helike aus Kreta, die als Bär am Himmel glänzt, Kynosura aus Naxos, welche jener die Ehre streitig macht, und die Geraestiades in Kreta (Etym. M. p. 227, 39): dann nennt Hygin f. 182 noch die Töchter des Melisseus Amaltheia, Ida und Adrasteia, womit Apollod. I, 1, 6 und Kallimachos Vs. 17 übereinstimmen.

So wie aber die Nymphen den Zeus und den Dionysos genährt haben, so nähren sie fortwährend auch alle anderen Kinder, und darum opfert ihnen der Aegisthos bei Euripides El. 630 zum Dank dafür *τροφεῖα παίδων*.

II. Missgestaltete und unheimliche Wesen.

Die Artemis kann sich in eine unheimliche Hexe und Hekate verwandeln, die Demeter zu einer Erinys werden, die Athene zu einer Gorgone, die Hulden sind oft nicht von den Furien zu unterscheiden, und die Schöne der Welt in den Mährchen kann zur Hexe werden, so wie die Hexentänze ursprünglich nicht von den Feentänzen und ihre Zaubereien nicht von denen der Nixen verschieden sind. Das ist nicht mehr zu verwundern, als die oft plözlichen Uebergänge der lieblichsten Witterung in hässliches Regenwetter und gräuliche Stürme, das Gefrieren des durchsichtigen Wasserspiegels und die Verwandlung der Regentropfen in Schlossen, oder dass »silberhaariger Frost in den Schooss der Purpurrose fällt, der Lenz, der Sommer, der zeitigende Herbst und der zornige Winter ihre gewohnte Tracht vertauschen«, welches Alles ent-

189 Paus. IV, 33, 1. Kallim. Hymn. Zeus 33.

steht, wie Shaxpeare sagt, aus dem Zank und Unfrieden der Elfen, oder vielmehr aus der Verwandlung der lieblichen Wesen in unheimliche.

Der Eumeniden, der Graeen und der Gorgonen sollen drei gewesen sein. Diese dreiheitliche Einheit kommt auch bei anderen, mit den Eumeniden Hesperiden und Gorgonen verwandten, Wesen zum Vorschein, die wir im nächsten Paragraph betrachten wollen.

1. Stymphaliden.

Am See Stymphalos war ein Heiligthum der »Stymphalischen« Artemis, darinnen stand ihr Bild von Holz und übergoldet: am Dach waren die Stymphaliden als Vögel abgebildet, auch standen Mädchen von weissem Marmor mit Vogelbeinen hinter dem Tempel. Diese »menschenfressenden« Vögel sind, wie auch die Amazonen, vom Herakles erschossen worden, der sie mit Klapperlärm aufscheuchte. Sie sind aber auch, hier verscheucht, auf die Ares-Insel im Pontos geflogen, woselbst wiederum die Argonauten mit ihnen zu kämpfen hatten, und schossen ihre Federn wie Pfeile auf die Angreifenden (Apoll. II, 1035 ff.). Also waren sie, wie die Amazonen, zugleich am Ende der Welt und mitten in Griechenland zu finden. Mnaseas erzälte, dass sie von Stymphalos und seinem Weibe Henne (Ὄρνις) stammten, und dass Herakles sie darum angriff, weil sie es mit den Molionen gehalten hatten (Schol. Ap. II, 1052). Der Stymphalos aber ist König von Arkadien gewesen, und von Pelops, welcher auf ehrlichem Wege nicht mit ihm fertig werden konnte, meuchlings ermordet und zerstückelt worden. Diese Unthat wurde durch Hunger und Misswachs vom Himmel gestraft, und nur das Gebet des (Regengottes) Aeakos hat diese schlimmen Folgen wieder gut machen können (Paus. III, 12, 6). Er war selbst ein anderer Pelops gewesen. Endlich nennt Apollonius die Stymphaliden herumirrende und eisengefiederte, also dass sie (wie die Schwanenjungfrauen) zugleich im Wasser und in der Luft sich aufhalten konnten.

2. Die Sirenen und die Sphinx.

Von der Insel Aea (*Αἴα*) aus, wo die Morgenröthe wohnt und die Sonne aufgeht und die Kirke ihre Behausung hat, kommt Odysseus zunächst zu der Sirenen-Insel. Dort sizen die zwei Sirenen auf einer Wiese, und um sie herum liegen Haufen von Knochen verfaulender Menschen, welche durch den Zaubergesang dieser Wesen verlockt worden sind. Als Odysseus, angebunden an den Mastbaum, vorbeifährt, so versichern sie ihm, dass jedermann an Kenntnissen bereichert werde, der ihren Gesang höre: denn sie wissen alles was auf der Erde geschiht[190]. In welcher Weise sie den Tod der Ungewarnten bewirken, erfahren wir nicht. Nach den angegebenen Eigenschaften aber darf man diese Loreley's für Zauberinnen halten: denn Alles zu wissen ist Sache der Zauberer, und ein Alles mit unwiderstehlicher Macht anziehender Gesang übt diese Wirkung nicht sowohl durch seine ästhetische Schönheit als durch seine magische Kraft. Ihr Name kommt von *σείρ*, *sol*, Sonne, und von dem Sonnengott stammen alle Zauberinnen her[191]. Wir schliessen also daraus, dass die Sirenen ursprünglich ähnliche Wesen wie die Kirke gewesen sind, welche ebenfalls vom Helios abstammt und noch obendrein vom Homer eine gewaltige und singende Göttin genannt wird. Eine Zauberin hilft gegen die andere[192]. Drum hat Alkman nicht unrichtig gesagt, die Ohren der Gefährten des Odysseus waren von der Kirke selbst mit einer Zaubersalbe bestrichen

190) *ἴδμεν δ' ὅσσα γένηται ἐπὶ χθονὶ πουλυβοτείρῃ.* Od. μ, 39 ff. 158 ff.

191) Suidas *σείρ σειρός ὁ ἥλιος, καὶ σείριος.* Hesych. v. *σείριος: ὁ δὲ Ἀρχίλοχος τὸν ἥλιον Ἴβυκος δὲ πάντα τὰ ἄστρα.* Bereits Lobeck und Döderlein haben an *σειραίνω*, *ξηραίνω*, *serus* und *serenus* erinnert.

192) Horaz epod. V, 72 *solutus ambulat veneficae scientioris carmine.*

(Frag. 32 = 87 m. Ausg.). Sogar über die Elemente hatten die Sirenen Macht, gleich den Telchinen und unseren Hexen weiland, und konnten Sturm machen und die Winde wiederum beruhigen (Od. μ, 168 f.). Dies sagt auch Hesiod, der sie, wie Homer, auf einer blumigen Insel wohnen lässt[193]. Bei späteren Gewährsmännern werden die Sirenen Töchter des Acheloos genannt und wird ihnen eine Mischgestalt von Weib und Vogel oder Weib und Fisch gegeben. Euripides erklärt sie für geflügelte Mädchen, Töchter der Erde, die Trauerlieder singen:

> »Flügeltragende Mädchen, Jungfrauen, Erdentöchter, ihr
> Sirenen, ach erschienet ihr
> Bei meinem Wehruf mit Schalmeyen
> Oder mit Flöten, Thränen die
> Meinen Schmerz begleiten, Leid zum Leide, Lied zum Liede
> stimmend.«

Und Sophokles (in der Tragödie Phäaken) nennt sie Töchter des Phorkos welche Grablieder singen. In diesem Sinne pflegte man sie auf Gräber zu sezen nicht bloss Dichtern, als Symbol ihres Gesanges, wie z. B. dem Sophokles, sondern auch anderen Personen als Symbole der Klage um die Verstorbenen[194]. Es war sprichwörtlich, gewinnende Reden Sirenen-Reden, und derartige Dichter und Redner Sirenen zu nennen[195]. Demnach wurden die Sirenen auch mit den Musen verwechselt (Plató Rep. X. p. 617), oder sie wurden zu Töchtern von Musen gemacht, und ferner erzält, dass sie einen Wettstreit mit den Musen bestanden haben, in welchem sie aber erlagen[196]. In anderem Sinne wiederum wurden sie, wie gesagt, als Nymphen zu Töchtern des Acheloos gemacht: als solche hatten sie mit der Persephone gespielt als sie Blumen

193) Frag. 197 *νῆσον ἐς Ἀνθεμόεσσαν ἵνα σφίσι δῶκε Κρονίων.*

194) Erinna Epigr. 1. Mnesalkas in Anth. Pal. VII, 491.

195) Paus. I, 21, 1. Eur. Androm. 913.

196) Eustath. Od. μ, 39. Paus. IX, 34, 3. Plat. bei Plut. Symp. IX, 14. c. 5. 6.

sammelte, und sodann die Entschwundene gesucht und um sie Klagelieder gesungen [197]. Zu gleicher Zeit suchte man ihren Aufenthalt in der Gegend von Sicilien und Italien herum zu fixiren, ohne zu bedenken, dass sie dem Fabellande angehören müssen und nicht weit von der Heimath der Kirke entfernt wohnen dürfen (Strabo I, 2. p. 22). Auch mehrere Namen hat man für dieselben erfunden, und ihre Zahl auf drei angesezt, dann auf viere und noch weiter gemehrt. Endlich ist zu erwähnen, dass zu Neapel der Sirene Parthenope Fackelläufe gehalten wurden (s. Hermann, Gott. Alt. §. 68, 9).

Jedermann muss die Aehnlichkeit der Sirenen mit der Loreley auffallen, und auch die Nixe in Goethes Ballade »der Fischer« hat die grösste Aehnlichkeit mit ihnen. Preller aber hat in den Sirenen den »glatten Spiegel des Meeres« gesehen, unter welchem sich die Klippe oder die Sanddüne, also Schiffbruch und Tod, verbirgt«, und bereits bei den Alten war eine ähnliche Deutung aufgekommen, und hat verursacht, dass man einige nackte Klippen an der Südküste Campaniens Sirenen oder Sirenusen nannte, als hätten die Sirenen auf denselben gesessen oder sich darein verwandelt: wenigstens von einer dieser Inselchen bei Paestum, welche Leukosia hiess, sagte man, sie habe den Namen von der Sirene, die sich hier in das Meer gestürzt habe und zur Felsenklippe geworden sei, als Odysseus oder Orpheus ihren Lockungen getrozt hatte [198]. Wohl besseren Grund hätte die Hindeutung auf das Gefährliche einer vorwizigen Wissbegierde, und die Homerischen Sirenen warfen offenbar ihren Köder nach dieser Begierde [199]. Die Sirenen haben eine Verwandte in der Sphinx, welche

197) Apoll. Rh. IV, 893 ff. Liban. p. 367, 20. 25. Placid. f. 9. Hygin f. 141.

198) Lykoph. 723 sammt Tzetzes. Strabo IV, 1. p. 252.

199) Sie sagen: *ἀλλ' ὅγε τερψάμενος κεῖται καὶ πλείονα εἰδώς*, und betheuern dabei, dass sie alles auf Erden Wissenswerthe kennen.

von Sophokles Oed. T. 376. 130, *ῥαψῳδὸς κύων*, d. h. ein singendes freches Wesen, genannt wird, deren Räthsel die Wissbegierde der Menschen reizt und alle ins Verderben stürzt, bis sie endlich im Oedipus, so wie die Sirenen im Odysseus oder im Orpheus, ihren Meister findet[200], und sich vom Felsen stürzen muss. Diese Sphinx hat aber noch in mancher anderen Hinsicht die grösste Aehnlichkeit mit den Sirenen: denn dem Pisander zufolge (Schol. Eur. Phoen. 1760) stammt sie aus dem Fabellande am Ende der Welt[201], und das ist auch ganz richtig; denn in den Thebanischen Sagen wiederholt sich Alles, was von den Weltenden Kolchis und Erytheia gefabelt wird. Nach Euripides und Sophokles ist sie eine Jungfrau, aber geflügelt[202]. Nach Hesiod ist sie gezeugt vom Hund Orthos und der Chimaera, nach Euripides (Phoen. 984) von der Erde und der unterirdischen Echidna. Mitunter auch wurde sie für eine verwandelte Tochter des Kadmos (Schol. Phoen. 45) oder auch des Lahios (Paus. IX, 26, 2) gehalten: und das ist besonders wichtig, weil der Kadmos mitsammt seinem Hause dem Dienst und Mythenkreise der Naturgöttin und des Bakchos angehört. Die Sphinx sass bei Theben lauernd auf einer Anhöhe: von da flog sie herab auf ihre Beute, immer Räthsel singend (Paus. IX, 26, 2. Phoen. 990 ff.). Dieser Berg hiess Phikion-Berg[203], und sie selbst hiess Phix oder Bix, keineswegs Sphinx: lezteres ist eine etymologische Namensverdrehung, weil man einen Würgengel aus ihr machen wollte[204]. Es gab auch mehr als éine

---

200) Pind. Pyth. IV, 433 *Οἰδιπόδα σοφίαν*. Eur. Phoen. 1008 *καλλίνικος ὢν αἰνιγμάτων*.

201) *ἀπὸ τῶν ἐσχάτων μερῶν τῆς Αἰθιοπίας*.

202) Phoen. 48. 988 *μιξοπάρθενον δάϊον τέρας, φοιτάσι πτεροῖς χαλαῖσί τ' ὠμοσίτοις*. Soph. Oed. T. 1199 (1145 m. Ausg.).

203) Hesiod. *ἀσπ.* 33. Apollod. III, 5, 8. Lykoph. 1465. Schol. Hesych.

204) Hesiod *ϑ.* 326 *ἡ δ' ἄρα Φῖκ' ὀλοὴν τέκε Καδμείοισιν ὄλεϑρον*. Plat. Kratyl. p. 914 D. Hesych. v. *Φῖκα, φῖγα, σφίγγα* und *βῖκας*,

Sphinx, und am Throne des Zeus zu Olympia, wie auch unter dem Size der Dioskuren zu Lakedämon, waren mehrere Sphinxe abgebildet, und die zu Olympia hatten noch dazu Söhne von Thebern gepackt (Paus. V, 11, 2. III, 18, 14). Eben so sezt Euripides auf den Schild Achills singende Sphinxe, die mit den Krallen ihre Beute gepackt haben. Auch auf dem Schilde des Parthenopaeos bei Aeschylos (Sieb. g. Theb. 499) befindet sich eine Sphinx, die einen Kadmeischen Mann unter sich hält. Das Uebrige, was noch von der Sphinx zu sagen wäre, werden wir bei der Betrachtung der Frauen des Oedipus zeigen.

3. Die Hesperiden und die Graeen.

Die Hesperiden sind Nymphen, welche im Hyperboreerland oder im Westen, jenseits des Atlas und jenseits des Okeanos wohnen und im Garten des Zeus (Soph. Frag. 298), welcher dort mit seiner Gemahlin seine Hochzeit gefeiert hat, die goldenen Aepfel besizen, die von einem Drachen gehütet werden. Sie sind Schwestern der Plejaden, wenn der Atlas ihr Vater ist, wesshalb sie auch Atlantiden heissen: aber dem Hesiod zufolge sind sie von der Nacht, andern zufolge von Phorkos und der Keto oder von Zeus und der Themis u. s. w. gezeugt. Die Aepfel waren so gut wie Ambrosia (welche ebendaselbst wuchs): denn die Hera hatte sie dem Zeus zur Hochzeit geschenkt[205]. Euripides (Hipp. 723=750) singt: »Hier, wo die goldene Frucht glänzt, wo das Lied klingt, zu den Hesperiden zög' ich, wo der Herrscher des Meeres Schiffern die Bahn verschliesst, hin zum heiligen Ziel der Welt durch die purpurne See, wo Atlas' Rücken den Himmel trägt, wo Ambrosia rinnend quillt beim Ruhbett an dem Saal

---

σφίγγας. Schwenk Etym. mythol. Andeutungen findet in φῖξ-σφίγξ den Finken, p. 61.

205) Hesiod ϑ. 215. Eratosth. Katast. 3. Pherekydes bei Apollod. II, 5, 11. und Schol. Ap. IV, 1396.

des Zeus, segenspendend das seelge Land Fülle des Glücks stets den Himmlischen spriessen lässt.« Ueberall wird diesen Nymphen ein heller schöner Gesang beigelegt[206]. Dabei sind sie nicht so schlimm wie die Sirenen und bei weitem nicht so abscheulich wie die Sphinx; aber sie haben dafür einen gefährlichen Drachen neben sich liegen, der aus seinen hundert Köpfen ebenfalls mancherlei vielstimmige Töne hervorbringt[207]. Die Dichter unterscheiden die Gorgonen von den Graeen, im Grunde können aber die beiderseitigen Wesen nicht völlig von einander verschieden gewesen sein. Aeschylus (in seiner Tragödie *Φορκίδες*) machte die Graeen zur Vorhut der Gorgonen, und liess also den Perseus erst zu jenen, den Phorkiden, gelangen. Denen nahm Perseus ihr einziges Auge und warf es in den Tritonsee, damit sie ihm nicht mehr hinderlich sein konnten in der Bekämpfung der Gorgonen: dann erst zog er gegen die lezteren[208]. Auch im Prometheus gelangt die Io erst zu den Phorkiden hinter dem östlichen Meer, und dann zu den Gorgonen. Wir werden schwerlich irren, wenn wir in diesen zwei Arten von Nymphen (denn dafür müssen wir sie erkennen schon zufolge der Analogie mit den vorher betrachteten Wesen) einen gewissen Zustand der Elemente, wie man sich am Ende der Welt ihn dachte, ausgeprägt finden. Man dachte sich dort Finsterniss und Frost. Dass die versteinernden Gorgonen den Frost bedeuten, haben wir schon früher bemerkt: die einäugigen und oben darein dieses éinen Auges beraubten Graeen werden die Finsterniss oder die dicke nebelige Luft darstellen. Ihr Name *Γραῖαι* bezeichnet alte Frauen. Diese Eigenschaft haben sie mit den Seegreisen Nereus und Proteus gemein, welche ebenfalls schlechtweg die

---

206) Sie werden *λιγύφωνοι, ὑμνῳδοί, ἀοιδοί, ἐφίμερον ἀείδουσαι* genannt: Hesiod *ϑ*. 518. Apoll. IV, 399. Eur. ras. Herakl. 392.

207) *ἐρχῆτο φωναῖς παντοίαις καὶ ποικίλαις* (Apollod. II, 5, 11) gleich den Gorgonen, nach der Schilderung Pindars Pyth. XII, 35.

208) Eratosth. Katast. 22. Schol. Pind. Nem. X, 6).

Alten genannt werden (Hesiod ϑ. 234): und der Name ihres Vaters bezeichnet das Nämliche. Dieser Phorkys ferner ist sogar Eins mit dem grauen Kyknos, dem Phineus, dem Proteus und dem Nereus, welcher leztere auch Porkos heisst, und wird ebenfalls mitunter Seegreis (ἅλιος γέρων) genannt. Zufolge dieser Abstammung also geben sich die Graeen als See-Nixen zu erkennen. Dieselben werden ferner als schwanenweiss und schwanengestaltig beschrieben, welcher Eigenschaft wegen wir auf das oben Gesagte verweisen. Sie haben auch bloss éinen Zahn, so wie sie ein einziges Auge haben, und werden weder von der Sonne noch von dem Monde beschienen (Prometh. 785 ff.), was zur Bestätigung unserer obigen Deutung dient.

Wenn die genannten Seegreise alle durch die Gabe der Weissagung sich auszeichnen, aber immer zur Mittheilung ihrer Kunde durch Gewalt müssen gezwungen werden: so sind auch die Graeen dieser Gabe nicht baar; wenigstens geben sie dem Perseus den Weg und die Mittel an, zu den Gorgonen zu gelangen, und leisten ihm den nämlichen Dienst, welchen Phineus den Argonauten und Proteus dem Odysseus leistet. Zum Lohn dafür werden sie vom Perseus um ihr Auge betrogen, also völlig blind gemacht. Perseus hat das nämliche Uebel auch dem Phineus angethan, während andere diese Blendung durch den Helios geschehen lassen.

Hesiod kennt bloss zwei Graeen, die von Geburt grau, aber doch schönwangig sind, die Pephredo und die safrangewandige Enyo (Hes. ϑ. 271). Andere fügen noch einen dritten Namen, Deino, hinzu. Heraklit (de incred. 13) nennt statt der Deino die Perso, und lässt von den Gorgonen die goldenen Aepfel bewacht werden. Sowohl hierdurch als auch durch die schon erwähnten musikalischen Eigenschaften fallen diese, ebenfalls am Ende der Welt befindlichen, Wesen mit den Hesperiden zusammen. Zwar ist es eine Gorgone, die Euryale, von welcher Pindar a. O. erzählt, dass nach ihrer

Köpfung eine wimmernde Klage aus ihrem Munde schleifend entquoll, was der Pallas zur Erfindung der sogenannten vielköpfigen Tonart Anlass gegeben habe: allein die Einheit der Phorkiden mit den Gorgonen erkennt man auch aus den oben angeführten Namen *Πεφρηδώ*, *Ἐνυώ* und *Δεινώ* [209], welche zugleich Prädikate der als *Bellona* (*Ἐνυώ*) verehrten Naturgöttin sind.

4. Gorgonen, Medusa und Aex.

Auf der Aegis der Pallas Athene liegen ringsum lauter Schrecknisse, und darunter befindet sich auch ein Gorgokopf [210]. Hektor in seiner Furchtbarkeit hat einen Gorgonenblick (*Γοργοῦς ὄμματα*, Il. *ϑ*, 349); den Odysseus im Hades, als sich die Geister alle zudrängen, fasst bleiche Furcht, dass die Persephone die Gorgo sende [211]. Man siht hieraus, dass die Gorgo im Wesen theils wie der *Pavor Pallorque* (*Δεῖμος Φόβος τε*), theils wie die Aex oder Aegis ist. Euripides (Ion 859) bringt sie mit der Tollwuth in Verbindung, dass beide den Herakles rasend machen [212]. Aus einem blossen Gesichte besteht dieser Popanz. Daraus hat man später einen abgeschnittenen Kopf gemacht, und Perseus musste ihn abschneiden. Homer kennt erst blos éine Gorgo, und sie kann überall vorkommen. Später sind deren drei geworden, und dieselben

---

209) *Πεφρηδώ* mag mit *frigere* — *ῥιγεῖν* — *πέφρικα* zusammenhängen, *Ἐνύω* mit *ἔνοσις* Erschütterung, *Δεινώ* ist die Furchtbare.

210) Il. *ε*, 740:

ἐν δέ τε Γοργείη κεφαλὴ δεινοῖο πελώρου
δεινή τε σμερδνή τε, Διὸς τέρας αἰγιόχοιο.

Eben das ist auch auf dem Schilde des Agamemnon zu finden (Il. *λ*, 36):

τῇ δ' ἐπὶ μὲν Γοργὼ βλοσυρῶπις ἐστεφάνωτο
δεινὸν δερκομένη, περὶ δὲ Δεῖμός τε Φόβος τε.

211) Od. *λ*, 633:

μή μοι Γοργείην κεφαλὴν δεινοῖο πελώρου
ἐξ Ἄϊδος πέμψειεν ἀγαυὴ Περσεφόνεια.

212) *Νυκτὸς Γοργὼν ἑκατογκεφάλοις ὄφεων ἰαχήμασι Λύσσα μαρμαρωπός.*

haben ihren Plaz am Ende der Welt und im Hades (Hesiod ϑ. 274 ff.). Die Medusa ist aber noch bei Hesiod keineswegs so hässlich, wie z. B. Aeschylus (Prom. 793=801) und Apollod. (II, 3, 4) sie und ihre Schwestern erscheinen lassen: denn es heisst, sie habe sogar mit der Pallas um die Schönheit sich gestritten[213], und Hesiod lässt sie dem dunkelhaarigen Poseidon beiwohnen auf einer weichen Wiese und Frühlingsblumen (vgl. Lact. Placid. f. 20). Dieser Dichter macht die Gorgonen sammt den Graeen zu Töchtern des Phorkys und der Keto (*Κητώ*). Bei Euripides (Ion 982=1008) wird die Gorgo von keinem Perseus, sondern von der Göttin Pallas, welche Gorgonenblick (*Γοργῶπις*) heisst und die Gorgo beständig auf ihrem Schilde führt, und zwar in der Gigantenschlacht getödtet, und die Gorgo ist dort eine Erdengeburt: indess folgt Euripides anderwärts wieder der gewöhnlichen Sage (Elekt. 459). Die Athene heisst daher auch Gorgotödterin (*Γοργοφόνη*), woraus man eine Tochter des Perseus gemacht hat, deren Grab zu Argos auf dem Markte neben dem des Gorgonenkopfes zu sehen war. Die Athene besizt auch die Aegis, ein ähnliches Wesen, bei dessen Schwingung Bangigkeit über die Menschen kommt[214]. Die Aegis (*αἰγίς*) nämlich ist eine Windsbraut, auch wohl ein Meeressturm. Eustathius (Il. XV, 318) nennt sie eine furchtbare Lufterschütterung (*φοβεράν τινα κίνησιν ἀέρος*). Der Name kommt von *ἀΐσσω* und bezeichnet einfach eine Erschütterung[215]. Es erklärt sich leicht, wie Eratosthenes (*κατ.* 13) von ihr erzälen kann, sie habe den Göttern selbst dermassen furchtbar geschienen, dass sie verlangten, die Erde solle dieselbe in einer Höhle auf Kreta verstecken. Aus der Vermengung dieser Aegis mit der Ziege

213) Schol. Pind. P. XII, 24. Apollod. II, 4, 3. Schol. Lyk. 838.

214) Il. δ, 167 *ἐπισσείειν ἐρεμνὴν αἰγίδα πᾶσιν*. Il. ο, 310. φ, 401, besonders ε, 741. Hesych sagt *Γοργόνες, αἰγίδες· οἱ δὲ τὰ ἐπὶ τῶν αἰγίδων πρόσωπα.*

215) Vgl. Aesch. Choeph. 584 = 567 *ἀνεμόεντα αἰγίδος κότον*.

αἴξ, die den Zeus gesäugt hat, ist ein etymologisches Mährchen entstanden. Als Zeus mit den Giganten kämpfen wollte, wurde ihm prophezeit, dass er mit dem Fell der Aex sich waffnen sollte (Eratosth. a. O.): dasselbe sei unverwundbar und furchtbar, und habe mitten auf dem Rücken ein Gorgogesicht. Da nun die Aegis eine physische Erscheinung ist, so wird wohl auch die Gorgo ursprünglich etwas Derartiges gewesen sein. Nun nennt Hesych die Gorgonen Okeaniden und Sophokles nennt sie Meerfrauen [216] und Hesiod macht sie zu Töchtern der Keto, wobei wir uns erinnern können, dass Perseus auf demselben Wege, wo er die Medusa tödtet, auch ein Seeungeheuer erlegt, indem er die Andromeda befreit.

Wenn etwas zu Eis gefriert, so pflegt die mythologische Sprache zu sagen, es sei versteinert worden. Die Gorgonen, am Ende der Welt wohnend, wo die Vegetation aufhört, und alles in ewigem Eise erstarrt liegt, sind die Erstarrung und Gefrierung in der physischen Welt, und das haarsträubende Entsezen und Schreckens-Erstarren in der Menschen-Empfindung [217].

Der Name der drei Gorgonen Medusa, Stheino und Euryale, sind von keiner Aufschluss gebenden Bedeutung. Zu erwähnen ist nur noch ihr Aufenthalt am äussersten Ende der Welt und hinter dem Okean entweder im Süden und am Tritonsee oder hinter den östlichen Aethiopen, woselbst der König Kepheus herrscht, oder im Westen nahe bei Tartessos, oder endlich im Norden bei den Hyperboreern.

Berücksichtigung verdient noch die mehrfache Berührung, in welche die Göttin Athene mit den Gorgonen kommt. Zu Pallene war ein Holzbild der Athene welches, wenn es von den Priestern aus dem sonst verschlossenen Tempel herausgetragen wurde, nicht bloss den Menschen verderblich war,

---

216) Hesych: *Γοργάδων, ἁλιάδων· Δαιδάλῳ Σοφοκλῆς.*

217) *γοργώ* ist *horror* und *formido*, vielleicht auch mit *μορμώ* Eins.

sondern auch die Bäume unfruchtbar machte und bewirkte, dass die Früchte abfielen, weshalb jedermann sich von ihm abwandte (Plut. Arat. 32). Und auf der kleinen Insel Kerne bei Afrika wurde die Athene selbst Gorgo genannt, sagt Palaephatos c. 32. Diese Angabe mag genommen sein woher sie will, so ergiebt sich eine gewisse Einheit der Gorgo mit der Athene schon daraus, dass es heisst, die Gorgo habe mit der Athene (Γοργῶπις) um die Schönheit sich gestritten. Aber freilich ist die Gorgo nicht die ganze Pallas-Athene, sondern bloss ein Theil ihres Wesens. Als die furchtbare Jungfrau, die Kriegerin, aus dem Haupt ihres Vaters in voller Rüstung hervorsprang und sogleich einen Waffentanz begann, da zitterten Himmel und Erde, das Meer schwoll auf in dunklen Wogen und die Sonne stand still, bis die Jungfrau die Waffen von ihren Schultern legte und ruhig wurde (Pind. Ol. VII, 64—68). Damit ist deutlich gesagt, was die Pallas als Gorgo bedeute, nämlich Sturm und Graus der Witterung, und darum hat die Göttin diese Eigenschaft, wie auch alle anderen, mit ihrem Vater dem Zeus gemein, welcher den Aether und die Witterung vorstellt: denn auch dieser führt die Aegis sammt der Gorgo, und wenn er diesen Schild schwingt, so kommt Furcht und Entsezen über die Menschen, und es ist das ein Graus und Aufruhr der Elemente als sollte die Welt untergehen (Il. δ, 167. ο, 310).

5. Die Harpyien und die zusammenstossenden Felsen.

An die Aex reihen wir am ungezwungendsten die Harpyien, deren Name besagt, dass sie reissende Winde seien [218]). Man muss hierbei an unsere Hexen denken, welche das gräulichste Unwetter, Sturm, Regen und Schneegestöber machen, und doch dabei eigentlich nicht von den Feen sich unterschei-

218) Hesych: Ἁρπυίας ἁρπακτικούς, κύνας· ἅρπυιαι αἱ τῶν ἀνέμων συστροφαί, θύελλαι.

den, denn der Name Hagazusa bezeichnet bloss ein wildes Waldweib.

Dem Homer (Od. υ, 63 u. 77) sind Sturm und Harpyien ziemlich gleichbedeutende Worte, doch erscheinen die lezteren bereits als persönliche Wesen, von welchen Menschen oft plözlich hinweggerafft werden, wer weiss wohin (Od. α, 291. ξ, 371). Achills Rosse hat der Zephyros mit der Harpyie Podarge erzeugt, welche auf einer Wiese am Okeanstrom weidete, mithin wohl ebenfalls ein Ross war. Bei Hesiod zeugt der Thaumas mit der Elektra die schnelle Iris und die schönhaarigen Harpyien Sturm und Schnellflug (*Ἀελλώ* und *Ὠκυπέτη*), welche mit den Winden fliegen. Bei Aeschylus, wo sie bereits auch das Mahl des Phineus rauben, sind sie schon hässliche Wesen. Die Späteren konnten kein Maass finden in der Ausmahlung ihrer Hässlichkeit, und zulezt mussten sie auch noch Gestank hinterlassen für das, was sie weggerafft und gefressen hatten, was gar nicht zu ihrer ursprünglichen Bedeutung passt.

Den Harpyien war es beschieden, durch die Boreassöhne *Ζήτης* (von *ζέω*) und *Κάλαϊς* (von *καίω*) umzukommen: den Boreassöhnen aber war es bestimmt zu sterben, wenn sie jene nicht einholen würden. Mit diesem Ausgange bringt die Sagendichtung die Namen der Wende-Inseln (*Στροφάδες* im Ionischen Meer) und des Baches Harpys im Peloponnes in Verbindung, welche etymologischen Mährchen uns hier weiter nicht interessiren. Besser war es, dass die Harpyien eine Zuflucht fanden in einer Höhle auf Kreta unter der Höhe Argikus, woselbst sie fortdauern konnten (Schol. Ap. II, 299).

Von diesen Harpyien sind die unstäten Felsen (*Πλαγκταί* oder *Συμπληγάδες* oder *Κυάνεαι*) nicht sehr verschieden. Denn dass sie Felsen genannt wurden, das geschah ursprünglich bloss bildlich, um die Gewalt und Prallheit im Sturme zusammenstossender Winde zu bezeichnen, welche zermalmen und zerschmettern was ihnen begegnet. Dass sie das sind, davon kann man sich leicht überzeugen, wenn man ihre Schilderung bei Homer (μ, 73 ff.) und Pindar (Pyth. IV, 344) liest. Dieser nennt sie lebendige Wände, die rascher gegen einander rollen als Winde im heulenden Sturme herstürzen. Jener sagt, dass eine schwarze Wolke (*Κυανέη νεφέλη*, woher der Name *Κυάνεαι*) auf ihnen lagere und ihr Gipfel nie von heiterer Luft umgeben sei weder im Sommer noch im Winter.

6. Die Styx und der Acheron.

Bei Nonakris in Arkadien war eine ausserordentlich hohe Felswand, von welcher ein Wasser träufelte, das durch den Felsen, auf welchen es fiel, hindurchdringend in den Bach Krathis hinabsickerte und tödtlich war für Menschen und Thiere, und alle Gefässe, sie mochten von Glas oder Stein oder Thon sein, zersprengte, Bein, Horn, Eisen, Blei, Zinn, Silber, ja sogar Gold mit Rost überzog: bloss der Pferdehuf widerstand ihm. Dieses Wasser hiess Styx, d. h., wie Hesiod selbst deutet, die verhasste (*στυγερή*), Paus. VIII, 17, 6. 18, 4. Wie viel an dieser Beschreibung thatsächlich gegründet, wie viel ersonnen oder ungeprüft vom Aberglauben fortgepflanzt war, lässt sich nicht bestimmen: aber der Umstand, dass gerade der Pferdefuss stärker als das Gift dieses Wassers gewesen sein soll, der Pferdehuf welcher den Rossquell auf dem Helikon und die Peirene auf der Burg zu Korinth aus dem Boden hervorgeschlagen hat, macht es wahrscheinlich, dass so viel wie gar nichts daran gegründet war[219]. Uebrigens war diese Quelle eine Wiederholung derjenigen, welche an den Grenzen der Welt und des Tartaros sich befand, da wo auch die Nacht der Schlaf und der Tod und die Behausung

219) Heutiges Tages heisst der Quell bei den Einwohnern Schwarzwasser, *Mavroneri*, und man weiss so wenig von dessen Schädlichkeit, dass man glaubt, ein Trunk daraus an einem bestimmten Tag des Jahres mache unsterblich (Bergk Jahrb. Phil. Päd. 81 u. 82, 6. p. 405).

des Hades war, und welche vom Hesiod also beschrieben wird (ϑ. 775): »Dort wohnt die den Göttern verhasste Göttin, schreckliche Styx, älteste Tochter des in sich zurückströmenden Okeans. Fern von den Göttern hat sie ihre Behausung in hoher Felsengrotte, die rings mit silbernen Säulen in den Himmel hinaufreicht. Nur selten wandert dorthin die Thaumas-Tochter Iris über den weiten Rücken des Meeres, wenn ein Streit unter den Göttern ist (der nur durch einen Schwur geschlichtet werden kann) und Einer unter ihnen falsch schwört. Die Iris wird nämlich hingeschickt um das mächtige Schwur-Wasser in einer goldenen Kanne zu holen da wo es kalt vom himmelhohen Felsen herunter träufelt. Ein Horn oder Arm des Okeanos nämlich fliesst weit unter der Erde weg durch dunkle Nacht und spaltet sich in zehn Theile, deren neun, um die Erde und den breiten Rücken des Meeres herum in silbernen Wirbeln geschlungen, in die See münden, der zehnte aber aus dem Felsen hervorrinnt als gewaltige Strafe für Götter, wenn sie einen Meineid schwören. Denn wer das thut, der muss ein ganzes Jahr lang sprach- und athemlos im Krankenbette liegen in todenähnlichem Schlummer, ohne Genuss von Nektar und Ambrosia. Und wenn er dieses Krankheitsjahr überstanden hat, dann kommt erst noch die härteste Pein: denn er muss neun Jahre lang verbannt leben, ausgeschlossen von Tisch und Umgang mit den Göttern, und erst im zehnten Jahr ist seine Strafe überstanden, so dass er wieder zu den Himmlischen kommen darf.«

Bei Homer schwören die Götter bei der Erde, beim Himmel und bei dem *herabträufelnden* Wasser der Styx, welches leztere der gewaltigste Eid ist, aber nicht herbeigeholt zu werden braucht aus dem *Hades*, woselbst es rinnt[220]). Und nicht bloss ein Quell ist die Styx, sondern ein tiefer Bach oder Strom, von welchem sogar der Acheron-See nur ein Trumm

220) Il. ξ, 271. ο, 37. ϑ, 369.

(ἀπορρώξ) ist: ein Fels steht daneben, bei welchem die zwei Bäche Kokytos und Pyriphlegethon zusammenfliessen, welche sodann in den Acheron sich ergiessen. Dass die Styx von diesem Felsen herab rinne, ist wahrscheinlich[221]. Hesiod, um wieder zu diesem zurückzukehren, macht die Styx zu einer Göttin, wie schon gesagt, zur ältesten Okeanide, und gibt ihr auch einen Gatten und Kinder, sie soll nämlich mit dem Pallas den Eifer und den Sieg, die Kraft und die Gewalt (Ζῆλος, Νίκη, Κράτος, Βία) gezeugt haben: ϑ. 382. Mit diesen Kindern hat sie dem Zeus im Titanen-Kampf beigestanden, und dafür die Ehre bekommen, ein so gewaltiger Eid für die Götter zu sein. Aber ein Dichter hatte auch gesungen, dass die Styx in dieser Schlacht gefallen sei (Athenag. πρεσβ. p. 24). Dem Hesiod ist Epimenides aus Kreta gefolgt, indem er die Okeanide Styx von einem gewissen Peiras die Echidna gebären liess.

Von dieser Styx werden sich die Arkader ihren Quell bei Nonakris entsprungen gedacht haben, gleichwie man auch in Thessalien einen Bach Titaresios aus dem Styx in der Unterwelt entsprungen glaubte wegen der seltsamen Natur seines Wassers, welches wie Oel auf dem Wasser des Peneios hinschwamm da wo jener Bach in denselben hineinmündete (Il. β, 755). Von jenem Styx in Arkadien aber gab es eine Sage, dass die Demeter, als sie die Pferdegestalt hatte, das Wasser verwünscht und schwarz gemacht hatte (Ptolemäos p. 186, 7 bei Westermann) also dass doch wieder ein Pferd bei der Erschaffung der Quelle thätig gewesen ist. Dass nun die oberirdischen Wasser, welche den Namen Styx führten, von widerwärtiger und vielleicht auch schädlicher Natur waren, kann man immerhin annehmen; doch wird damit die Erdichtung jenes unterirdischen Gewässers keineswegs erklärt, am wenig-

221) Il. ϑ, 369. Od. κ, 514. Andere deuten die Stelle anders, indem sie ὅς auf den Kokytos beziehen, z. B. Bergk a. a. O. p. 400.

sten seine Macht als Eidessymbol. An den Kindern welche Hesiod der Styx zutheilt erkennt man, welche Kraft er ihr zuschreibt: dasselbe entnimmt man auch aus den Eigenschaften welche dem gleichnamigen Wasser bei Nonakris zugetraut wurden, dass es stärker sei als Stein und Bein und alle Metalle zerfresse. Das Wasser an sich wird schwerlich so Grosses wirken, sondern die ihm innewohnende magische Kraft. Wenn der Kastalische Quell (dessen Eigenschaft in seinem Namen ausgedrückt ist) solche Kraft der Reinigung und Heiligung hat, dass er seinen Nymphen die Gabe des Dichtens und Weissagens verleiht, so ist es kein Wunder wenn ein schwarzer Höllenfluss tödtlich wirkt und selbst Götter, da er sie doch nicht tödten kann, jahrelang erkranken macht. Auch die Hölle und das Elysium müssen ihre Bäche und Teiche haben, so gut wie die Erde, und mithin auch ihre Nymphen und Flussgötter. Zu den ersteren gehört ausser der Styx auch die Lethe und der Acheron. Die erstere wird nicht früher als bei Plato (Rep. X. p. 621 C.) erwähnt, und sie hatte ebenfalls ein Ebenbild auf der Oberwelt bei dem Todtenorakel des Trophonios in Lebadeia, wo der Bach Herkyna zwei Quellen Vergessen und Erinnerung (*Λήθης* und *Μνήμης*) hatte (Paus. IX, 39, 4). Den Acheron haben wir bereits oben als einen durch die Styx gebildeten See nach Homer (Od. κ, 513) kennen gelernt sammt dem Feuerbrand (*Πυριφλεγέθων*) und dem Wehklagen (*Κωκυτός*), welche in ihn einmünden. Die Namen dieser bezeichnen deutlich auch ihr Wesen: der Acheron wird wohl mit dem Bach Acheloos eines Stammes sein[222], und dieser Stamm ist in *aqua—ahra. ache* zu finden. Was bei der Erde der Okeanos ist, dasselbe ist bei den Späteren im Hades der Acheron, nämlich die äusserste Umgrenzung, wesshalb die Seelen in Charons-Nachen hinüberschiffen müssen,

222) Vgl. Th. I. p. 155. *Ἀχερωΐς* die Pappel rechne ich eben dahin, weil dieser Baum das Wasser liebt. Die *Ἀχηρώ* aber bei Hesych hat schwerlich etwas mit dem Acheron gemein.

während dem Homer (Il. ϑ, 369) die Styx dieser Grenzfluss zu sein scheint. Desshalb pflegen beide, die Styx sowohl als auch der Acheron, für den Hades selbst einzutreten. Auch der Acheron hatte seinen Namen mehr als éinem Wasser der Oberwelt geliehen, welches aus ihm zu entspringen schien, z. B. einem Bach und Teich bei Dodona, woselbst auch ein Kokytos floss (Paus. I, 17, 5), und einem Bach in Bithynien bei Herakleia, neben welchem eine tiefe mephitische Höhle, ein Eingang in den Hades, war (Apollon. II, 729. Xenoph. Anab. V, 10, 2).

Ganz anderer Natur sind die Gewässer im Elysium. Denn erstlich befindet sich dort der Quell der Ambrosia (Eur. Hipp. 757), die eigentlich mit dem Nektar Eins war (s. Bergk. a. a. O. p. 379). Zweitens wird dieser Götter-Aufenthalt eben so von dem Okean, wie die Menschen-Wohnung, die Erde, umströmt: denn derselbe bildet die Grenze zwischen beiden: drum wächst an seinen Ufern auch die Ambrosia[223]). Und der Okean ist der Ursprung aller erquicklichen Quellen der Erde (Eur. Hipp. 119. Il. φ, 196).

III. Die dreiheitlichen Göttinnen.

Die Griechische Mythologie kennt eine Anzahl dreiheitlicher weiblicher Wesen, welche alle unter sich verwandt zu sein scheinen, so weit sie auch in ihren Erscheinungen hie und da aus einander gehen, und alle mit einander das gemein haben dass sie zugleich physische und geistige Zustände repräsentiren. In jeder Entwickelung physischer Dinge kann man drei Stadien unterscheiden, einen Anfang einen Höhepunkt und einen Schluss: und die geistigen Dinge sind den physischen analog. Man kann diesen Entwickelungsgang auch einem Kreislaufe vergleichen: und darum erscheinen diese Göttinnen nicht allein

223) Od. μ, 63. Moiro bei Athen. XI. p. 490, 5.

in der Dreizahl sondern sind auch grossentheils in einem Rundtanze begriffen. Es gehören hieher ausser den Moiren, Keren und Erinyen noch die Horen, die Chariten (Gratien) und auch die Musen. Von den Gratien, den Parzen, den Erinyen, den Musen hat man die Vorstellung, dass sie von Haus her geistige Begriffe und moralische Zustände darstellen, und kann sichs kaum denken, wie die Bilder abstracter Begriffe jemals mit physischen Zuständen sollten in Verbindung gestanden haben. Und gewiss wenn das Geschäft der Mythenschöpfung im Versinnlichen geistiger Begriffe durch Bilder und Allegorien bestände, und wenn die Gratien, die Musen solcherlei Versinnbildlichung ihre erste Entstehung verdankten; so würden sie wohl niemals ihre ätherischen himmlischen Leiber mit so irdischem Stoffe befleckt haben und in die Sinnlichkeit übergegangen sein. So aber hat die Geschichte ihrer Entwickelung den umgekehrten Gang genommen: denn in physischen Zuständen der Witterung, im Erwachen der Natur zu neuem Leben und im Erstarren derselben durch den Winterfrost, im Wachsthum der Pflanzen und ihrem Verdorren, im Entstehen, Gedeihen und Absterben des Lebens der Geschöpfe u. s. w. walten sie zuerst und grossentheils noch ganz allein nach der Vorstellung des Volkes, und erst später, vornehmlich durch die Werke der Dichter und Künstler, sind die geistigen und moralischen Bedeutungen zur Herrschaft gelangt. Diese dreiheitlichen Wesen befinden sich in dieser Beziehung in gleichem Falle mit der Aphrodite, die zum Liebreiz, mit der Athena, die zur Weisheit, mit der Hekate, die zur Zauberei geworden ist, während ein Blick in den Cultus jedermann leicht überzeugen kann, dass sie physische Zustände repräsentiren. Und mit der dreigestaltigen Hekate scheinen sie zum Theil sogar zusammenzufallen, mit der Athena aber werden einige derselben ausdrücklich vereinigt, und mit der Kore erscheinen andere durch ihre Namen geeinigt.

1. Die Kekrops-Töchter.

Die Aglauros wird theils das Weib und theils die Tochter des Kekrops oder auch des Erechtheus genannt (Hygin. 253). Sodann stürzt sie sich entweder von der Burg herab sammt ihrer Schwester Herse, wahnsinnig geworden durch den Anblick des heiligen Geheimnisses in der Kiste, oder opfert sich zur Rettung des Landes in dem Krieg mit Eumolpos. Es gibt auch eine Sage, dass sie versteinert wurde, als sie dem verliebten Hermes den Zutritt zu ihrer Schwester Herse versagte[224]). Hernach ist sie vergöttert worden. Sie war Priesterin der Athena, sagt Hesych, und in Attika schwört man bei ihr. Aber ein Grammatiker bei Bekker (329, 24) lehrt, dass sie die Athena selbst war (ἔστι δὲ ἐπώνυμιον Ἀθηνᾶς), und Pollux (VIII, 105) sammt Ulpian bezeugt, dass die Epheben es waren, welche den Kriegereid in ihrem Haine schwören mussten[225]). Wer die drei in diesem Eid angerufenen Göttinnen[226]) seien sagt uns Pausanias (IX, 35, 2) mit den Worten: »die Athener ehren von Alters her die Gratien Αὐξώ und Ἡγεμόνη, und die dritte nennen sie Θαλλώ und verehren sie zugleich mit der Πάνδροσος. Denn offenbar hat Pausanias diese Schwurformel vor Augen, und nennt statt der Aglauros die Pandrosos, weil beide Eins waren und die Herse obendrein. Der Tempel auf der Burg, in welchem der wunderbare Oelbaum wuchs, hiess Pandrosion[227]). Ob derselbe wohl Eins war mit dem von Herodot VIII, 53 erwähnten Heiligthum der Aglauros an der steilsten Seite der Burg (Paus. I, 18, 2)? So ist es denn klar, dass die drei Namen blosse Prädikate der

---

224) Apolld. III, 14, 2. Paus. I, 18, 2. Ulpian zu Demosth. fals. leg. Ovid. Met. II, 710 ff.

225) Vgl. Paus. I, 18, 2. Plut. Alkib. c. 15.

226) Die Anrufung der Götter lautet also (bei Pollux VIII, 106): ἵστορες θεοὶ Ἄγραυλος, Ἐνυάλιος, Ἄρης, Ζεύς, Θαλλώ, Αὐξώ, Ἡγεμόνη.

227) Apolld. III, 14, 10. Paus. I, 27, 3.

Athena sind[228]. Und bei der Aglauros schwankten, scheint es, schon die Alten zwischen der Form ἄγλαυρος und ἄγραυλος[229]. Die drei Mädchen werden auch für Töchter des Aktaeon gehalten[230], und dazu wurde noch eine vierte Namens Phoenike angenommen, deren Name ohngefähr dasselbe wie Aglauros besagt. Uebrigens ist die Abstammung von Aktaeon, d. h. dem Zeus Aktaeos welcher die Regenwolken bringt mit den Passatwinden, sehr bezeichnend für die Jungfrauen welche Thau und Morgenröthe herbeiführen.

Das Schicksal dieser drei Mädchen deutet auf Menschenopfer, welche zur Entsühnung des Landes gebracht wurden, wenn es lange nicht regnen wollte und die Gewächse verdorrten. Ein Gleiches, wie wir sehen werden, erlitten auch die Chariten in Böotien, und dieser Bedeutung entsprach auch ihr Cultus. »In der Attischen Kolonie Salamis auf Kypern, welche früher Koronis hiess (so erzält Porphyr. abstin. II, 54), wurde im Monat Aphrodision der Agraulos, Tochter des Kekrops und der Nymphe Agraulis, ein Mensch geopfert; und diese Sitte bestand bis auf Diomedes, wo sie umschlug, so dass man seitdem dem Diomedes dies Opfer bringt. Der Tempel der Athena der Agraulos und des Diomedes liegt in éiner Umfriedung. Der zum Opfer ausersehene Mensch, von den Jünglingen geführt, lief dreimal um den Altar des Zeus; sodann stiess ihn der Priester mit der Lanze in den Magen und verbrannte ihn ganz auf den Scheitern.« In Athen wurden der Agraulos zu Ehren die Opfer Plynteria und Kallyntria (d. h. Reinwaschungen) verrichtet (sagt Phot. p. 127), weil wegen ihres Todes die Trauer ein Jahr lang nicht abgelegt worden war, und Athenagoras πρεσβ. p. 8. c. 1, spricht von

228) Schol. Arist. Lys. 439. Harpokr. Suidas. v. Ἄγλαυρος.

229) Ἄγλαυρος muss von γλαυρός d. h. γαυρός (Hesych) hergeleitet und als Nebenform von ἀγλαός betrachtet werden.

230) S. Suidas v. φοιν. γράμμ. p. 1561.

geheimen Weihen ihres Dienstes[231]). Was das besagen soll, können wir uns wohl denken, zumal wenn wir erwägen, dass, wie gesagt, der Aglauros auf Kypern Menschenopfer gebracht wurden, und dass auch in Athen diese Kekrops-Töchter geopfert worden sind oder sich freiwillig von der Burg herabgestürzt haben: denn die Ceremonien der Errephoren (das sind ohne Zweifel die von Athenagoras bezeichneten Weihen) war nur eine symbolische Wiederholung dessen was die Sage als ehemals Geschehenes berichtet.

Die Aglauros, troz ihrer Einheit mit der Athena, gebar vom Ares die Alkippe, eine andere Athena: dieser thut der Halirrhothios (ein Sohn Poseidons oder Poseidon selbst) Gewalt an, wird dafür von Ares (d. h. vom Morde) erschlagen, und zur Richtung dieses Mordes wird das Blutgericht auf dem Areopag eingesezt, welches unter der besonderen Obhut der Athena steht[232]).

2. Hyakinthiden, Hyaden und Heliaden.

Auch der Erechtheus hatte drei oder sogar sechs Töchter, welche bei einer Gefahr des Vaterlandes sich opfern liessen. Diese Mädchen werden Jungfrauen (*Παρθένοι*) mit Vorzug genannt (s. Suidas v.) und auch Hyakinthiden, weil sie auch für Töchter des Hyakinthos galten: andere sagen, weil sie in dem Gau Hyakinthos den Opfertod litten[233]). Und ihre Mutter, das Weib des Erechtheus, hiess Praxithea, ähnlich wie eine der Horen Praxidike hiess[234]). Nach Hesych wer-

231) *Ἀγραύλῳ Ἀθηναῖοι μυστήρια καὶ τελετὰς ἄγουσι καὶ Πανδρόσῳ, αἳ ἐνομίσθησαν ἀσεβεῖν ἀνοῖξασαι τὴν λάρνακα.* Bekk. anec. p. 239. *Δειπνοφορία ἐστὶ τὸ φέρειν δεῖπνα τοῖς Κέκροπος θυγατράσι· ἐφέρετο δὲ πολυτελῶς κατά τινα μυστικὸν λόγον.*

232) Apolld. III, 14, 2. Paus. I, 28, 5. Suidas v. *Ἄρειος π.*

233) Demosth. funebr. p. 1397. Paus. V, 203. Suidas v. *παρθένοι.* Diod. XVII, 15.

234) Ihre Namen sind bei Hesych folgende: *Πρωτογένεια, Πανδώρα, Πρόκρις, Κρέουσα, Ὠρείθυια, Χθόνια.* Apollodor III, 15, 8 aber nennt

den die Mädchen im Krieg mit Minos auf dem Grabe des Kyklopen Geraestos geschlachtet: anderen Gewährsmännern zufolge opferte man die Chthonia im Krieg mit Eumolpos, worauf die anderen zwei Schwestern, gleich den Kekrops-Töchtern, freiwillig sich von der Burg herabstürzten[235]. So hatte Euripides in seiner Tragödie Erechtheus die Sache gestaltet[236]. Es gab wieder eine Sage, dass ein gewisser Leos seine drei Töchter zur Opferung hergegeben habe, als das Orakel sie forderte[237].

Euripides hatte in seiner oben genannten Tragödie die Erechtheus-Töchter Hyaden genannt, deren er ebenfalls drei annahm. Diese sind nicht unmittelbar von *ὕειν* regnen sondern von Hyes, einem Namen des Dionysos, benannt, wesshalb sie vom Dichter Myrtilos auch Kadmos-Töchter genannt worden sind. Sie sollen gleich den Plejaden, als Nymphen, den Zeus und den Dionys mit Ambrosia gespeist haben, und Hesiod nennt sie Nymphen die den Gratien gleichen[238]. Sie sollen sich zu Tode geweint haben über ihren Bruder Hyes den Jäger, welchen in Libyen eine Schlange oder ein Löwe oder ein Eber tödtete (vgl. Phaethon und seine Schwestern), und wurden unter die Sterne versezt[239]. Sie sind Schwestern der Plejaden, mit denen sie besonders als Sternbilder gern zusammengenannt werden (Eur. Ion 1171—1176), und bezeugen uns die nahe Verwandtschaft und sogar Einheit aller dieser drei- und sechszäligen Jungfrauen, welche wir

---

folgende: *Ἀνθηίς*, *Αἰγληίς*, *Ἠνθηνίς* (*Ἀνθηνίς?*), *Λυταία* (*Λουσία?*), *Ὀρθαία.*

235) Hygin f. 46. 238. Apolld. III, 15, 5. Plutarch parall. p. 310. D. Lykurg. Leokr. c. 24.

236) Eurip. rest. I. p. 471 f. Ion Vs. 289 (286).

237) Paus. I, 5, 2. Schol. Thuk. I, 30.

238) Frag. 13. Schol. Arat. 172. 254. Hesiod nennt folgende Namen: *Φαισύλη*, *Κορωνίς*, *Κλεία*, *Φαιώ*, *Εὐδώρα*, andere Hygin u. s. w.

239) Hygin f. 182. 192. astron. II, 21. Pherekydes bei Schol. Il. σ, 486. Eustath. p. 1155, 45 f. 60 f.

hier betrachten, mit den Quell-Nymphen und besonders mit den drei- und neunzäligen Musen.

Mit den Hyaden sind ganz gewiss die Heliaden Eins, welche durch die Trauer um ihren Bruder Phaethon, so wie jene durch den Schmerz um den Hyes, umkommen und in Pappeln oder Erlen verwandelt werden, d. h. Nymphen sind[240].

3. Die Horen.

Hesiod (*Θ.* 901 ff.) lässt den Zeus mit der Themis erstlich die drei Horen Gesezlichkeit, Recht und Friede (*Εὐνομία, Δίκη* und *Εἰρήνη*) und dann die drei Moeren Spinnerin, Looserin und Unabwendbare (*Κλωθώ, Λάχεσις, Ἄτροπος*), zeugen, mit der Eurynome aber die drei Chariten Herrlichkeit, Frohsinn, Wohlleben (*Ἀγλαΐα, Εὐφροσύνη, Θαλία*). Alle diese dreiheitlichen Wesen berühren sich unter einander vielfach und sind oft kaum zu scheiden. So wurden z. B. bei den Athenern die Horen neben den Chariten sowohl als auch neben den Kekrops-Töchtern Pandrosos Aglauros und Erse verehrt: die Chariten nennt man Auxo und Hegemone (Wachsthum und Anfang), die Horen Karpo und Thallo (Frucht und Blüthe) — denn man kannte deren bloss zwei. Die Namen aber bezeugen deutlich, dass man Naturgottheiten unter den Chariten sowohl als unter den Horen verstand, und dass deren Wesen von dem der Kekrops-Töchter nicht verschieden war (Paus. IX, 35, 1[241]).

Die Horen öffnen und verschliessen die Thore des Himmels bei Homer, und als Thore dienen ihnen die Wolken. Ihr Tanz ist der Umlauf des Jahres: in diesem Umlaufe zei-

240) Ihrer waren ebenfalls drei: *Φοίβη* oder *Φαέθουσα*, *Λαμπετώ* und *Αἴγλη*. Doch werden derselben mitunter auch mehr genannt. Ovid. Met. II, 340—350. Apollon. IV, 604 ff. Schol. Hygin. f. 152.

241) Der Name *Ὧραι* selbst deutet sich aus *ὄρος*, welches Wort für Eins mit unserem Jahr gehalten wird: daher auch *ὀπώρα*, gleichsam *ὀψέ-ὥρα* (vgl. *ὀπίσω*) oder *post-hora* das Spätjahr: vgl. Curtius Gr. Etym. II, 323.

tigen sie Alles nicht auf einmal, sondern allmählich und unmerklich (Il. φ, 450. Od. ω, 344): das besagen auch ihre Namen Gesez, Friede und Fug. Die Dike heisst auch Praxidike, und dieser Name wird von Hesych durch Vollenderin gedeutet[242]) und weil man sagt einen Kopf aufsezen statt ein End' aufsezen oder krönen (κεφαλὴν ἐπιτιθέναι=τέλος ἐπιτιθέναι), so wurde die Göttin auch als blosser Kopf abgebildet. Man verehrte auch drei Praxidiken in Böotien, Namens Alalkomenia, Thelxinoea und Aulis[243]). Aber der Name Thelxinoea kommt auch der Hera zu, deren Dienerinnen die Moeren sind. Wiederum kannte man auch bloss zwei solche Wesen, Eintracht und Tüchtigkeit (Ὁμόνοια. Ἀρετή). Pausanias (IX, 33, 2) sagt, dass die Praxidiken bei Haliartos am Berg Tilpusios ihr Heiligthum hatten und dass man bei ihnen schwur und dass dieser Schwur sehr heilig war. Im Orphischen Hymnus (28, 5) ist die Praxidike zur Tochter der Deo gemacht, folglich mit der Kore vermengt. Dagegen muss die Böotische Alalkomenia (Abwehrerin) mit der Athena dieses Namens, der Tochter des Ogygos, Eins sein Paus. IX, 33, 4.

In allem was so natürlich allmählich ungesucht und ungefordert von selbst kommt in ruhiger stiller Entwickelung liegt auch Anmuth (χάρις), also kann man schon daraus ersehen, wie die Chariten mit den Horen zusammenfallen. Auf eben diesem Entwicklungsgang liegt aber auch Geburt und Tod, woraus zu entnehmen, dass auch die Moeren und die Keren nur eine andre Seite dieses nämlichen Wesens sind, und gleich den Keren auch die Eileithyien, die Töchter der Hera, deren Dienerinnen die Horen sowohl als auch die Chariten sind.

---

242) Hesych: Δαίμων τις ἡ ὥσπερ τέλος ἐπιτιθεῖσα τοῖς τε λεγομένοις καὶ πραττομένοις. διὸ καὶ τὰ ἀγάλματα κεφαλὰς γενέσθαι καὶ τὰ θύματα ὁμοίως. Dazu Suidas.

243) Dionysos bei Suidas v. Photius Lex. 446, 24.

Wenn ein Ding in die Erscheinung und Wirklichkeit eintreten soll, so müssen die Horen ihm Bahn machen und die Thore öffnen. So öffnen sie auch dem Frühling die Thore (bei Pindar Fragm. 53. p. 218 m. Ausg.), wie sie bei Homer die Himmelsthore auf- und zuschliessen. Auf dem ruhigen Wege allmählicher Entwickelung eines jeden Dinges zu seiner Zeit liegt ferner die Ordnung, die Geseczlichkeit und der Friede, welche auch Pindar preist Ol. XIII, 7 ff. Also ist es natürlich, dass diese Horen auch allem Physischen Wachsthum und Gedeihen geben und gleich der Artemis die Säuglinge und die Jugend in ihre Pflege nehmen: die Hora ist auch speciell die Jugend (Pind. Nem. 8. z. A.).

»Die Horen«, sagt Lehrs Popul. Aufs. p. 16, »sind nicht nothwendig drei oder vier bestimmte Jahreszeiten, sondern Zeitwellen, welche durch Kennzeichen der Natur und der Beschäftigung, ja der Schicksale, kenntlich und veränderlich einen Kreisgang vollenden und dann umwenden um von Neuem anzufangen.« »Es gibt«, sagt er ferner, »gewisse Gegenstände, die in sich augenfällig einer allmählichen Entwickelung in der Zeit aufsteigend zur höchsten Entfaltung und wieder abnehmend unterliegen. — Ein jedes Ding hat seine Zeit, Essen hat seine Zeit, Schlafen hat seine Zeit, Ernten hat seine Zeit, Heirathen hat seine Zeit, der Frühling hat seine Zeit, der Sommer hat seine Zeit und so fort. Dieses Eintreten und in vielen Fällen Wiedereintreten eines jeden, sei's im menschlichen Treiben, ja in seinem Verhängniss, sei's in der Natur, machte dem Griechen das Bild eines angenehmen geordneten Wechsels: er erblickte darin nicht willkürliche Menschensazung sondern eine schöne göttliche Ordnung. Und jene Zeiten, in welche im Fortlauf jedes zu seiner Zeit kommt, erstanden seinen Gedanken zu göttlichen dem Zeus dienenden Wesen, welche in anmuthiger Ordnung gehen und kommen und je herbeiführen was an der Zeit ist.«

»Ewig zerstört, es erzeugt sich ewig die drohende Schöpfung
Und ein stilles Gesez lenkt der Verwandlungen Spiel.«

Daraus, sagt er ferner, sei einzusehen, warum die Horen Töchter der Themis seien und warum ihre Namen Wohlvertheilung, Gleichheit (Billigkeit?) und Einigkeit seien, ingleichen »warum sie in eine Reihe mit Wesen treten, durch welche der Grieche in verschiedenen Phasen und in reicher Bezeichnung das Gesez, die Fügung, die feste Ordnung in der Welt und den Schicksalen unter den Göttern und Menschen ausdrückt: Themis, Dike, Moeren, Aesa, Heimarmene, Pepromene und mehrere — gleichsam der Kosmos, sofern er in der Zeit erscheint.«

4. Die Themis und ihre Töchter.

Die Horen und die Moeren und die Hesperiden sind Töchter der Themis, von Zeus gezeugt[244]. Wer die mythologische Sprache versteht, dem heisst das so viel, als die Themis und die Themistiaden[245], oder die Themis und ihre Töchter sind Eins. Und auch die Themis wird eine Nymphe genannt und als solche gebildet, jung und kräftig, mit Helm und Schild, der Athena ähnlich, anderseits auch wieder mit der Erde vermengt (Aesch. Prom. 210, wenn anders der Vers echt ist), welches zum Mindesten ungenau ist: denn nicht die Erde selbst sondern nur eine Eigenschaft derselben, nämlich die feste Ordnung oder Regel in den Wandlungen und Entwickelungen, physischen sowohl als geistigen, könnte sie ihrem Namen und Begriffe nach darstellen, so dass auch daraus ihre innige Verwandtschaft mit den Horen und den Moeren zu entnehmen ist, mit denen sie auch im Cultus und in den Mythen vereinigt zu werden pflegte[246]. Dass sie Orakel ertheilt, das kommt von

244) Hes. Θ. 901. Schol. Eur. Hipp. 742.

245) s. Hesych v. Apollod. II, 5, 11. Schol. Apoll. IV, 1396.

246) Paus. IX, 25, 4. V, 17, 1. 14, 8. Diod. V, 67. Anton. Lib. 19. Ueber andere Cultusstätten s. Scheiffele in Paulys Encykl. v. und Ahrens im Programm von Hann. 1862. p. 5.

keiner ihr inwohnenden tellurischen Eigenschaft, sondern liegt unmittelbar in dem Begriff ihres Wesens, indem *θέμις* mit *χρησμός* synonym ist, und beide das Zukünftige als vorbestimmte Sazung Ordnung und Nothwendigkeit bezeichnen[247]). Auch die *Μοῖραι* und *Parcae* besagen das Nämliche. Ist es also wohl zu verwundern, wenn Pindar singt (Frag. 7. p. 152 m. Ausg.): »Die wohlberathne (*εὔβουλον*) himmlische Themis zuerst Auf goldnem Wagen führten von Okeansquellen Zur heiligen Stufe die Moeren, Zum Olymp die glänzenden Bahnen hinan, Um Zeus, dem Heiland, erste Gemahlin zu werden: Sie gebar die richtigen (*ἀλαθίας*) Horen, die spangengoldenen Früchtegezierten.« Wir können uns nicht darauf einlassen alle Varietäten der Sagen, die von keiner besonderen Bedeutung sind, zu verzeichnen, und haben das nicht nöthig, da es Sammlungen genug gibt für die, welche deren bedürfen. Also erwähnen wir nur noch, dass Themis die Ordnerin der Versammlungen bei Homer ist[248]), was sich ja schon von selbst versteht und wesshalb auch ihr Bild neben dem des Markt-Zeus (*Ζεὺς ἀγοραῖος*) in Theben stand (Paus. IX, 25, 4), dass sie, wie die Moeren, bei den Geburten zugegen ist (Hym. Apoll. 91), dass sie dem Zeus mehrmals guten Rath ertheilt und ihn von Fehltritten abhält vermöge ihrer Kenntniss der Zukunft[249]), und dass sie endlich mit der Nemesis sich berührt[250]).

3. Die Moeren, die Keren, die Erinyen.

Die Moera bezeichnet das Beschiedene (Theil[251]). Und Homer versteht unter der Moera gewöhnlich den Tod, und bei

247) Auch mit *fatum* und *fas* ist *θέμις* gleichbedeutend, zur *Δίκη* aber verhält sie sich so wie *fas* zu *jus*.

248) Od. *β*, 68. Il *υ*, 4. *ο*, 84. *λ*, 807.

249) Schol. Il. *ο*, 229. Pind. Ist. VIII, 31. Schol. Apoll. IV, 799.

250) Hesych v. *ἀγαθὴ τύχη*. Eur. Med. 160.

251) *Μοῖρα* verhält sich zu *μέρος* wie *Parca* zu *pars*. Das lateinische sowohl als das griechische Wort bezeichnen das dem Menschen Beschie-

Hesiod (ϑ. 211 und 217) werden das eine Mal der Moros und die Ker, das andere Mal die Moeren und die Keren mit einander von der düsteren Nacht geboren. So wie aber immer und überall nach dem Glauben der Alten das Ende durch den Anfang bestimmt wird, also wird auch die Sterbestunde durch die Geburtsstunde bedingt, und darum walten die Moeren bei der Geburt des Kindes, darum stehen sie in so enger Beziehung zu den Eileithyien (Pind. Ol. VI, 72. Nem. 7, 1) und darum hat der alte Dichter Olen in seinen Hymnen auf Delos die Eileithyia eine gut-spinnende (εὔλινον) genannt und für älter denn Kronos erklärt, indem er sie offenbar mit der Moera vermischte (Paus. VIII, 21, 2), darum endlich sind auch der Moeren gewöhnlich drei, weil sie den Anfang, den Fortgang und das Ende handhaben[252]. Die Erinyen stehen in eben so enger Verbindung, wie die Keren, mit den Moeren, und bei Aeschylus Eum. 920 werden die Moeren von den Erinyen selbst Schwestern von éiner Mutter genannt. Darum sandte Zeus die Moeren um die Erinys zuversöhnen (Paus. VIII, 42, 2. 25, 4). Es gibt nämlich sowohl éine Erinys als auch deren drei[253], ebenso wie es auch éine sowohl als auch mehrere Moeren gibt (Il. ω, 209. 29). Den drei Erinyen nun hat man die Namen Alekto, Megaera und Tisiphone (Ohnunterlass, Groll, Mordsühne) gegeben, so wie den Moeren die Namen Klotho Lachesis und Atropos (Spinnerin, Loserin, Unabwendbare). Die Erinyen sind übrigens unterirdische Wesen und nach Hesiod ϑ. 185 zugleich mit den Giganten von der Erde aus dem Blute des entmannten Uranos geboren, und bei Homer klopft

---

dene (Theil) (τὸ εἱμαρμένον) : dieses beschiedene ist aber ganz besonders der Tod, wesshalb auch zwischen *μέρος*, *μόρος* und *mors* kein ursprünglicher Unterschied ist: denn der Stamm von *mori* hat, wie wir gesehen haben, *merere* gelautet.

252) Aesch. Prom. 513 »Und wer ist Steuermeister bei der Nothwendigkeit?« »Die Moeren-Dreiheit und die Rach-Erinyen.«

253) Eur. Orest. 390. Troj. 452 meine Note zu Aesch. Eur. 137.

die Mutter des Meleager auf den Erdboden, als sie die Erinyen ruft (Il. ι, 568). Die Aemter der Erinyen beschreibt Aeschylus alle im Schlussgesang der Eumeniden, und daraus siht man wohl, wie sie mit der zürnenden Demeter Eins sein können, indem sie Segen und Unsegen, Pest und Gedeihen geben. Davon ist eine Spur schon in der Odyssee vorhanden, wenn die Frühlingskinder, Töchter des Pandareos, den Erinyen von den Winterstürmen übergeben werden (Od. υ, 77), während sonst bei Homer die Erinyen meistens nur als die Rächerinnen verlezter Pietäts-Pflichten erscheinen. Oft sind sie kaum von den Flüchen (Ἀραί) zu unterscheiden, und mitunter sind sie mit dem Wahnsinn (Μανίαις) Eins[254]. Ihr Name bedeutet auch ohngefähr so viel wie Fluch, Rachefluch: die Wirkungen gerechter Flüche aber sind eben Tollheit, dämonische Krankheiten, fallende Sucht und unheilbare Uebel, denen mit keiner menschlichen Kunst begegnet werden kann[255]. Daraus erklärt sich, wie die Moeren und das Schicksal (δαίμων) mit den Erinyen, das von Natur Beschiedene mit dem lastenden Fluche, zusammenwirken können[256], und wie Hesiod (ϑ. 220 f.) vollends den Moeren das Amt der Erinyen geben kann, die Sünden der Menschen zu bestrafen.

Das Aussehen der Erinyen, ihre Schlangenhaare, ihre blutrothen Augen u. s. w. sind bekannt. Bei Aeschylus werden sie mit den Gorgonen und mit den Harpyien verglichen. Homer nennt sie bloss im Nebel-wandelnde. Die Moeren haben gewiss nicht das scheussliche Aussehen dieser Wesen, doch gehören sie zu den Unterirdischen, nach den Opfern zu schliessen welche ihnen gebracht werden[257], und viel liebenswürdiger als jene werden sie ebenfalls nicht gewesen sein diese Verbündeten des Todes (Θάνατος), der bei

---

254) Il. ϙ, 412. ο, 204. ι, 454. Paus. VIII, 34, 1.

255) Od. λ, 280. Aesch. Choeph. 260 ff.

256) Il. τ, 87. Od. β, 134. Aesch. Eum. 321.

257) Paus. II, 11, 4. Aesch. Eum. 920. Schol. Agam. 70.

Euripides (Alk. 34) ihre Sache zu der seinigen zu machen scheint und dem Apoll es übel nimmt, dass er die würdigen alten Damen betrogen habe. Die Keren vollends werden bei Hesiod ἀσπ. 249 f. geschildert als knirschend mit den Zähnen, furchtbaren Blickes und blutig, den in Schlachten Gefallenen das Blut auszusaugen begierig. Aehnlich bei Homer Il. σ. 538 hat die Ker ihr Gewand mit Blute besprizt, indem sie in der Schlacht die Gefallenen an den Füssen schleift.

Inwiefern diese Wesen den Nornen und den Walkyren des Nordens entsprechen, wird sich zeigen bei der Betrachtung derselben.

6. Die Hulden.

Die Chariten werden, wie wir oben gesehen haben, oft mit den Horen zusammengestellt, oft auch mit den Eumeniden vermengt, als wäre ihr Name auch bloss ein Euphemismus, wie der Name Gewogene (Εὐμενίδες). Auch war ihr Cultus nicht immer heiter sondern mitunter einer Trauer gleich, kranzlos und klanglos, und man erzält von Trauer-Nachrichten, welche die Festesfeier störend unterbrochen haben, und von gewaltsamen Todesarten, welche diese Göttinnen selbst erlitten haben sollten (Strabo IX, 2. p. 414).

»Der erste«, sagt Strabo, »welcher den Chariten opferte war in Boeotien Eteokles. Es waren deren drei, aber die Namen wusste man nicht.« Der älteste Tempel derselben stand zu Orchomenos, und darinnen waren (als Bilder der Göttinnen gleich Palladien) vom Himmel gefallene Steine vom Eteokles dort aufgestellt (das. IX, 38, 1). Dessen drei Töchter (so erzält Nicolaus p. 387 bei Westermann) tanzten den Chariten, und dabei fielen sie unversehens in einen Brunnen hinab, ähnlich den drei Kekropstöchtern. Zum Andenken an die Mädchen liess dann die Erde eine gewisse dreigestaltige Blume emporwachsen. Mit Tänzen wurde das Fest Χαρίσια dort auch später noch gefeiert, und zwar mit nächtlichen (Eustath. Od. σ, 194). Dass man sich hier unter diesen Wesen etwas anderes dachte, als was man von Hesiod an unter den Gratien versteht, lässt sich schon hieraus erkennen. Auf Paros opferte man den Chariten ohne Musik und ohne Bekränzung, weil, sagte man, dem Minos, während er ihnen opferte, der Todesfall seines Sohnes Androgeos gemeldet worden war (Apolld. III, 15, 7). Bei Messene wurde den drei Chariten mit den Eumeniden zusammen geopfert, und theils der Kore theils den Horen ähnliche Wesen müssen diese Chariten in der That gewesen sein, zumal da sie offenbar Eins mit den drei in den Brunnen hinabgestürzten Eteokles-Töchtern waren, welche sogar *Τριτταὶ Χάριτες* genannt wurden. Schon Welcker hat im Anhang zu Schwencks Etym. And. p. 289 eine Aehnlichkeit zwischen der Kore und der Charis, als Segen und Wonne, erkannt, und auch bemerkt, dass man zu Kyzikos ein dreigestaltiges Chariten-Bild hatte, welches mithin wie ein Hekate-Bild aussah[258]. In Lakedaemon verehrte man deren zwei, sagt Pausanias, Kleta und Phaenna (die Rühmliche und die Schimmernde), und ihre Bilder standen neben denen der zwei Horen (das. III, 18, 7), ingleichen zu Athen, wo sie Auxo und Hegemone (Wachsthum und Anfang) genannt wurden neben den zwei Horen Karpo und Thallo (Frucht und Blüthe), und dieselben werden bei Aristoph. Thesm. 300 von den Frauen im Verein mit der Demeter und Kore dem Plutos der Erde und dem Hermes angerufen. Von geheimen Weihen, welche den »drei am Eingang der Akropolis stehenden Chariten verrichtet wurden, spricht auch Pausanias, deren Bilder von Sokrates, dem berühmten Philosophen, gemacht waren[259]. So

---

258) Dieses Bild wird beschrieben in einem Epigramm Anth. VI, 342 worüber Hecker annot. critt. p. 129 zu vergleichen ist: *Ἄθρησον Χαρίτων ὑπὸ παστάδι τᾷδε τριήρη σταλίδα.*

259) IX, 35, 7. I, 228. Diog. L. II, 19.

erscheinen sie auch anderwärts im Cultus immer den Naturgottheiten gesellt (s. Welcker a. a. O. p. 290 f.). Dabei ist zu bemerken, dass die Klete oder Kleite, auch als Nymphe Danaide und Amazone besonders zu Sparta und zu Kyzikos vorkommt[260]. Damit stimmt überein, dass Hesiod seine drei Chariten (genannt Aglaia, Euphrosyne und Thalia) zu Töchtern der Eurynome, der griechischen Derketo, macht, und sie den Hyaden an die Seite stellt (Frag. 13). Diese drei Namen, mit denen Hesiod sie getauft hat, haben vielleicht am meisten dazu beigetragen, dass man fortan mehr an die abstracten Begriffe von Fröhlichkeit, Wohlleben und Wonne als an Naturwesen dachte, wie z. B. Pindar Ol. XIV, 20 bei denen zu Orchomenos, trozdem dass dort der Cultus und die Mythen anderswohin deuteten. Und auf Hesiods Seite stehen auch die übrigen Dichter, bei denen die Chariten immer mehr wie Allegorien erscheinen, wohl mit Ausnahme Homers, welcher die eine der Chariten statt der Aphrodite dem Hephaestos, die andere dem Schlaf, dem erquicklichen, zur Frau gibt. Erst spät kam, wie Pausanias bemerkt, die Sitte auf, die Gratien nackt zu gestalten. Sokrates hatte die Seinigen noch in Kleidung dargestellt. Dass sie gerne mit den Nymphen herumtanzen, weiss bereits Homer[261]. Und das ist ganz in der Ordnung, wenn sie den Horen gleich sind: sie werden darum auch der Hera zur Bedienung beigegeben.

---

260) Schol. Apoll. I, 974. 1065. Schol. Eur. Orest. 615.
261) Od. σ, 194. vgl. Horat. I, 4, 6. I. 30, 6. III, 21, 22.

D. Die Schwärme.

Von den Schwärmen überhaupt.

»Glücklich der Mensch, der seelig göttliche Weihen schaut, sein Leben von Flecken keusch erhält, der das Gemüth zum Tanz stimmt, schwärmet in Wald und Berg, durch heil'ge Verzückung Sünden reint, und der allmächtigen Bergmutter Kybele Orgien recht übt, und emporschwinget den Thyrsos und mit Epheu sich die Stirn kränzt, sich dem Dienst weiht Dionysens u. s. w. O du Kureten-Kammer, göttergeweihtes Kreta, Wiege des Zeus, o Thalgrund, wo Korybanten einst in Grotten den fellbespannten Reif schufen, im Dreihelm tanzend, mischten phrygischer Pfeifen einstimmigen lieblich ertönenden Hauch mit dem Jubel der Lust, reichten der Urmutter die Handpauke zum Aufjauchzen der Bakchen. Satyre, rasende, haben sodann sie von der Rhea, der Mutter, erlangt, sie mit den Tänzen des alldreijährigen Festes gepaart, dess sich freut Dionysos.«

Mit diesen Worten schildert Euripides in dem Choreinzuge seiner Tragödie Pentheus oder Bakchen sowohl die Bedeutung als auch die Entstehung des schwärmerischen Götterdienstes, der aus Asien stammte und erst nach Homer überall in Aufnahme gekommen ist. Es war ein Geheimdienst, ohngeachtet er im Freien begangen wurde, und der Pentheus wurde weniger wegen seines Unglaubens als wegen der Belauschung dieser Orgien so grausam bestraft (Theokr. 26). Woher kommt es nun, dass die Menschen einem so seltsamen Gottesdienste eine so unbegreifliche Kraft beimassen und noch jezt beimessen; denn noch heute herrscht das nämliche Unwesen bei den Schamanen nnd den Derwischen, um von den Verzückungen einiger christlichen Sekten nicht zu reden. Es ist ein Erfüllt- oder Besessensein von dem Geiste oder Gott, dem man dient, und dieses Erfülltsein an sich reinigt von Sünden. Dazu kommt die Lärmmusik, welche zur Verscheuchung böser Geister dient. Denn diese Bedeutung derselben ist sehr klar ausgedrückt in dem Mythus von den Kureten, welche durch das Zusammenschlagen ihrer Schilder den Riesen verscheucht haben, der das neugeborene Kind Zeus verschlingen wollte. Diese Kureten thaten also das nämliche, was »die Tänzer«, *Salii*. zu Rom, alljährlich in Rom thaten zur Entsündigung der Stadt, und in der nämlichen Gesinnung.

Ueberall nämlich gehen Priestercollegien neben Dämonenschwärmen her, als deren Ebenbilder und menschgewordene Erscheinungen. Was z. B. die den Bakchos begleitenden Nymphen thun, das Nämliche thun auch bei dem alldreijährlichen Feste die lustschwärmenden Frauen. Also braucht man nicht mit den verwirrten Angaben der Alten über das Wesen der Kureten und der Korybanten sich viel herumzuschlagen: viel einfacher ist es, das Thun der Priester derjenigen Göttin und des Gottes, zu deren θίασος jene Dämonen gehört haben, zu beobachten[262]. Handelt sichs aber um die Bedeutung dieser durch Salier, Gallen, Maenaden u. s. w. vorgestellten Dämonenschwärme, so muss man, um nicht durch örtliche Zufälligkeiten irre geführt zu werden, alle die analogen Erscheinungen übersichtlich betrachten, und dann wird sichs bald zeigen, dass sie alle dem Naturdienst angehören und die rohe, durch keine Cultur veränderte, Natur darstellen, was ja von den Nymphen den Satyren und den Kentauren auch allgemein anerkannt ist. Also wiederhole ich hier, was ich über das Wesen dieses Gottesdienstes in meiner Einleitung zu den Bakchen des Euripides geschrieben habe: »Wenn wir hören, dass die Bakchen die Stadt und die Wohnungen der Menschen verlassen haben, um in der freien Natur, in Feldern und in Wäldern, auf Bergen und im Forste, in dem Aufenthalte des

262) Vgl. Baumstark in Paulys Real-Enc. III. p. 638 v. *Galli*.

Wildes, frei wie das Wild umherzuschweifen, alles Angehörige verlassend und vergessend selbst bis auf die Säuglinge in der Wiege, und statt ihrer neugeborenen Kinder junge Wölfe sich an die schwellenden Brüste legen, mit Rehfellen sich umgürten und Schlangen in die Haare und um die Schultern flechten, die ihnen vertraut die Wangen lecken, dass sie Stäbe von Hollunder zur Hand nehmen, deren trockenes Mark glimmendes Feuer bewahrt, und diesen mit den Blättern und Blüthen einer Schlingpflanze umwickeln; wenn wir ferner hören, dass sie für keinen Unterhalt in diesem Zustande verzückter Schwärmerei zu sorgen hatten, weil sie das Fleisch im Sprung gefangener Thiere zerrissen und roh verzehrten, weil ihren Hunger der Wald, die Erde ihren Durst mit Quellen von Milch Honig und Wasser löschte, welche allwärts auf ihren Wunsch erschienen; wenn wir sehen, wie sie nichts thaten als scherzen, spielen, dem Gott der Freude Loblieder singen, und ausruhen, um wieder von Neuem zu spielen, zu jubeln und wie jochesledige Fohlen umherzuspringen; wenn wir ferner vernehmen, dass sie troz ihres ausser Rand und Band befindlichen Treibens nicht dem Laster fröhnen, und, indem sie die reine keusche Natur walten lassen, Wunder der Sittsamkeit sind, dabei Wunder verrichten und Wunder erleben, die im besonnenen Zustande nicht möglich wären; wenn wir dieses und anderes betrachten, mit einander vergleichen und dann zu deuten suchen, so werden wir nicht weit zu gehen haben, um die Idee aufzufinden, welche in diesem Thun und Treiben, als einem Bilde, ausgeprägt ist. Wir werden uns der Schilderungen erinnern, welche die Dichter von dem goldenen, d. h. vor dem Eintritt der Cultur vorhandenen, Zeitalter entworfen haben u. s. w.«

Auch dadurch also, dass dieses Schwärmen thatsächlich in den Zustand der sündlosen ersten Menschheit zurückführte, übte es die Kraft einer Entsündigung. Die Wesen aber, die wir nun zu beschreiben haben, gehören alle jenem Urzustand der ersten Menschheit an.

I. Der θίασος des Dionysos, Nymphen und Satyren.

Diejenige Gattung von Dämonen, welche Homer θῆρες nennt, hat nach Homers Zeit sich sehr vermehrt zugleich mit dem Dionysos-Dienste. Denn es befinden sich darunter erstlich alle diejenigen Wesen, welche den Schwarm des Dionysos bilden, sodann auch einige analoge Seedämonen, die Tritonen, und endlich auch die Nymphen, welche, obwohl von gleicher Natur wie die Böcke, doch, durch das Schönheitsgefühl geschüzt, nicht sämmtlich die Verwandlung in Thiere einzugehen hatten [263].

Diese Wesen lieben die Höhlen und Schluchten in der Wildniss, die Gewässer und die feuchten Gründe zu Land, die Tiefen der See und die Grotten an den Küsten, sind zwar gutartig, aber wissen nichts von Pflicht und Anstand, stehen in ihrer halbthierischen Natur tiefer als die Menschen, aber in ihrer geheimen Kenntniss verborgener Dinge und Zaubermacht höher als dieselben: darum muss man sie doch mit Opfern geneigt machen, weil sie nüzen und schaden und, wie Gespenster, durch ihre blosse Erscheinung verrückt machen können. Wir haben schon bemerkt, dass man bei den Alten den Dämonen ihren Rang zwischen den Göttern und den Menschen anwies [264]. Diese Zwischenstellung war um so mehr berechtigt, da

263) Strabo X. p. 468 nennt die meisten derartigen Wesen zusammen in folgenden Worten: *Σειληνοί τε καὶ Σάτυροι καὶ Βάκχαι Λῆναί τε καὶ Μιμαλλόνες καὶ Ναΐδες καὶ Νύμφαι καὶ Τίτυροι προσαγορευόμενοι.* Er hätte noch die Kentauren hinzufügen können, dagegen konnte er die *Τιτύρους* weglassen, weil sie Eins mit den *Σατύροις* sind. Ferner ist zu bemerken, dass die Bakchantinnen, die Lenen, die Thyaden, die Mimallonen sammt und sonders nichts weiter als schwärmende Nymphen im Gefolge des Bakchos sind, nur unter verschiedenen Namen.

264) Apul. de mag. c. 43. Plut. def. orac. p. 415.

Hesiod auch die Nymphen mit darunter zält, mithin wohl auch die Satyren, die von jenen nicht zu trennen sind (vgl. Hes. Frag. 129=28), und diese Nymphen sind ihm nicht einmal völlig unsterblich: denn in Frag. 163 (bei Plut. a. O.) lässt Hesiod eine Nymphe sagen: »Zwölf Menschenalter lebt eine Krähe, ein Hirsch vier Krähenalter, ein Rabe drei Hirschalter, eine Palme neun Rabenalter, wir Nymphen endlich, wir Töchter des Zeus, zehen Palmenalter.« Die Nymphen haben mit den anderen Dämonen das gemein, dass sie Besessene machen können, so dass nymphenbesessen (*νυμφόληπτος, lymphatus*) so viel wie besessen überhaupt (*δαιμονίζων*) ist. Beweisen sie sich in dieser Beziehung als reine Geister, so müssen sie daneben doch auch oft sehr körperhaft gewesen sein, da so viele Götter und Heroen mit ihnen gezeugt worden sind. Es bestätigt sich also hier, was wir S. 21 von den Nymphen und Satyren angenommen haben, dass die dem Wald und der Wildniss angehörenden Nymphen und Satyren eigentlich unterirdische Geister sind: denn nur unterirdische Geister können Besessene (*larvatos, cerritos*) machen, und dieser Wirkung sind auch die Satyren fähig, wenn auch nicht unter ihrem gewöhnlichen Namen, doch als Pane, Faune, Kureten und Korybanten[265]. Zu verwundern ist es nun freilich, dass diese aus Geistern Verstorbener entstandenen Wesen erstlich wiederum so körperhaft und zweitens auch so zeugungslustig und so geil geworden sind. Die Geilheit nun haben sie erstlich mit ihrem Führer, dem Dionysos gemein, welcher in den Hades hinabgeht, obgleich er von Haus aus ein himmlischer Geist ist, zweitens mit dem Priapos, welcher unter den irdischen Dienern das ist was jener unter den himmlischen, und sie erklärt sich einfach daraus, dass alle Fruchtbarkeit aus dem Erdboden zu kommen scheint. Die Körperhaftigkeit aber theilen sie mit allen den anderen Gestalten der Griechischen und Asiatischen

265) Vgl. Eur. Hipp. 136. Meine Rel. d. Römer I. p. 183. 185.

Mythologie. Sind doch die himmlischen Götter auch ursprünglich wohl als Geister gedacht worden, und ihre Erscheinung ist doch nicht minder körperhaft. Und wenn wir sagen, dass die Satyren u. s. w. gleich den Zwergen der nordischen Mythologie aus Geistern Verstorbener geworden seien, so meinen wir damit nicht, dass sie *manes*, Schatten, geblieben seien. Alle Dämonen haben die Macht, sich sichtbar und unsichtbar, fühlbar den Sinnen und unfühlbar zu machen, und was heisst das anders, als dass sie jede beliebige Gestalt annehmen können und sich verwandeln in Grosses und Kleines, ja sogar in Feuer und Wasser und jegliches Element? Darin sind einige, wie Proteus, besonders berühmt geworden; und darin besteht auch ihre Zauberkraft. Am Ende kehren sie freilich immer wieder in eine gewisse ihnen eigene Gestalt zurück; doch das thut ihrer Geisterhaftigkeit keinen Eintrag.

Da somit diese Dämonen den nordischen Schwarz-Elben, sowie andere den Licht-Elben, gleichen, so ist es wohl der Mühe werth, auch diese zu betrachten.

Anhang: Von den Elben und Zwergen.

»Die Elben«, sagt Lüning in der Edda p. 42, »sind licht und schön: man opferte ihnen wie den Asen, und Asen und Elben werden häufig zusammen genannt[266]), namentlich im Gegensaze gegen die Riesen. Alfheim liegt der Asenwelt nahe: Frey, der Gott der Fruchtbarkeit (s. über ihn oben), erhält es als Zahngeschenk. Die Elben sind Göttern und Menschen freundlich und hold, die entwickelnden Kräfte des Lichtes und der Luft. Eine Individualisirung tritt unter den Elben nicht hervor. Die Zwerge stehen den Asen zwar ferner, arbeiten aber doch in ihrem Dienst und verfertigen als kunstreiche Geschmeide für die Asen allerlei Geräthe. Klein und hässlich von Gestalt, hausen sie im Innern der Erde, in

266) Sie verhalten sich zu einander wie *θεοί* und *δαίμονες*, s. o.

Klüften und Steinen, und können das Tageslicht nicht ertragen. Zu dem Gebiet der Zwerge gehört Alles, was im Innern der Erde, in Erz und Gestein, geheimnissvoll wirkt und treibt, um für die Entwicklung der Menschen nuzenbringend verwendet zu werden.«

»Die Zwerge treten, da sie bei bestimmten Gelegenheiten bestimmte künstliche Geräthschaften verfertigen, als Individuen auf, und diese gliedern sich in drei Abtheilungen unter drei Häuptlingen.« Lüning bemerkt noch, dass die Zwerge, bei ihrer nahen Verwandtschaft mit den Elben, auch manchmal mit diesen, namentlich den Dunkel-Elben, verwechselt werden, und diese Vermengung theils in dem Emporstreben eines Theils der Zwerge an die Erdoberfläche sich zeige, theils darin, dass unter dem Namen der Zwerge *Alfr* vorkommen. Hierzu bemerken wir, dass der unterirdische Aufenthalt überhaupt nicht zu dem Wesen der Zwerge nothwendig zu gehören scheint, und dass wenigstens die Vergleichung mit den entsprechenden Griechischen Wesen jenen Aufenthalt nicht bestätigt. Und die Aehnlichkeit der Schwarz-Elben mit den Daktylen, Kabiren und Pataeken ist bereits von Grimm erkannt worden (D. Myth. p. 416). Derselbe bemerkt ferner, dass, während die Zwerge den schmiedenden Göttern (Wieland = Hephaestos) nahe stehen, sich dagegen die Elben dem Dienste der Feen (Idisen) und guten Frauen anschliessen. »Der Zwerg, sagt er weiter, wird frühzeitig ein Greis, der Elbkönig wird gewöhnlich als weissbärtiger Alter geschildert. Die Lichtelben sind wohlgebildet, ebenmässig, die schwarzen klein, hässlich, missgestaltet, wozu noch der Höcker kommt und die grobe Tracht. Die Elben bilden ein Volk, wie die Riesen, die Asen, die Wanen, und diesem Volke steht ein König vor, so wie die Hulda Königin des Huldre-Volkes, Berhta Königin der Heimchen (*manes?*) ist: und dieser König heisst *Alberich* (Oberon). Die Zwerge aber, Erdmännlein oder wie sie sonst noch heissen, umgeben einen König oder Kaiser in seiner unterirdischen Behausung, den Kaiser Karl, Friederich, Dietrich u. s. w., ingleichen auch die Frau Venus (Holda) in ihrem unterirdischen Aufenthalte, und namentlich wurde Dietrich von Bern durch einen Zwerg in den Berg hineingeführt am Ende seines Lebens« (Grimm p. 421). Dieses gute Völkchen erweist sich den Menschen meistens freundlich, thut ihnen Dienste durch Schmieden, Waschen, Backen, sie bedürfen auch mitunter selbst menschlichen Beistandes, lohnen durch Kleinode und bringen Glück: sie kennen verborgene Heilkräfte der Pflanzen und Steine, leben einfach und naturgemäss, können aber eben darum mit der Treulosigkeit und Tücke verderbter Menschen sich nicht vertragen, und fliehen oder verschwinden aus einer Gegend, wo sie dergleichen schlimme Erfahrungen machen. Aber auch Glockengeläute und andere Beweise überhand nehmender Cultur, wie Ausreuten der Wälder, Pochwerke, sind im Stande, ihnen einen Aufenthalt zu verleiden. Weniger hört man von den Lichtelben erzälen. Zwar wenn gefährliche Pfeile von Elben aus der Luft geschossen werden (welche an die Pfeile des Phöbus und der Artemis erinnern),so rühren sie ohne Zweifel von Lichtelben her, doch wenn der Donnerkeil Albschoss heisst,so kann er von unterirdischen Schmieden, einer Art von Kyklopen, geschmiedet sein. Ein schädlicher Anhauch der Elben bringt Thieren und Menschen Krankheit, und ihr Schlag lähmt oder tödtet: auch ihr böser Blick schadet. So spielen sie auch manche schlimme Streiche den Menschen in Koboldsnatur, sind diebisch, entwenden Kinder und schieben Kielkröpfe und Wechselbälge unter, und die Nixen (Wasserelben) ziehen Jünglinge, die Nixer Mädchen zu sich hinein, mit ihnen zu buhlen. Gleich diesen lieben auch alle Elben Tanz und Musik (wie die Sirenen und die Musen), und der Elbinnen Gesänge locken Jünglinge auf den Berg, woselbst sie verloren sind (Grimm p. 438). Auch in der Frau Holdas Wohnung und im Venusberg ist Gesang und Tanz, und das Tanzen der Feen in schönen hellen Sommernächten bei Shaxpeare gleich dem Tanze der

Venus sammt Nymphen und Gratien bei Horaz (IV, 7,5. I, 4, 5) sind bekannt. In wüsten Nächten dagegen, in Sturm und Regen tanzen die Hexen, die zu den Elben nicht anders wie die Hekate zur Artemis sich verhalten.

Ein Nachklang von diesen nordischen Zwergen scheint zu den Hellenen schon in ganz früher Zeit gedrungen zu sein: denn wer sollte dieselben nicht wieder erkennen in den Homerischen Pygmaeen, welche am Ende der Welt wohnen, wodurch sie ihre Einheit mit den Geistern der Hingeschiedenen desto deutlicher kund geben. Es gab ja auch unterirdische Pygmaeen in Indien[267]. Dem Herodot III, 37 zufolge sehen sie wie die Poenischen Pataeken aus und wie der Aegyptische Hephaestos. Vielleicht war auch der *σμικρὸς ἀνὴρ χάλκεος ἔχων αἰδοῖον μέγα* im Tempel zu Mabug (Lukian de Syr. c. 16) ein Pataeke oder Pygmaeos. Dass aber die Kraniche, wenn sie vor dem Winter fliehen müssen, über die Pygmaeen herfallen, das mag wohl seinen Grund darinnen haben, dass sie dieselben für Zauberer und Urheber des Unwetters halten (Il. *γ*, 6).

1. Von den Nymphen.

Νύμφα bedeutet so viel wie *puella* oder wie Idis. Auch *κόραι* (Mädchen) werden die Nymphen genannt[268]. Je nach ihrem Aufenthalte werden sie auch Quell-, Berg-, Wald- und Seenymphen[269] genannt. Bei Homer heissen sie Mädchen des Zeus[270] und sind dennoch seine Ammen, wie sie auch die Ammen des Dionysos bei späteren Dichtern heissen. Hesiod nennt sie Töchter des Okeanos, weil alle Gewässer aus dem Okean entspringen und aus dem Erdboden hervorquellen. Die

267) Ktes. Ind. II. p. 250. Plin. VI, 22. VII, 2.

268) Od. *ζ*, 123 *κουράων — Νυμφάων*. Eur. ras. Herakl. 787 *Ἀσωπίδες κόραι*. Rhes. 932 *πηγαίαις κόραις*.

269) *νηΐδες* oder *ναιάδες, ὀρειάδες, δρυάδες, λειμώνιαι, ἄλιαι, ναπαῖαι κ. τ. λ.*

270) *κοῦραι Διός* Od. *ι*, 154. *ν*, 356. *ρ*, 240.

Nymphen gehören daher zu den halb unterirdischen Wesen, woher auch das Unheimliche ihres Wesens kommt (Theokr. XIII, 44). Auch wohnen sie nur an Quellen, wodurch sie sich von den Flussgöttern unterscheiden (Il. *υ*, 7—9), im Wald und in der Wildniss, und sind daher auch immer in Gesellschaft der Satyren, mit denen sie auch Hesiod (Frag. 129) zusammenstellt. Mit der Artemis, welche ebenfalls die Einsamkeit im Wald und die Wildniss liebt, führen sie Reigentänze auf (Od. *ζ*, 105. *μ*, 318) gleichwie die Elben mit der Feenkönigin, auch weben und spinnen sie gleich der Frau Hulda und Berhta (Virg. Georg. IV, 334. 349). Homer (Od. *ν*, 103) beschreibt eine Nymphengrotte also: »Eine liebliche dämmerige Grotte den Najaden geweiht; darinnen stehen steinerne Krüge und zweigehenkelte Urnen, und da bauen hernach Bienen: darinnen sind ferner lange Webebäume von Stein, wo die Nymphen Gewänder weben, ein Wunder dem Anblick, und unversiegliche Quellen. Die Grotte hat zwei Eingänge, eine nördliche für die Menschen, eine südliche für die Götter, die nie ein Mensch betritt.« Damit ist die Beschreibung der Grotte der Kalypso Od. *ε*, 57 ff. zu vergleichen, in welcher Grotte die Nymphe singt und mit goldener Spule dabei webt. Dass die Nymphen weissagen und dass sie mit Wahnsinn behaften können, werden wir an einem andern Orte genauer zu erwägen haben. Viele Helden haben mit ihnen, so wie mit den Idisen und den Walkyren, Liebschaften gehabt und viele Helden sind auch von ihnen geboren. Trozdem sind sie untergeordnete Dämonen und nicht einmal völlig unsterblich[271]).

Gegen die auch von mir schon vielfach bestrittene Behauptung, dass die Alten kein Naturgefühl gehabt hätten, erinnert Lehrs an die Nymphen. »Dass man dieser«, sagt er, »hie-

---

271) Nach Hesiod Frag. 163 lebt eine Nymphe nur neunmal so lang wie ein Palmbaum, nach dem Hom. Hymnus Aphrod. 267 aber nur so lange wie ein Baum, womit Pindar Frag. 142 (p. 245 m. Ausg.) übereinstimmt.

bei gar sehr vergass, ist ein ein bedauerlicher Beweis, wie leblos das, was wir Mythologie nennen, in den Köpfen der Gelehrten ist, wie wenig noch immer mit den sogenannten mythologischen Namen und Gestalten das religiöse Gefühl verbunden wird, welches sie ausdrücken und welchem sie ihr Leben, ihre Bedeutung, ihre Schöpfung verdanken.« Ferner sagt er, das Wesen der Nymphen erklärend: »Der Grieche ist, recht im Gegensaz eines neueren schroffen Materialismus, der ausgemachteste Spiritualist. An Berg, Grotte, Fluss, Wellen und so fort interessirt ihn die Materie gar nicht; sie entschwindet ihm: was ihn angeht, was ihn anspricht und erfasst ist die Anmuth, die Klarheit und die Regsamkeit der Quelle, die sichere Kraftfülle des Flusses, das schattige Dunkel des Haines, die üppige Frucht der Trift, das farbige Wellenspiel des Meeres — kurz diese und solche gleichsam seelische Eigenschaften, die wieder auf seine Seele wirken, die aber er eben nicht auffast als Eigenschaften an einem Körper, sondern empfindet als Lebensäusserungen, als göttliche Wirksamkeiten.« Ferner sagt er: »Wenn der Grieche die Regsamkeit, Anmuth, Ueppigkeit, Heiterkeit, Keckheit des Naturlebens sich vorstellt, schaut er gleichsam nicht in die Natur selbst, sondern wie in einen Spiegel, in welchem ihm jene Eindrücke in Gestalten reflectirt sind, die in Anmuth, Heiterkeit, Keckheit ihrer Bildung und Bewegung und lebendigen Geselligkeit jene Eindrücke wiedergeben.«

Es ist ganz richtig, dass von dem Naturgefühl der Alten auch die Nymphen Zeugniss geben, allein es genügt nicht und trifft nicht zu, wenn man in dem Wesen dieser Dämonen bloss eine Vergeistigung und allenfalls auch Personificirung der Eindrücke, welche die Natur auf den Menschen macht, erkennen will. Denn z. B. sogleich der Name νύμφα, d. h. *puella* (junges Weib oder Mädchen) erklärt sich nicht aus dieser Auffassung, und noch viel weniger das Spinnen und Weben, und am allerwenigsten das Gefasstwerden von den Nymphen, der

Wahnsinn und die Krämpfe, welche sie gleich den Panen den Menschen anthun konnten. Die Alten hatten ein Naturgefühl, und zwar ein sehr starkes, allein es war ein unbewusstes und passives Gefühl, weil alles, was in der Natur vorgieng, Wirkung von Dämonen war, denen die Menschen mitsammt der unbeseelten Natur sich unterworfen fühlten. Zu diesen Dämonen gehörten auch die Nymphen, in deren Wesensausprägung allerdings auch solche Züge aufgenommen waren, die als eine Abspiegelung der Eindrücke, welche die Waldeinsamkeit, die Grotten und Quellen auf den Menschen machen, erscheinen konnten. Die bösen Geister halten sich in Wüsten, verfallenen Schlössern und Ruinen auf, ohne daher zu stammen oder von daher ihre Eigenschaften zu beziehen: ebenso verhält sich das Wesen der Nixen oder der Nymphen zu ihren Aufenthaltsorten, den Quellen, Grotten und Wäldern. Das Böse hat seinen Ursprung in der menschlichen Natur, und so auch der Wahnsinn, der gutartige sowohl (die Begeisterung) als der krankhafte, und die Einhauchung des Wahnsinns dürfte wohl früher zu den Eigenschaften der Nymphen gehört haben, als ihr Baum-, Wasser- und Grottenleben, es müssten denn etwa das Wassertrinken und die Waldeinsamkeit wirklich in alten Zeiten Rausch, Wahnsinn und Begeisterung sammt epileptischen Krämpfen zu erzeugen fähig gewesen sein. Es verhält sich aber mit den Wunderkräften dieser Elemente so wie mit der Wettermacherei des Mardes und wie mit dem Glauben an die Wunderkraft so vieler Pflanzen und Steine, welcher auf keiner gemachten Erfahrung beruht, sondern auf der Annahme, dass der Stein oder die Pflanze einem grössern Dämon angehöre, welcher sich darin kräftig erweise.

Wir werden in den folgenden Betrachtungen den Nymphen einen anderen Ursprung, als die Vergeistigung und Belebung der freien Natur, vindiciren. Hier bemerken wir nur, dass die enge Vereinigung derselben mit dem Baumleben als

Dryaden und Hamadryaden, wie Lehrs p. 94 selbst andeutet, zu dem Missverstehen des Volksglaubens gehört.

2. Die Satyren.

Hesiod Frag. 192 sagt: »Vom Hekatos[272] und der Phoroneus-Tochter stammen fünf Töchter, und von diesen die Nymphen, die Satyren und die Kureten[273]).

Diese Zusammenstellung der Satyren sowohl mit den Nymphen als auch mit den Kureten ist wohl zu beachten, und gibt uns sogleich den besten Aufschluss über ihr Wesen. Ueberall erscheinen die Satyren in Gesellschaft der Nymphen, auch noch bei Horaz: mit ihnen führen sie Tänze auf in Wald und Feld, mit ihnen lauschen sie dem Unterrichte des Bakchos in einsamen Grotten, mit ihnen begleiten sie denselben Gott und bilden seinen Schwarm, mit Nymphen jagen sich die Satyren in verliebtem Muthwillen, Nymphen belauschen sie im Schlafe u. s. w. Die Satyren sind in der That nichts weiter als männliche Nymphen, Dämonen der freien Natur, und verhalten sich zu jenen ganz so wie ihr Meister, der Dionys, zu der Artemis: dass sie so hässlich sind, das verdanken sie ebenfalls einer Eigenschaft ihres Meisters: denn auch der Dionys wird Springer Satyr (*σκιρτητὴς Σάτυρος*) genannt in einem Orphischen Hymnus (Anthol. IX, 524, 19), und er gestaltet sich sogar zum Pan und zum Priap um. Der Name *σάτυρος* = *τίτυρος* bedeutet Bock[274]). Darum wird bei Aeschylus Frag. 219 (p. 38) ein Satyr auch mit dem Namen Bock angeredet[275]). Das Wesen dieser Dämonen zeichnet Hesiod treffend mit den beiden Prädikaten *οὐτιδανοί* und *ἀμηχανοεργοί*,

---

272) Die Hdschrr. haben freilich *Ἑκατέρου* und *Ἑκαταίου*.

273) *ἐξ ὧν οὔρειαι Νύμφαι θεαὶ ἐξεγένοντο*
καὶ γένος οὐτιδανῶν Σατύρων καὶ ἀμηχανοεργῶν
Κουρῆτές τε θεοὶ φιλοπαίγμονες ὀρχηστῆρες.

274) Schol. Theokr. III, 2. Phot. p. 591. Serv. Virg. Ecl. I: 1.

275) *τράγος, γένειον ἄρα πενθήσεις τάχα*, Bock, Bock, du wirst dir gleich den Bart verbrennen, weh!

Taugenichtse, die nichts arbeiten mögen. Aber dabei sind sie wizig und fast so geistreich wie verliebt. Wenn wir noch die Satyrspiele übrig hätten, in denen sie den Chor bildeten, so würden wir uns an ihrer Erscheinung nicht minder oft ergezen als an Hans Falstaff und seinen Genossen: nun aber müssen wir uns mit dem einzigen Drama des Euripides begnügen, aber das ist auch vollkommen genügend. Die dortigen Satyren sind, wie ich in meiner Einleitung zu jener Dichtung gesagt habe, »feige aus Grundsaz und Instinct, entbehren somit der moralischen Kraft und Selbstüberwindung, und kennen fast nichts Höheres als den Wein und die sinnliche Liebe. Dabei sind sie immer heiter und guter Laune, auch Philosophen, sofern sie mit Bewusstsein dem Angenehmen nachgehen und das Unangenehme vermeiden. Die Kämpfe und Mühen der Heroen müssen ihnen als Thorheit erscheinen, doch sehen sie die Boxereien gerne, lassen sich gerne die Kastanien aus dem Feuer holen, und bramarbasiren auch gerne. Sie ignoriren die Cultur, gleichwie auch die Nymphen, mit denen sie auf Bergen und in Wäldern herumspringen und die Liebesfreuden haschen.« Bei diesem Charakter sind sie nicht wesentlich verschieden von ihrem Meister, dem üppigen Weichling, nur dass dieser ein Sardanapal ist, sie aber Nichtsthuer und genusssüchtig und von gemeinem Stande. Wenn des Gottes Wesen nach seiner Geburtsstätte Nysa und nach den im Freien begangenen Orgien ein gewisses goldenes Zeitalter vergegenwärtigt, in welchem man nicht zu arbeiten, sondern bloss zu geniessen brauchte, weil die Natur alles von selbst in Ueberfluss hergab, so stellen die Satyren ein zwar halb-thierisches, aber geistig wohlbegabtes Urvolk vor, welches dem Culturzustande, wie auch dem Sündenfalle, vorhergieng. Hier gibt es noch keine Pflichten und erlaubt ist was gefällt. Eine interessante Rolle muss dieses Völkchen in des Prometheus Feuerdiebstahl bei Aeschylus gespielt haben, wenn es Zeuge jener That war, durch welche die Menschheit aus ihrem thierischen Zustand herausgerissen werden sollte, einer That, die zugleich als die erste Sünde von den Göttern angesehen und mit einer Gegengabe von Uebeln bestraft worden ist. Die geistreichen Müssiggänger werden aber auch hier wieder die lustigen Zuschauer gespielt haben, ohne irgend eine Versuchung in sich zu verspüren zur Antretung eines Heroenthums, welches seinen Trägern ausser dem leicht entbehrlichen Ruhme nicht viel Vergnügliches zu versprechen schien. Im Uebrigen haben die Satyren alle Eigenschaften mit dem Pan gemein: sie tanzen gerne mit den Nymphen, stellen ihnen auch nach in Geilheit, sie blasen die Syrinx und die Pfeife, schlagen die Becken und schwingen auch den Thyrsus als schwärmende Begleiter des Bakchos gleich den Nymphen oder Maenaden, und hierinnen fallen sie auch mit den Korybanten zusammen [276]. Ihr Tanz aber ist der Sikinis, der ebenfalls aus Phrygien vom Kybeledienste herstammen soll, oder auch aus Kreta, und ausdrücklich ein Korybantischer Tanz genannt wird [277].

Die Satyren werden alle als junge Burschen (*κόροι — κουρῆτες*) gedacht: ihr Papa bei Euripides ist der Silenos, und das ist überhaupt das Verhältniss der Silene zu den Satyren, dass jene, so zu sagen, alte Satyren, diese junge Silene sind [278]. Die Sache aber ist die, dass die Silenen dem kleinasiatischen, besonders Lydischen, Glauben, so wie die Satyren dem Hellenischen, angehören, und dass man sich jene gern als alt und glazköpfig dachte, alle nach dem Muster des Ursilens, des Erziehers des Dionys. Indessen gibt es doch auch bei den Satyren sowohl alte als junge.

---

276) Eur. Bakch. 120 ff. Kykl. 430. Horat. Od. I, 1, 30. Apollod. II, 1, 4. III, 5, 1.

277) Eustath. Il. π, 616. Athen. XIV. p. 630 B. Er wird mit der *πυρρίχη* verglichen, und auch *στρατιωτική* genannt: Hesych. v. u. Athen. a. O.

278) Paus. I, 23, 6 *τοὺς ἡλικίᾳ τῶν σατύρων προήκοντας ὀνομάζουσι σιληνούς*.

3. Der Silen und der Marsyas.

Der wiederbelebte und in den Himmel erhobenen Attis, welchem Zeus Thron und Scepter abtritt, hiess πάπας d. h. Pappa bei den Phrygern[279]. Der alte Silen führte den nämlichen Namen[280], woraus die ursprüngliche Einheit desselben mit dem Attis und dem Dionys zu entnehmen ist. Er wird der Ernährer oder Erzieher des Dionys genannt: doch das sind auch die Nymphen, wesshalb Diodor (IV, 4) aus diesem Prädikate nicht gar zu viel hätte machen sollen, nicht einen Lehrer und Führer in den edelsten Künsten und Erheber zu Ruhm und Tugend. Zwar ist dieser Trunkenbold, der immer schief auf seinem Esel hängt, auch ein Weiser, der im Gespräch mit dem König Midas und im Streit mit dem Olympus unter anderen die Sprüche verkündet: Nicht geboren zu sein ist das Beste u. s. w. Armer Eintagsmensch, du schwazest Thorheit u. s. w.[281]. Doch scheint ihm auch damit zu viel Ehre geschehen zu sein: er besass eben Weissagungsgabe wie der Pan und die Satyren auch. Bei Euripides ist er ein nicht minder grosser Taugenichts als seine Jungen; er prellt den plumpen Kyklopen, und ist betrügerisch und verlogen troz einem ehrlosen Sclaven, und schwört falsch bei dem Leben seiner eigenen Kinder: dabei ist er so renommistisch wie feige, indem er als Schildknappe des Dionys im Gigantenkrieg den Riesen Enkelados todt hingestreckt haben will, wie der Fallstaff den Heisssporn Percy. Der Silen hat übrigens die Schrulle mit den Telchinen und den missgestaltigen See-Dämonen gemein, dass er zur Offenbarung dessen, was er weiss, gewaltsam gezwungen, und zu dem Zweck erst listig muss gefangen werden. Das geschah ihm vom König Midas in seinen

279) Eustath. Il. ε, 408. Diod. III, 58. Hippol. ref. haer. V, 9.
280) Poll. IV, 142 ὁ πάππας ὁ Σειληνὸς τὴν ἰδέαν ἐστὶ θηριωδέστερος.
281) Aelian V. H. III, 18. Plut. consol. c. 27. Cic. Tusc. I, 48, 114. Pind. Fragm. 134. p. 225.

Rosengärten, auf dem Gebirg Bermion, der ihn durch Vermischung einer Quelle mit Wein berauschte[282].

Diodor (III, 72) erzält, dass die edelsten der Bewohner von Nysa, Silenen genannt, mit dem Dionys gegen den Kronos zu Felde gezogen seien: und der erste König von Nysa sei der geschwänzte Silen gewesen, wesshalb seine Nachkommen den Schwanz als Abzeichen beibehalten haben. Pindar (Fragm. 133) nennt den Silen »Maleabürtigen Gatten einer Najade, Aelian (VIII, 18) nennt ihn Sohn einer Nymphe und sagt, er war zwar geringer als ein Gott, aber mehr als ein Mensch wegen der Unsterblichkeit. Indess will Pausanias (VI, 24, 8) auch Gräber von Silenen bei den Hebräern und Pergamenern gesehen haben. Nach Servius (Ecl. VI, 13) war der Silen auch aus den Blutstropfen des (entmannten) Coelus entstanden. Sillos bedeutet Glazkopf[283]. Die Silene sind das was sie heissen, Stumpfnasen, Glazköpfe, dabei Dickbäuche[284]. Der Esel vertritt bei den Silenen die Stelle des Kentauren-Pferdes. Auf Eseln ritten auch die Satyren, als sie mit dem Dionys gegen die Giganten zu Felde zogen, und die Esel haben durch ihr blosses Schreien schon die Giganten erschreckt (Eratosth. *καταστ.* c. 12). Uebrigens sind die Silenen Dämonen der Gewässer Auen und Haine, wo man sie am liebsten heimisch dachte, und werden daher gewöhnlich mit einem Schlauche abgebildet, welcher die Urne der griechischen Flussgötter vertritt.

---

282) Herod. VIII, 138. Konon I, 1. Philostr. imag. I, 22. p. 763.

283) Hesych v. *ἀναφαλλαντός*; vielleicht bedeutet es eher Stumpfnase, sofern es Eins sein sollte mit *σιμός*: und weil Nasen-Rümpfen *(naso suspendere adunco)* so viel wie höhnen, spotten ist, so bedeutet *σιλλαίνειν* und *σιλλοῦν* sich moquiren (vgl. Aelian III, 40). Zwar die Grammatiker sagen, *σιλλοῦν* bedeute zuerst die Augenverdrehen: allein Augenverdrehung wird niemals für Hohn und Spott genommen: darum scheint hier ein Missverständniss zu Grunde zu liegen.

284) Lukian deor. concil. 4: *ὁ φαλακρὸς γέρων, σιμὸς τὴν ῥῖνα, ἐπ' ὄνου τὰ πολλὰ ὀχούμενος, Λυδὸς οὗτος· οἱ δὲ Σάτυροι ὀξεῖς τὰ ὦτα, καὶ αὐτοὶ φάλακροι, κεράσται, οἷα τοῖς ἄρτι γεννηθεῖσιν ἐρίφοις τὰ κέρατα ὑποφύεται, Φρύγες τινὲς ὄντες· ἔχουσι δὲ καὶ οὐρὰς ἅπαντες.*

Das war auch bei dem Marsyas der Fall, einem Fluss-Dämon bei Kelaenae in Phrygien, dessen Schlauch, als Symbol und Stellvertreter, zu dem Mährchen Anlass gegeben hat, dass der Dämon von Apoll, mit welchem er den Wettstreit im Flötenspiel eingieng, sei geschunden worden (Herod. VII, 26). Denn dieser Schlauch hieng in der Grotte, aus welcher die Quelle des Baches Marsyas hervorquoll (Xenoph. Anab. I, 2, 8). Der Marsyas aber wird allgemein sowohl ein Silen als auch ein Satyr genannt[285]. Er war aber ein Flussgott: denn Max. Tyrius p. 235. Leid. sagt: »die Phrygier verehren zwei Flüsse oder Bäche, den Marsyas und den Maeander. Ich habe sie gesehen: sie entspringen aus einer Quelle, welche unter dem Boden verschwindet und dann getheilt wieder hervorkommt. Man opfert theils dem einen theils dem anderen, und wirft die Schenkelstücke in das Wasser.« Ein Wasserdämon muss darum auch der Askanios sein, weil er seinen Namen von ἀσκός Schlauch hat. Die Silenen bestätigen durch ihren Aufenthalt bei Gewässern, das was wir gleich anfangs von den Satyren gesagt haben dass sie als männliche Wesen das Nämliche was die Nymphen zu bedeuten haben. Darum sagt auch der Hom. Hymnus auf die Aphrodite richtig (Vs. 263), dass die Silenen und der Hermes mit den Nymphen in Grotten sich begatten, »die Nymphen, welche zwischen Göttern und Menschen zwischen inne stehen, ein langes Leben haben und unsterblichmachende Speise geniesen und unter Göttern in schönen Reigen sich bewähren.«

4. Kerkopen und Kobolde.

Die Kerkopen sind, was ihr Namen besagt, geschwänzte Menschen gleich Affen, für welche sie auch manchmal gehalten werden. Ihr Wesen und ihr Verkehr mit dem Herakles in Satyrdramen entspricht ganz und gar dem der Satyren, und Silenen,

285) Plato symp. p. 215 B. Athen. IV. p. 284 A. Plut. mus. 5, 7. Paus. X, 30, 9. Anthol. VII, 696.

mit denen sie Eins sind, so wie auch die Kobolde *Κόβαλοι κόδαροι*[286]), deren Charakter von Hesych ganz wie der von nichtswürdigen Eckenstehern beschrieben wird[287]). Das war also der Charakter, in welchem diese Wesen in den Satyrdramen geschildert waren.

Woher der Name Kobalos komme, weiss man nicht, aber dass er mit Kobold und *gobelin* Eins sei, ist anerkannt[288]). Das Wort ist wohl schwerlich griechisch, und schwerlich haben auch wir unseren Kobold von dorther entlehnt, so wenig als die Kaboter = Kabouter = Klabouter-Männchen und Klabbers, obwohl J. Grimm D. Myth. p. 470. das glaubt. Wie sollte das seltene, selbst manchem Gelehrten unbekannte, griechische Wort unserem Volke bekannt geworden sein?

Die Kerkopen begegnen dem Herakles in der Gegend von Oechalia, dann wieder in Ligurien, als er mit dem Geryones kämpft, und endlich auch in Lydien, wo er die Gefangenen zur Belustigung der Omphale schenkt[289]). Ihr Wesen wird überein wie das der Kobolde geschildert: sie sind Lügner und Betrüger (*λίσποι, ποικίλοι, πονηροί, πανοῦργοι*) faul und gewissenlos (*ἐπίορκοι καὶ ἀργοί*) und dabei sehr wizige, spöttische Taugenichtse. Und diese wizige Laune lassen sie sich durch kein Schicksal rauben. Als in Lydien der Herakles zwei von ihnen, die ihm im Schlafe hatten die Keule stehlen und dann ihn da-

---

286) Aber wohl schwerlich *κόβειρος*, eher noch *κόβαιρος*. S. Hesych.

287) *πανοῦργος, κακοῦργος, στωμύλος, λάλος, ἄσωτος τωθαστής, ἀπατεών, κακόχολος, γελοιαστής, σκώπτης, λοιδοριστής*.

288) Hesych scheint dreierlei Ableitungen anzudeuten. Er sagt *ἀφ' οὗ καὶ κομψός, ἔνιοι μάταιος, ἄλλοι κροταφιστής* (schreibe *κροταλιστής*, denn die Gründe welche Lobeck gegen diese Conjectur vorbringt scheinen mir nicht stichhaltig) nämlich 1) von *κομψός* 2) von *κοάλεμος* d. h. *ἠλίθιος, ἀνόητος, μάταιος* 3) von *κομβῆσαι* d. h. *ἠχόν ποιον ἀποτελέσαι*. Dazu kommt aus Suidas und Schol. Eur. Hek. 129 noch eine vierte *ἀπὸ κοπίδος* vom Dolch, weil es Räuber seien!

289) Herod. VII, 216. Tzetz. Chil. V, 75. Suidas v. *Εὐρύβατος*. Aesch. fals. leg. p. 224 (Lobeck Agl. p. 1301). Aeschrion bei Athen. VII, p. 296 E. Harpokr. v. *Κέρκωπες*.

mit ermorden wollen, an einem Tragbalken über die Schulter geworfen hatte mit hinabhängenden Köpfen, machten sie die Bemerkung, dass das (aus einer Fabel des Archilochos herrührende) Sprichwort: »Hüte dich vor dem Schwarzarsch«, als eine Weissagung ihrer Mutter Theia, jezt in Erfüllung gegangen sei. Da wurden sie vom Herakles, den sie dadurch zum Lachen gereizt hatten, begnadigt und der Omphale zur Belustigung geschenkt[290]. Sie werden mit den Silenen zusammengehalten, als die Spassmacher der Mächtigen[291]. Ihre Zal ist unbestimmt (Diod. IV, 31), doch werden einige Namen genannt[292]. Diese leicht zu deutenden Namen (s. Lobeck Agl. p. 1305 f.) können zum Beweise dienen, wie häufig diese Wesen in Gesellschaft des Herakles (des gewöhnlichen Helden der Satyrspiele) von den Dichtern gebraucht worden sind. Schon dem Homer wurde ein Gedicht über sie beigelegt, welches vielleicht vom Kreophilos herrühren mochte[293]. Dann haben Kratinos, Eubulos, Hermippos und Plato von ihnen gedichtet[294]. Endlich hatte auch der Iambenschreiber Aeschrion sie aufgeführt[295].

Die Kobalen heissen bei Harpokration stramme (*σκληροί*) Dämonen um dem Dionys, womit ein Grammatiker (in Bekk. anecd. p. 101) übereinstimmt, der sie bäurisch, derb und hässlich nennt.

Die nordische Mythologie kennt auch gewisse zwergartige

---

290) Archil. Fragm. 91. p. 104 m. Ausg. Tzetz. Lyk. 91. Eudocia 43. Schol. Il. *ω*, 315.

291 Plut. adul. et am. discr. 26 *καὶ γὰρ ὁ Ἡρακλῆς Κέρκοψί τισι καὶ Σειληνοῖς ὁ Διόνυσος ἐτέρπετο.*

292) *Τρίβαλλος, Σίλλος, Εὐρύβατος* (Name eines Verräthers), *Κάνδουλος, Ἄτλας, Πάσσαλος, Ἀκλήμων, Ὦλος.*

293) Verse daraus bei Suidas v. *Κέρκωπες* und: *Εὐρύβατος.*

294) Bergk, Comment. de Com. ant. p. 24. Meincke, Comm. gr. II. p. 24 ff.

295) Harpokr. v. *Κέρκωπες* (wo falsch *Αἰσχίνης* geschrieben ist), Schol. Lyk. 688.

Land- und Feld-Geister, welche grosse Aehnlichkeit mit den Satyren u. s. w. haben, Vättir (Wichte) genannt. Sie verhalten sich zu diesen wie die Erdmännlein zu den Daktylen, und sind troz ihrer Zwerggestalt gröstentheils aus dem Blute der Joten hervorgegangen. In unserem Volksglauben scheinen sie nicht von den Erdmännlein unterschieden zu werden.

5. Die Kentauren. Cheiron. Pholos.

In Thessalien besonders, aber auch anderwärts, gab es vor Alters zwei seltsame Völkerschaften, die pferdegestaltigen Kentauren und die frechen Lapithen, die mit einander verwandt waren: denn Diodor in Uebereinstimmung mit dem Schol. Il. α, 266 macht sie zu Brüdern, als Söhne Apolls und der Stilbe, der Tochter des Hypseus, welcher wiederum von Pindar zum Lapithenkönig gemacht wird: oder auch die Kentauren stammten vom Ixion und der Nephele, der Lapithe Peirithoos aber vom Ixion und der Dia (Pind. Pyth. II, 80). Troz der Verwandtschaft lagen sie miteinander im Streit, doch ohne einander vernichten zu können, wiewohl es heisst, dass die Kentauren besiegt entweichen mussten (Il. β, 744). Die Lapithen heissen Männer (ἄνδρες), die Kentauren aber Thiere, bei Homer (Od. φ, 299. 303), und Pindar nennt auch den Kentauren ein rohes Thier (φῆρα ἀγρότερον), doch sezt er hinzu mit Menschenverstand. Auch rohe haarige Thiere nennt sie Homer (Il. α, 266). Und sie verdienen diese Prädikate nicht bloss wegen ihrer Gestalt sondern auch wegen ihrer Lebensweise: denn sie sind Rohesser (ὠμοφάγοι) gleich den ersten Wilden (Hesiod ϑ. 542), schlagen mit Baumstämmen darein, weil sie keine anderen Waffen haben, und wissen, wenn sie etwas Besseres wittern, sich nicht wohl zu mässigen: denn auf den Wein sind sie lüstern, gleich den Satyren und Silenen und gleich dem Kyklopen bei Homer, woraus auch die grosse Prügelei zwischen ihnen und den Lapithen an der Hochzeit des Peirithoos entsteht, deren Beschreibung Hesiod (ἀσπ.

123 ff. und Homer (Od. φ, 295 ff.) geben[296]). Aber dabei sind diese rohen Natur-Wesen auch lasterlos und unangesteckt von den Entartungen der Cultur, so unverderbt am Geiste, wie am Leibe ungeschwächt, besonders der Cheiron[297]). Bereits Homer nennt den Erzieher des Achilleus den rechtschaffensten Kentauren (Il. λ, 832), und Hesiod hatte Lehren des Cheiron (ὑποθήκας Χείρωνος) verfasst (s. Fragm. 178).

Ein gewisser Hermippos (bei Clemens Al. strom. 132, 11) sagt, dass Cheiron zuerst die Rechtschaffenheit in die Welt gebracht habe und die Eidestreue und die heiteren Opfer und die Einrichtung (σχήματα) des Olympos, und sezt hinzu dass seine Tochter Hippo bei Euripides nicht minder weise erscheine. Auch seine Gattin Chariklo scheint nicht hinter ihm zurückgeblieben sein, wie schon ihr Name es andeutet und Pindar es bezeugt, indem er den Iason sagen lässt (Pyth. IV, 168): »Die Schule, das hoffe ich, Cheirons bring' ich mit, entstiegen der Höhle worin mich Chariklo pflegte und Philyra sammt den keuschen Mädchen jenes Kentaurs, kehre nach Hause im zwanzigsten Lebensjahr und habe nimmer bewiesen daselbst leichtfertig Reden oder Thun« (vgl. Schol. Apoll. IV, 813). Dagegen werden die Lapithen, welche doch keine halbthierische Gestalt haben, überall übermüthig genannt.

Aber Cheiron, um das sogleich hier zu erwähnen, der Heros und Heilgott, welcher die Gesundheit selber ist, wird zulezt unheilbar verwundet, und entschliesst sich, für einen anderen den Tod zu erleiden, um ihn aus ewigen Qualen zu erlösen. Dies gieng also zu: Herakles besucht ihn aus Liebe, und verweilt bei ihm in seiner Höhle; er, der Erleger der anderen Kentauren, verehrt diesen und lauscht auf seine Lehren, wie ein Sokratiker versicherte. Da fällt zufällig einer von den ver-

---

296) Pind. Fragm. 143. p. 245. Eurip. Iphig. A. 1063=946.

297) Eur. Iphig. A. 609 Χείρων ἔθρεψεν Ἀχιλλέα, ἵν' ἤθη μὴ μάθοι κακῶν βροτῶν.

gifteten Pfeilen des Herakles dem Cheiron auf den Fuss, was ihm ein unheilbares Leiden, gleich dem Philoktet, zuzieht. Hernach kommt Herakles zu dem an den Felsen geschmiedeten Prometheus, erlegt erstlich den Adler, welcher ihm täglich das Herz abfrass, und erlöst auch den Titanen selbst von seiner Marter, und Zeus willigt darein unter der Bedingung, dass ein anderer für ihn den Tod erleide; und zu diesem stellvertretenden Opfertode entschliesst sich der verwundete Cheiron[298]. So hatte Aeschylus in seiner Tragödie »der gelöste Prometheus« die Sachen dargestellt.

Es gibt eine andere Gestaltung dieser Sage, in welcher an die Stelle des Cheiron der Pholos getreten, und der Kampf der Lapithen mit den Kentauren des Weines wegen in einen Kampf des Herakles mit diesen verwandelt ist. Herakles, heisst es, kehrt auf dem Gebirge Pholoe bei dem Kentauren Pholos ein, der ein Sohn des Silenos und der Nymphe Melia war. Das Gebirge Pholoe lag im westlichen Arkadien; trozdem lassen einige Gewährsmänner die Sache in Thessalien vorgehen[299]. Dieser Pholos besass ein Fass köstlichen Weines, von Dionys geschenkt, das er nicht anstechen wollte aus Furcht vor den übrigen Kentauren; doch Herakles liess nicht Ruhe. Aber diese, so wie sie den Wein rochen, stürzten heran und wollten ihn rauben. Da sezte es einen harten Kampf gegen die vierfüssigen Wesen, welche so stark wie Thiere, so geschwind wie Rosse und so klug wie Menschen waren, und dabei von ihrer Mutter Nephele durch Regengüsse unterstüzt wurden, welche für den Herakles den Boden schlüpfrig machten. Allein Herakles wurde trozdem mit ihnen fertig, und erlegte die meisten von ihnen: die übrigen flüchteten sich in verschiedene Gegenden hin, wo sie einzeln umkamen: Ly-

---

298) Eratosth. Katast. c. 40. Apolld. II, 5, 11. Hygin Astr. II, 15.

299) S. Schol. Pind. P. II, S. Schol. Theokr. VII, 149. Apolld. II, 5, 4. Schol. Lyk. 670. Diod. IV, 12.

kophrons Scholiast lässt sie sogar auf die Sirenen-Insel kommen, wo sie das gewöhnliche Schicksal aller von den Sirenen Gefangenen hatten. Nun traf noch ein trauriges Schicksal den Pholos: denn als er seine Brüder beerdigte, und einen Pfeil aus einer Wunde herauszog, verwundete er sich selbst damit unheilbar, starb und wurde vom Herakles bestattet[300]. Vergleichen wir nun dasjenige was man in Lydien von den Silenen erzälte und glaubte mit demjenigen was wir hier von den Kentauren vernommen haben, so wird uns die Gleichheit beider wohl einleuchten. Auch die Silenen sind rohe Natur-Wesen, haben auch manchmal Pferdeschwänze, so wie auch die Satyren, und dabei sind sie auch auf den Wein dermaassen versessen, dass derselbe als Nez und Lockmittel dient sie zu fangen, ferner zeichnen sich einzelne, z. B. der alte Erzieher des Bakchos und der Marsyas, durch eine eigene Weisheit und Sehergabe aus: endlich gehören beide, sowohl die Kentauren als auch die Silenen, zu dem *θίασος* des Dionysos. Der Silen ist unzertrennlich von seinem Esel, dem Kentauren Cheiron ist das Ross als Leibeshälfte anerschaffen, und das entspricht mehr der Griechischen Vorstellung. Denn wir haben oben gesehen, wie das Ross, genannt Pegasos, Schöpfer der Quellen ist: und Dämonen der rinnenden Gewässer sind die Kentauren so gut wie die Silenen: einer von ihnen, *Νέσσος*, wird von Hesiod *θ*. 341 auch unter den Flussgöttern aufgeführt. Sie sind also, so zu sagen, männliche Nymphen, gleich den Satyren, und nur durch das eigenthümliche Gepräge, welches sie aus ihrer Heimath Thessalien empfiengen, von den Silenen, wie auch diese wiederum durch den nämlichen zufälligen Umstand von den Satyren verschieden. Also werden sie auch mit Recht in dem Homerischen Gedichte *Κάμινος* zu den Kobolden gerechnet welche Schüssel und Töpfe zertrümmern wenn der Töpfer ein Schurke ist.

300) Eur. ras. Herakl. 180. Theokr. VII, 149.

Der Namen *Κένταυρος* scheint aus *Καινίς* und *ταῦρος* zusammengesezt, und bezeichnet in seinem zweiten Bestandtheil einen Dämon der Gewässer.

II. Satyrartige Wesen.

1. Pan und Terambos.

Der bocksfüssige Pan bei den Arkadern wird ein Sohn des Hermes genannt oder auch des Zeus und einer Nymphe oder auch des Kronos und der Rhea (Schol. Theokr. I, 3. Eur. Rhes. 36.). Er ist im Wesen nicht verschieden von den Satyren und liebt gleich diesen den Wald und die Waldthäler[301]). Der Name kommt von *πάομαι favere, fovere* und *pascere*, und ist ohne Zweifel Eins mit *Faunus* (s. meine Rel. d. Römer II. p. 150[302]). Mit Recht urtheilt Herodot (II, 145 f.), dass seine Verehrung in Hellas sehr jung sei, und noch in der historischen Zeit scheint sie sich auf Arkadien beschränkt zu haben. Nach Athen kam der Gott erst in Folge der Schlacht bei Marathon[303]). Die Eigenschaft, Kriegern mitten in der Schlacht einen Panischen Schrecken einzujagen, hat er vom Dionys überkommen (Eur. Bakch. 302 f.), und auch die Bocksgestalt erbte er von diesem, welcher *ἔριφος* und *εἰραφιώτης* heisst[304]) und dem der Bock das liebste Opfer war. Mit dem Dionys zusammen wurde

301) Dion. Hal. I, 38 *ὄρη καὶ νάπη Πανί, λειμῶνας δὲ καὶ τεθηλότα χωρία νύμφαις (πρόσφορα εἶναι)*.

302) Pans Erzeugung durch die Penelope (*παν—ελοπη*) und alle (*πάντες*) Freier ist ein etymologisches Mährchen, deren es so viele gibt.

303) Herod. VI, 105. Paus. I, 28, 4. 32, 7.

304) Hesych vv. sammt *ἔρρφος* und *ἐριφῖήματα*. Für *ἔριφος* wurde auch *ἐρίφιος* und auch *ἔρραος* (so schreibt Schmidt im Hesych für *ἔρρας*) gesagt. Also ist *εἰραφιώτης=ἐρραφιώτης*, gleichsam der Verbockte: denn man muss ein Verbum *ἐρραφιόω* wie *ἰδιόω ἰδιώτης*) voraussezen: s. übrigens Wieseler im Philol. X. p. 701 und Welcker II. p. 587, welcher nach Schwenck *εἰραφιώτης* von *ἔαρ* und *φύω* herleiten will. Zu bemerken ist noch, dass *Ἐρίφη* die Amme unseres Gottes heisst.

der Pan verehrt bei der Stadt Hernia am Ladon-Bach, am Berg Erymanthos und da wo der Erasinos aus dem Berg Lykon hervorströmte, und ihr gemeinsames Fest hiess der **Lärm**[305]. Darum lässt ihn Lukian (D. D. 22, 3) sagen: der Dionys kann nichts ohne mich thun, sondern hat mich zum Genossen und Mitschwärmer gemacht und ich führe ihm den Reigen. Das erinnert uns sogleich daran, dass der Pan ein begeisterter Tänzer ist und im Tanze die Nymphen anführt gleich dem Bakchos. »Ioh Pan!« (so singt der Chor bei Soph. Aj. 694=653), »Pan seeumschweifender Pan, von Kyllenens Felsengebirg her, schneeumstöbertem Rücken, komm', erschein, Chorführer der Götter, Fürst, auf dass du Nysische Tänze, ureigne, Knosische, mir vereinigt stampfest!« Die Nysischen Tänze werden vom Scholiast als Dionysische und Berekynthische, die Knosischen als Kretische und Korybantische gedeutet; zwischen beiden aber konnte kein grosser Unterschied sein. Es gehörte dazu die Pyrrhiche, ein Dionysischer Tanz, der mit Fackeln in der Hand getanzt wurde nach Athen. XIV. p. 630 ff. Sodann werden wir wohl auch den Kranich (*γέρανος*) dazu rechnen dürfen, der auf Delos vom Theseus zuerst getanzt worden ist, als er aus Kreta wiederkehrte, den Pollux IV, 101 beschreibt und auch Homer schon erwähnt als einen Knosischen (Il. *σ*, 591 ff.). Der Gott ist aber auch ein eben so grosser Musiker als Tänzer: am Maenalos-Berg, welcher ihm ganz geheiligt war, wurde gar oft von den Umwohnern sein Syrinxspiel vernommen, und auf den sogenannten Weidebergen (*Νόμια*) bei Lykosura war ein Tempel des Waidmanns Pan (*Νόμιος*) und ein Plaz welcher Singplaz (*Μέλπεια*) hiess: dort hatte der Pan die Syrinx erfunden[306]. Das trägt Euripides auf die Grotte in dem langen

---

305) *τύρβη=turba=θόρυβος=θύραβος=θύραμβος=θρίαμβος triumphus.* Paus. II, 24, 7. VIII, 26, 2. S. meine Abhandlung über den Dithyrambos (Griech. Lyrik. IV. p. 196 f.).

306) Paus. VIII, 36, S. 38, 11. Eur. Bakch. 953=946.

Felsen unter der Burg zu Athen über, und lässt den Pan in dieser Grotte gerne die Syrinx blasen, während die Agraulos-Töchter auf dem Wiesenplane vor dem Tempel dazu tanzen (Ion 504=501 ff.). Dort war ihm nämlich seit der Schlacht bei Marathon sein Plaz angewiesen worden, wo man ihn mit alljährigen Opfern und Fackeln ehrte. So war auch am Parnass die Korykische Grotte dem Pan und den Nymphen geweiht (Paus. X, 32, 7). Uebrigens soll sein Dienst nach Böotien durch Pindar gekommen sein, dem entweder der Pan oder die Rhea persönlich erschienen waren (Schol. Pyth. III, 137). Und Pindar dichtete darauf den Hymnus, in welchem er unter anderem den Pan den vollbringendsten Tänzer unter den Göttern, den Begleiter der grossen Mutter und Spiel-Liebling der Gratien nannte, und sagte, dass er bei den Himmlischen der allseitige H u n d der grossen Göttin genannt werde (*μεγάλας θεοῦ κύνα παντοδαπόν*): Frag. 71—74. p. 164. Allerdings gehört der Pan zu dem Gefolge der grossen Göttin (Duncker, Gesch. d. Alt. I. p. 246) gleich den Korybanten und gleich dem Dionys selbst: das wussten auch bereits die Arkader, nur dass sie an die Stelle der Rhea die Demeter sezten. Als die trauernde Demeter sich in der schwarzen Höhle bei Phigalia verborgen hatte und in der Welt alles verkam und zu verhungern drohte nach ihrem derartigen Verschwinden, da wurde sie in diesem Verstecke vom Pan entdeckt, der während seines Jagens auf den Bergen umher zufällig auch auf den Berg Elaeos kam und die Trauernde erblickte: darauf sandte Zeus, von ihm benachrichtigt, die Moeren zur Demeter, denen es gelang, sie zu besänftigen: Paus. VIII, 42, 2. Darum, und schon als Tänzer und Musiker, ist er auch ein begeisterter Schwärmer und ein Weissager, indem, wie Euripides vom Dionys sagt, Verzückung und Begeisterung mit Sehergabe nahe verwandt sind[307]. Einer Sage zufolge hat sogar Apoll die Weissagung erst von ihm, dem

---

307) *τὸ βακχεύσιμον καὶ τὸ μανιῶδες μαντικὴν πολλὴν ἔχει.*

Sohne des Zeus und der Frechheit (Ὕβρις), gelernt (Apolld. I, 4, 1). Am Maenalosberg bei Akakesion in der Nähe der Heiligthümer der unterirdischen Göttinnen Demeter und Despoina und des Vaters dieser, des Poseidons, war ein Tempel Pans, welcher dort zu den mächtigen Gottheiten gerechnet wurde: und vor Alters hatte der Gott auch ein Orakel dort, und seine Prophetin war die Nymphe Erato, die Gemahlin des Arkas, von der auch aufgeschriebene Sprüche noch in späterer Zeit existirten (Paus. VIII, 37, 11). Den Troezenern hat der Pan im Traume die Mittel angegeben, durch welche sie von der Pest frei werden könnten, weshalb er von ihnen als Befreier (Λυτήριος) verehrt wurde (Paus. II, 32, 6). Derselbe kann aber auch mit Tollheit behaften, wesshalb Krämpfe und Gefrais der Pansgrimm (Πανὸς ὀργή) heissen[308]. Die Lateinischen Faunen und Silvanen sind von gleicher Art[309]. Dann ist er auch ein geiler Gott (θοράτης, αἰγιβάτης) und nothzüchtigt mitunter eine Nymphe als *Incubus* (Eur. Hel. 189=183 ff.). Trozdem glaubten die Arkader, dass er auch Missethäter bestrafe und Gebete erhöre, indem sie ihm ein ewiges Feuer unterhielten wie einer Schuzgottheit (Paus. VIII, 37, 11). Dass er Wege und Stege schüzte (als ἐνόδιος), dass er Hirt und Jäger war (νόμιος καὶ ἀγρεύς), dass er sogar die Küsten und Gestade in Obhut nahm (ἄκτιος, λιμενίτης) das hatte er nicht allein mit der Artemis und ihrem Bruder sondern auch zum Theil mit dem Priap gemein. Dabei bewiesen ihm die Arkader dennoch wenig Achtung, wenn sie nach einer Jagd, auf der sie nichts erbeutet hatten, sein Bildniss mit Zwiebeln peitschten (Theokr. VII, 106. V, 14). Auch mit

---

308) Eur. Med. 1180=1133. Hipp. 135 σύ τ' ἄρ' ἔνθεος ὦ κούρα, εἴτ' ἐκ Πανὸς εἴθ' Ἑκάτας ἢ σεμνῶν Κορυβάντων φοιτᾷς ἢ ματρὸς ὀρείας.

309) Rel. d. Römer II. p. 184 ff. Artemid. II, 34 Ἑκάτη καὶ Πὰν καὶ Ἐφιάλτης (der Alp): das. 37 ὁ δὲ Ἐφιάλτης ὁ αὐτὸς τῷ Πανὶ νενόμισται.

dem Weinbau hatte er zu thun, und wurde oft neben oft auch ohne den Dionys verehrt (Paus. VIII, 23, 1. 39, 4. 26, 3)

Zum Schluss wollen wir den Inhalt des Homerischen Hymnus ausheben. Hermes verweilt in seinem Kyllene-Gebirg, Schaafe hütend, einer Nymphe zu Liebe, der Tochter des Dryops, und diese gebirt von ihm ein ziegenfüssiges gehörntes Kind, das Lärmen und lautes Gelächter liebt. Die Amme entflieht entsezt vor dem Anblick dieses haarigen Wesens, aber der Vater nimmt sein Söhnchen mit Freuden in seine Arme, wickelt es in Hasenfelle, trägt es zum Siz der Götter empor und zeigt dem Zeus und den Unsterblichen seinen lustigen Jungen: und sie freuen sich alle über ihn, besonders aber der Schwärmer Dionysos (*Βακχεῖος Διόνυσος*). Und seitdem treibt sich Pan mit tanzgewohnten Nymphen auf baumbewachsenen Wiesen herum, die von steilen Felsengipfel schreiten, den Pan anrufend, den Weidegott mit dem starken Haarwuchs, den struppigen, dem alle beschneiten Höhen gehören und die Bergfirsten und die Felsenpfade, und er wandelt hin und her durch Walddickicht, bald weichen Bachwiesen folgend bald hochragende Felsen erklimmend u. s. w. Dabei jagt er das Wild scharf spähend, und Abends, wenn er heimkommt, bläst er die Syrinx so schön wie kein Frühlingsvogel pfeifen kann. Dabei tanzen die Nymphen an den Quellen und singen dazu, dass der Berg wiederhallt: der Gott aber tanzt hinüber und herüber im Reigen bald mitten darinnen, fleissig dabei mit den Füssen stampfend. Er hat ein Luchsfell über dem Rücken, während er an dem hellschallenden Spiele sich ergözt, auf weicher Wiese, wo Krokos und Hyakinthen duften.

Ein verblichener Abdruck des Pan scheint der Terambos (wohl *Θύραμβος* ursprünglich?) bei Nikander und Anton. Lib. c. 22 zu sein, der am Othrys seine Heerden weidet und dabei die Nymphen durch sein Spiel ergezt, die dazu tanzen. Er folgte der Warnung des Pans nicht, die Gegend zu verlassen, ehe der strenge Winter käme; der Winter tödtete seine

Heerden mit sammt den Bäumen, und alle Bäche gefroren, er selbst aber wurde in einen Hirschkäfer (κεράμβυξ) verwandelt.

Man hat später auch an ein ganzes Geschlecht von Panen, so wie auch Faunen und Silvanen, geglaubt[310]. So wie diese Pane mit Satyren und Korybanten gerne zusammen genannt werden, so sind sie auch in der That von denselben dem Wesen nach nicht verschieden.

2. Priapos.

»Die Gegend von Parion, Lampsakos und Priapos, sagt Strabo (XIII. p. 587), ist sehr weinreich, wesshalb auch Themistokles die von Lampsakos vom König Xerxes zum Geschenk bekommen hat, um seinen Wein zu haben. Und hier war der Siz des Priapos, der für einen Sohn des Dionysos und einer Nymphe, oder vielmehr der Aphrodite[311] gehalten wurde, und vielleicht aus Orneae, einem Städtchen bei Korinth, herstammte, wo er vor Alters ein Heiligthum hatte[312]. Weder Homer nach Hesiod weiss etwas vom Priapos, aber er gleicht den Attischen Dämonen Orthanes, Konisalos, Tychon etc.«

Es ist leicht einzusehen, dass alle diese Wesen nichts anderes als abgelöste Prädikate des Gottes sind, dem der Fruchtbarkeit und Segen schaffende Phallos gehört, nämlich des Dionysos, dessen Sohn der Priap genannt wird (Athen. I. p. 30 B). Mit dem Dionys hat er auch den Waffentanz gemein, mittelst dessen dieser die Welt erobert hat, gleichwie auch mit den Idäischen Daktylen und den Titanen: und diesen Waffentanz hat er den Ares gelehrt da er noch klein war, wofür er bei den Bithynen immer den Zehnten von der Beute empfieng (Lukian

310) Z. B. Theokr. IV, 62 ἢ Σατυρίσκοις ἔγγυθεν ἢ Πάνεσσι κακοκνάμοισιν ἐρίσδεις. Aristoph. Ekkl. 1069 ὦ Πᾶνες ὦ Κορύβαντες ὦ Διοσκόρω.

311) S. Theodoret. IV, 412, der es Mysterienlehre nennt, und Schol. Apoll. I, 932.

312) Strab. VIII. p. 382 Εὐφρόνιος, der Verfasser der Πριάπεια, nennt ihn desshalb Ὀρνεάτης.

salt. §. 51). Von den genannten Stätten seiner Verehrung aus verbreitete sich der Cultus dieses Gottes über ganz Griechenland, und fast in jedem Garten stand ein Bild desselben mit grossem rothangestrichenem Phallus, mit welchem er sowohl die Vögel scheuchte als auch, wie mit einem Prügel, und noch schlimmer, die Diebe bedrohte, wie das in vielen Epigrammen zu lesen ist. Seine auf Meer und Land sich erstreckenden Wirkungen ergeben sich aus seiner Abstammung[313].

Nicht mit Unrecht wurde der Gott auch mit dem Hermes verwechselt, da seine Bilder, hermenartig nach unten zu gestaltet, in Gärten zu stehen pflegten und der Phallus an ihm das Beste war. Dass aber auch der Apollo mit ihm etwas gemein habe, hat man mit Unrecht daraus entnehmen wollen, dass Apoll zu Priapos, woselbst er verehrt wurde, der Priapäer, so wie zu Killa der Killäer hiess (Tzetz. Lyk. 29). Der Priap aber hiess *Κιλλαῖος* von dem Esel *κίλλος* der ihm heilig war.

Zwar sagt man, der Gott hasse den Esel, weil ihn das Thier einmal durch sein unzeitiges Schreien in der Ausübung einer geilen Handlung gestört habe, als er entweder die Hestia oder die Nymphe Lotis im Schlafe beschleichen wollte, und deswegen sehe Priap das Opfer dieses Thieres gern[314]. Das ist aber eben so unrichtig, wie wenn Dionys den Bock hassen soll, weil er den Weinstock benage, während doch sein Verkehr mit den Satyren beweist, wie gern er die Böcke leiden mag. Endlich ist zu erwähnen, dass man auch ein Volk von Priapen, so wie von Panen, Faunen, Satyren und Silenen annahm (Mosch. Id. III, 25), so dass also zwischen allen diesen Wesen kein anderer als ein landesüblicher Unterschied scheint bestanden zu haben.

---

313) Paus. IX, 31, 2. Athen. I. p. 30 B. Lezterer sagt *τιμᾶται παρὰ Λαμψακηνοῖς ὁ Πρίαπος ὁ αὐτὸς ὢν τῷ Διονύσῳ, ἐξ ἐπιθέτου καλούμενος οὕτως, ὡς καὶ Θρίαμβος καὶ Διθύραμβος*: vgl. Schol. Theokr. I, 21.

314) Lactant. I, 21. Serv. Virg. Georg. II, 84. Ovid. Fast. I, 391. 416.

III. Der θίασος des Kretischen Zeus und der Rhea.

1. Kureten und Korybanten.

Der Name Kureten bedeutet einfach Jünglinge (ἤϊθεοι καὶ κόροι) was nach Demetrius von Skepsis bereits Strabo eingesehn hat (X. p. 468), indem er bei Homer (Il. τ, 193. 248) κουρῆτες für κόροι gebraucht fand[315].

Die Kureten gehörten, so zu sagen, zum Schwarm des Kretischen Zeus, so wie die Satyren (welche Jünglinge im Kyklops des Euripides genannt werden) zum Schwarm des Dionysos[316]. Die Beschreibung welche Diodor V, 65 von ihrem Wesen gibt, passt auch recht gut zu dieser Deutung. »Sie bewohnten«, sagt er, »waldige Gegenden voll Grotten und Schluchten, in denen sie Obdach fanden, weil der Häuserbau noch nicht erfunden war. Doch haben sie manche nüzliche Erfindungen gemacht, namentlich Thiere gezähmt und Heerden von Schaafen und Rindvieh gehalten, auch den Honigbau gelehrt. Ingleichen sind sie gute Jäger im Gebrauch von Bogen und Pfeilen, und haben auch Schwerter und Helme erfunden für den Waffentanz, mit welchem sie den Kronos betrogen. Sie haben (wie die Nymphen) das Zeuskind genährt und haben endlich ein einträchtiges und friedliches Leben aufgebracht.« Mit den Nymphen werden auch die Kureten zusammengenannt

---

315) Man leitet das Wort κόροι, so wie auch den Namen des Volkes Κουρῆτες in Aetolien, nicht unrichtig von κείρειν ab: denn dem Knaben pflegten die Haare einmal am Feste der κουρεῶτις abgeschnitten zu werden; dann liess man sie wachsen bis zum sechzehnten Jahr: der Ephebos schnitt sodann seine langen Haare zum zweiten Mal ab, und weihte sie einem Gott, am liebsten dem Phoebos, oft auch der Artemis und ihren Lieblingen, z. B. dem Hippolyt: dann gieng er knappgeschoren (ἐν χρῷ κεκαρμένος) bis zum Mannesalter: Plut. Lykurg. c. 16. 22.

316) οἷον εἰ σάτυροί τινες περὶ τὸν Δία, sagt Strabo p. 468.

in einer Inschrift[317]. Der Kretische Zeus aber, welcher im Besize so eines Schwarmes dem Dionys gleicht, ist von dem Hellenischen Zeus wohl zu unterscheiden. In seiner Stiergestalt, indem er der Kuh Europa nachgeht und mit der Kuh Pasiphaë buhlt, gleicht er mehr dem Osiris und dem Moloch als dem Olympischen Gotte, auch dem Hyes und dem Sabazios, welche, beide mit dem Attis und Dionys identisch, dennoch auf den Zeus gedeutet werden: und wie der Attis wird er auch geboren sowohl als auch begraben unmittelbar auf Kreta selbst. Dass neben dem Zeus die Rhea auf Kreta verehrt worden sei, wird von dem Skepsier Demetrius bei Strabo p. 472 in Abrede gestellt. Und das mag allerdings für einen Beweis mehr gelten, dass die Korybanten und die Kureten nicht so schlechterdings Eins waren: allein was thut das? Sie unterscheiden sich doch nicht mehr von einander als etwa der Griechische Dionys von dem Asiatischen Attis, d. h. als der Charakter der Kretischen Religion sich von der Phrygischen unterschied. Der Kriegstanz der Kureten in dem Kretischen Rhythmus mit Pyrrhichien und Paeanen (Strabo X. p. 467) war verschieden von dem tollen Gerase der Korybanten, welche die Vorbilder der Gallen waren; allein sie tanzten doch gleich diesen, und der Kretische Rhythmus wurde von der Phrygischen Musik eines Marsyas und Olympus hergeleitet[318]. Dass sie mit ihren Tänzen und ihrem Waffenlärm den Kronos abhielten, das Zeuskind zu verschlingen, das will sagen, dass sie damit die bösen Dämonen verscheuchten[319]. Das war es auch ohne Zweifel, was man mit den Mysterien der Kureten sowohl als der Korybanten bezweckte[320], nämlich Sühnung und Reinigung, wie auch Epi-

317) (S. Lobeck Agl. p. 1117 f.) *ὀμνύω Ζῆνα Δικταῖον καὶ Ἥραν —καὶ Κουρῆτας καὶ Νύμφας καὶ τοὺς Κορύβαντας κτλ.*

318) Plut. mus. c. 10. Vgl. meine Geschichte der Rhythmenschöpfung Griech. Lyrik V. pag. 52.

319) Und das *κορυβαντίζειν* hatte den nämlichen Zweck: s. Lobeck p. 1153.

320) Ueber welche Lobeck p. 1121 ff. spricht: vgl. Athen. IX. p. 375 F. Schol. Plat. p. 214.

menides, der sogenannte neuere Kurete, sie geübt hat, und in Folge solcher Reinigung Abwendung vom Unheil. Aehnliche Bedeutung hatten die Waffentänze der Salier zu Rom, welche darum auch von den Römern selbst mit den Kureten zusammengestellt werden[321]. Endlich wird den Kureten auch Weissagung gleich wie dem Pan und den Silenen zugeschrieben[322].

2. Meleager, Althaea und der Kuretenkrieg.

Bei Homer treten die Kureten in einer ganz mythischen Geschichte als ein Volk in Aetolien auf, welches mit den Aetolern Krieg führt um die Exuvien des bekannten Kalydonischen Ebers, und Kalydon belagert, das von Meleager vertheidigt wird. Dessen Mutter Althaea (s. oben p. 136) ist die Geliebte des Dionys, ihr Gatte Oeneus, wie schon sein Name besagt, ein anderer Dionys, er selbst mit einem Feuerbrande geboren, an dessen Erhaltung sein Leben geknüpft war, gleicht dem Paris, der ebenfalls als Feuerbrand geboren war und mit der brennenden Stadt, die er vertheidigte, zu Grunde gieng. Nun schlagen sich aber die Kureten mit den Aetolern um die Exuvien des Schweines, welches von der Artemis ins Land gesendet war, und diese Artemis ist von dem Oeneus beleidigt worden, und die Aetoler sind es, von welchen die Artemis beleidigt ist. Mithin halten die Kureten zu der Artemis, wie die Korybanten zur Göttin Kybele. Aber auch dem Meleager und dem Oeneus steht diese Göttin nicht in ursprünglicher angeborner Feindschaft gegenüber, so wenig als die Althaea d. h. Gedeihen-Gebende, welche ohne Zweifel mit

321) *ὠρχοῦντο τοῖς ξίφεσι τὰς ἀσπίδας κομποῦντες* (sagt Schol. Apoll. I, 1134), *ἵνα μὴ τῆς θυσίας οὔσης δύσφημος φωνὴ ἀναφέρηται. ὅθεν καὶ Φρύγες κυμβάλοις καὶ τυμπάνοις τὴν Ῥέαν ἱλάσκονται.*

322) Hesych *Κουρήτων στόμα, θεσπιῳδὸν στόμα· ἐδόκουν γὰρ εἶναι μάντεις.* Calpurn. ecl. IV, 95 *Jupiter — in antro Carmina Dictaeis audit Curetica silvis.*

dieser Asiatischen Artemis-Kybele ursprünglich Eins ist. In Asien beisst der Eber den Liebling der Kybele sogleich todt, hier in Aetolien geht der Held erst in Folge der Erlegung des Ebers zu Grunde.

3. Korybanten.

Die Korybanten würden richtiger Kyrbanten (*Κύρβαντες*) heissen (s. Kallim. Hymn. an Zeus Vs. 46), indem die Form Korybanten bloss mundrecht gemacht war, um das Wort von *κόρυς* Helm herleiten zu können[323]. *Κύρβαντες* aber oder *τύρβαντες* sind lärmende oder verzückte Tänzer[324]. Die Korybanten waren bei der Rhea die göttlichen Vorbilder der Gallen, und thaten alles was diese thaten[325]. Es ist nichts so gewöhnlich als die Vermengung der Korybanten mit den Kureten, während doch jene dem rasenden Dienste der Rhea in Phrygien, diese dem Dienste des Zeus in Kreta angehörten. Lobeck, nachdem er das Wesen der Korybanten durch viele deutliche Zeugnisse bewiesen hat, sagt (Agl. 1154): *quorum omnium nihil convenit in Salios Cretenses, quibus neque fanatica corporis jactatio neque furiales instinctus neque furentium per sacra piacularia sedatio adscribitur neque omnino cum Corybantibus quidquam commune est praeter genus saltandi divinius et concitatius pedum pulsu, motu armorum varie distinctum.* Wir haben bereits bemerkt, wie das trozdem nicht hindert, die Ku-

---

323) Eur. Bakch. 128 *ἔνθα τρικόρυθες ἄντροις — Κορύβαντες.*

324) Vgl. *κυρβάσαι*, *κυρβασία* und *τυρβασία* bei Hesych, ingleichen *τύρβη—turba* und *θόρυβος*, und sihe meine Abhandlung über den Dithyrambus p. 197 bei Pindars Werken Th. IV. Dieselbe Etymologie hat, wie ich hinterher sehe, bereits Schwenck in den Etym. myth. Andeutungen p. 48 gefunden.

325) Lukian deor. dial. XII, 37 *ἡ μὲν Ῥέα ἐπολολύζουσα ἐπὶ τῷ Ἄττῃ, οἱ Κορύβαντες δὲ ὁ μὲν αὐτῶν τέμνεται ξίφει τὸν πῆχυν, ὁ δὲ ἀνεὶς τὴν κόμην ἵεται μεμηνὼς διὰ τῶν ὀρῶν, ὁ δὲ αὐλεῖ τῷ κέρατι, ὁ δ' ἐπιβομβεῖ τῷ τυμπάνῳ ἢ ἐπικτυπεῖ τῷ κυμβάλῳ. καὶ ὅλως θόρυβος καὶ μανία τὰ ἐν τῇ Ἴδῃ ἅπαντά ἐστι.*

reten und die Korybanten im Grund und Wesen für Eins zu halten, und die Pane oder bocksfüssigen Satyren (*μαινόμενοι Σάτυροι* Eur. Bakch. 135) oben darein, trozdem dass Bocksgestalt weder an den Kureten noch an den Korybanten nachzuweisen ist. Denn diese Gestalt wäre selbst auch den Satyren nicht nothwendig gewesen, und überhaupt sind die Gestalten aller Dämonen wechselnd. Die Hellenen, sagt Strabo, legen meistens dem Dionys, auch dem Apoll und der Hekate und den Musen, auch der Demeter und dem Zeus, alles Orgiastische bei und das Bakchische und Tänzerische und das Mystische in den Weihen. Sodann bemerkt er, was beim Dionys die Silenen und Satyren und Tityren sind, das seien beim Kretischen Zeus die Kureten und bei der Berekynthischen Göttin dieselben, oder vielmehr die Korybanten[326]. So urtheilt auch Euripides, den man darum nicht des Irrthums zeihen darf, in der oben mitgetheilten Stelle.

Wie sich aber die Frauen an den alldreijährigen Feiern zu den tollen Nymphen[327] des Gottes Dionys verhielten (welche leztere bei Euripides den Chor der Tragödie bilden, während die ersteren im Walde herumschwärmen), also verhielten sich die Gallen der Göttermutter zu den Korybanten. Die Zahl der Korybanten gibt Pherekydes bei Strabo p. 472 auf neun an[328]. Andere sprechen von bloss zweien oder dreien. Das geschiht aber alles nur mittelst Verwechselung theils mit den Idäischen Daktylen und theils mit den Kabiren: denn die Zal der Korybanten lässt sich so wenig wie die der Satyren bestimmen.

326) *οἱ δὲ Ἕλληνες τοὺς προπόλους αὐτῆς (τῆς Ἑκάτης) ὁμωνύμως Κουρῆτας λέγουσιν, οὐ μήν γε ἀπὸ τῆς αὐτῆς μυθοποιίας, ἀλλ᾽ ἑτέρους, ὡς ἂν ὑπουργούς τινας, τοῖς Σατύροις ἀνάλογον. Τοὺς δ᾽ αὐτοὺς καὶ Κορύβαντας καλοῦσιν.*

327) *Βάκχαι, Λῆναι, Θυῖαι, Μιμαλλόνες* bei Strabo X. p. 468.

328) Eben so Schol. Plat. p. 51. (377 Bekk.) *τοὺς Κορύβαντας τοὺς αὐτοὺς τοῖς Κουρῆσιν εἶναί φασιν καὶ τῆς Ῥέας ὀπαδοὺς ἀπὸ τῶν τοῦ Διὸς δακρύων γεγενημένους, ὧν ἀριθμὸν οἱ μὲν ἐννέα οἱ δὲ καὶ δέκα λέγουσι. ἐξ Ἀπόλλωνος καὶ Ῥυτίας Κορύβαντας ἐννέα. οἰκῆσαι δὲ αὐτοὺς ἐν Σαμοθράκῃ.*

E. Dämonen des Lichtes und der Finsterniss.

I. Helios und Hades.

An den beiden Weltenden, sowohl da wo die Sonne aufgeht als auch da wo sie untergeht, wohnten A e t h i o p e n, ein nicht minder glückliches und von den Leiden der Menschheit befreites Volk, als die Phaeaken oder die Uebernordwindler nur immer es sein konnten, sintemal sie nichts zu thun hatten, als den Göttern Hekatomben zu opfern, welche Götter in Masse, mit Verlassung des Olymps, zu ihnen kamen so oft sie nur konnten, und wochenlang verweilten beim Schmausse der Opfer (Il. *α*, 423. Od. *α*, 22. Il. *ψ*, 205).

Ingleichen liegt an den beiden Weltenden, sowohl im Osten als im Westen, die Insel Aeaea, welche dem Helios und seinen Kindern angehört, daher auch die Heimath der Zauberinnen Medea und Kirke ist[329]. Denn da die Sonne und das Frühroth nie im Westen aufgehen, so geht daraus hervor, dass sich Homer die Insel der Kirke, welche leztere er *Αἰαίην* nennt, und das Reich des Aeetes (Od. *ι*, 32. *μ*, 70) im Osten gedacht hat. Und dennoch gelangt Odysseus einmal von der Aeolos-Insel aus und dem Lästrygonenlande dahin (Od. *κ*, 135), und das andere Mal kehrt er vom Hades aus und dem Lande der Kimmerier dahin zurück. Daraus siht man, dass die Begriffe des Dichters von der Lage der Insel Aeaea nicht minder unbestimmt sind als die Vorstellungen von dem Aethiopenlande, und dass die Späteren sehr unrecht thaten, dieses Land in Kolchis zu suchen und auf das Land am Phasis einzuschränken. Dem Homer folgt Mimnermos (Frag. 11. 12), indem er sagt, dass Iason, in die Stadt des Aeetes gelangend, in den Okeanos

329) Od. *μ*, 3 *νῆσόν τ' Αἰαίην ὅθι τ' Ἠοῦς ἠριγενείης οἰκία καὶ χοροί εἰσι καὶ ἀντολαὶ Ἠελίοιο*.

gekommen sei, und dass dort die Strahlen der Sonne in einem goldenen Saale liegen an dem Rande des Okeans[330]. Das Aethiopenland aber ist bei demselben auf den Osten beschränkt, während das Abendland bei den Hesperiden zu suchen ist, und der Gott muss allnächtlich auf einem geflügelten Bette auf dem Okean von der Westgegend in die Ostgegend zurückschiffen:

»Helios wenigstens muss Arbeit tagtäglich ertragen,
Niemals wird ihm Rast, nie eine Ruhe zu Theil
Weder den Rossen noch ihm, wenn die Frühe die rosengehände
Fort vom Okean sich schwingt zu dem Himmel hinan.
Ihn trägt über die Wellen zurück ein liebliches Bette
Räumig, gehämmert aus werthvollem Metall von Hephaests
Händen, geflügelt: es trägt vom Garten der Hesperiden
Ueber den Spiegel der Fluth immer den schlafenden Gott
Hin zum Lande der Mohren (Αἰθιόπων), woselbst sein Rossegespann steht
Und ausruht, bis der frühbürtige Morgen erscheint:
Dann besteigt der Hyperionssohn ein andres Gefährte.«

Um aber wieder zum Homer zurückzukehren, so gelangt Odysseus von der Insel Aeaea aus, wo die Morgenröthe ihre Wohnung hat und die Sonne aufgeht und die Heliostochter Kirke wohnt, wieder in ein anderes Sonnenland, die Insel Thrinakia, wo die Sonnenrinder weiden (Od. μ, 269. 355). Dasselbe liegt hinter der gefährlichen Meerenge der Skylla und Charybdis gerade so wie Aeaea hinter dem Zusammenstoss-Felsen liegt: die Skylla und die Charybdis selbst aber liegen hinter den beweglichen Felsen (πλαγκταὶ πέτραι), durch welche die Argo gesegelt ist (Od. μ, 60—110). Man hatte also sehr wenig Grund dieses Thrinakia zu einem Dreispizenland zu machen und in Sicilien zu suchen: eher noch hätte man es im Pontos suchen können. Wenn aber dieses Thrinakia uns wieder nach Osten führt, so liegt dagegen Erythe (Ἐρύθη oder Ἐρύθεια) sicher im Westen, wie denn auch sein Name auf das Abendroth zu deuten scheint: und hier weiden abermals heilige Rinder, von

330) τόθι τ' ὠκέος Ἠελίοιο ἀκτῖνες χρύσεῳ κεῖαται ἐν θαλάμῳ Ὠκεανοῦ παρὰ χεῖλος.

Geryones gehütet[331]. Wir werden auf diese geographischen Vorstellungen noch einmal zurückkommen, wenn wir auf den Kampf um die Sonnen- und Hades-Rinder zu sprechen kommen. Hier wollen wir nur noch bemerken, dass am Ende der Welt auch der Eingang in den Hades oder auch der Hades selbst liegt hart neben der Einkehr (πύλας) des Sonnengottes und nicht weit von der Insel der Seligen (Od. ω, 12). Odysseus schifft von Aeaea aus in éinem Tage zum Kimmerier-Lande, wo keine Sonne mehr scheint und ewige Nacht ist: und indem er dort am Gestade des Okeans das Todtenopfer bringt, erscheinen sogleich die Schatten der Todten aus dem Erebos. Hernach schifft er auf demselben Okean wieder zur Insel Aeaea zurück, die nicht mehr im Okean liegt, aber die Heimath der Eos ist und den Sonnenaufgang hat, wie wir gesehen haben. Die Seligen-Inseln, welche Homer noch nicht kennt, sind nicht verschieden von den Hesperiden-Gärten, und diese versezt man mit Recht in den Westen, weil ihr Name dies fordert (Eur. Hipp. 750). Auf den Inseln der Seligen aber ist es beständig Tag, und die Sonne geht nie unter, das gerade Gegentheil des Kimmerier-Landes, wenn wir dem Pindar glauben (Ol. II, 115 ff. Frag. p. 191). Da demnach das Reich des Hades so nahe bei der Heimath der Sonne liegt, so ist es auch kein Wunder, dass die beiden Götter auch in ihrer Wirksamkeit sich oft berühren.

Was die Dichter sonst für Vorstellungen über die Natur der Sonne und ihren Umlauf verrathen, die gehen uns nichts an, sofern sie nicht auf den Cultus und die Mythologie Einfluss haben. In diesem Wesen des Sonnengottes aber scheinen zwei Eigenschaften von besonderer Wichtigkeit zu sein: sein Verhältniss zur Mondgöttin und sein Verhältniss zum Hades. Er ist nämlich als Ὑπερίων (Ueber-uns-Wandelnder) der Vater, sonst auch der Bruder der Mondgöttin Σελήνη: besonders ist

331) Hesiod ϑ. 290—294. Appolld. I, 6, 1. Herod. IV, 8.

er der Erzeuger und Stammvater der Hekate-ähnlichen Wesen und Zauberinnen Kirke, Medea u. s. w., so dass seine Abkömmlinge lauter Hexen und Zauberer zu sein scheinen. In Bezug auf sein Verhältniss zum Hades aber ist zu bemerken, dass sie beide Rinderheerden besizen, der eine helle und der andere purpurne, und dass ihnen diese theils geraubt theils entwendet werden (Theokr. XXV, 130. Apolld. II, 5, 10), und es ist nicht recht klar, wer von beiden der eigentliche Besizer dieser Heerden ist, indem der Helios mitunter den Räubern gegen den Hades Vorschub leistet, mitunter auch zum Hades hält. Wir werden diese Geschichten hernach alle betrachten. Hier wollen wir zuvörderst bemerken, dass der Helios auch unter mancherlei anderen Benennungen sich verbirgt[332]. Im Götterdienste war der Helios nicht häufig bedacht worden, welches daher kam, weil er ein Titane war gleich dem Uranos und, so wie dieser hinter dem Zeus, und wie die Selene hinter der Hekate zurücktritt, also auch er hinter dem Phoebos zurücktrat. Man kann im Ganzen mit Richtigkeit behaupten, dass die Verehrung des Helios und der Selene eine ausländische war (s. z. B. Strabo XI. p. 503), und dass darum auch der Dienst in Rhodos von diesem Standpunkte aus zu beurtheilen sei, über welchen Pindar (Ol. VII, 99—136) zu vergleichen ist. Dass das Eiland, welches der Helios zu seinem Eigenthum erküren will, erst aus den Fluthen auftaucht d. h. ein ganz unbefleckt-reines sein muss das erinnert an die Art wie Phoebos zum Besiz von Delos gelangt, und überhaupt muss man diesen, wenn er auch niemals als Lenker des Sonnenwagens erscheint, für den Erben des Helios in der Griechischen Religion ansehen: denn auch Rinder- und andere Heerden hütet er mehr als einmal gleich dem Helios, und lässt sich dieselben auch stehlen, wie dieser. In Korinth hat Helios mit Poseidon um den Besiz

---

332) Z. B. *Εὐήνιος* oder *Πειθήνιος*, *Ἱππόλυτος*, *Λεύκιππος*, *Περιήρης*, *Πέρσης* oder *Περσεύς*, *Φαέθων*, *Αὐγείας*, *Ἠλέκτωρ*.

des Landes gestritten, und Briareus als Schiedsrichter hat jenem die Burg, diesem die Landenge zuertheilt. Darum wurde daselbst auch die Sonnentochter und Zauberin Medea verehrt (Paus. II, 1, 6. 4, 6). In der Korinthischen Kolonie Apollonia, ingleichen auf Taenaron und in Elis, wurden heilige Sonnenheerden gehalten (Herod. IX, 93. Konon c. 30). Einen Tempel hatte der Gott zu Hermione, Altäre aber an mehreren Orten und an einigen Orten Statuen. Man opferte ihm weisse Pferde auf dem Gipfel des Taygetos in Lakedaemon (Paus. III, 20, 4). Uebrigens s. über die Cultus-Stätten Welcker Gr. Gött. I. p. 407. Sein Bild zeichnet sich durch ein volles rundes Gesicht mit einer Strahlenkrone aus, wie das der Selene durch die Hörner des Halbmondes (Paus. VI, 24, 6).

Fortsezung von Hades und Helios.

Hades (Ἅιδης, eigentlich ἀΐδης) ist der Unsichtbare, Verborgene. Darum hat er auch den unsichtbarmachenden Helm (die Tarnkappe), den er einmal der Athene, ein andres Mal dem Hermes, und auch dem Perseus leiht (Hesiod ἀσπ. 227). Im Lichte sein (ἐν φάει εἶναι) heisst leben: das Gegentheil vom Lichte ist die Finsterniss (σκότος oder ἔρεβος) und sogleich wo das Reich des Lichtes aufhört fängt das Reich des Hades an: also wer im Grabe liegt der befindet sich bereits im Hades. Der Himmel dagegen ist Licht, und Zeus oder *Djovis* ist *dies* Tag: darum sind die Himmlischen so verschieden von den Unterirdischen, und darum scheuen die beiderseitigen Götter so sehr die gegenseitigen Berührungen. Der Aïdoneus scheut sich eben so sehr, seine garstige, modrige Behausung von den Himmlischen erblicken zu lassen, als diesen der Anblick derselben und alles dessen was darauf Bezug hat verhasst und sogar versagt ist (Il. υ, 62—65).

Dass in der Odyssee der Hades am Ende der Welt liege, wenn Odysseus in denselben hinschifft, ist nicht wegzuleugnen noch wegzudisputiren [333]. Das aber hindert nicht, dass Homer an anderen Orten die Seelen Gestorbener unter die Erde hinab in den Hades fahren lasse (Il. χ, 482. ψ, 100): denn erstlich sind die Homerischen Gedichte nicht von Einem verfasst, zweitens muss man in solchen Dingen überhaupt niemals ganz klare, mit dem Ruthenmaass auszumessende, Vorstellungen verlangen, und drittens ist, wie gesagt, der Hades als Erebos wirklich überall anzutreffen wo das Himmelslicht nicht mehr hindringt und Finsterniss waltet. Wenn die Phantasie einen grossen Raum, eine zweite Welt, als Reich der Todten, erfinden will, so kann sie freilich dieselbe nicht sogleich ein paar Schuh tief unter der Erde herstellen, und bleibt ihr also nichts übrig, als entweder tief unter der Erde oder am Ende der Erde dieser Welt der Finsterniss ihren Plaz anzuweisen. Es gibt bei uns noch genug Menschen, welche von Himmel und Hölle die mittelalterlichen Vorstellungen festhalten, ohne dass sie sich bemühen, diese Vorstellungen mit ihren sonstigen naturhistorischen Kenntnissen in Einklang zu bringen. Will man von den Homerischen Menschen mehr Klarheit als von diesen verlangen?

Anders verhält sich's mit dem Sonnengott, welcher alltäglich in die Nacht hinabsinkt, mithin ebensowohl König im Erebos wie im Reiche des Lichtes sein kann, so wie der Kronos im Tartaros eben so gut wie im Elysium verweilt. Lucan VI, 571 lässt ihn während der Nacht der unteren Welt ihren Tag schaffen (*Titan medium quo tempore ducit sub nostra tellure diem*). Auf Aegyptischen Bildwerken durchläuft zwar

---

333) Vgl. Od. λ, 15—20, besonders 155. 475, wo ausdrücklich gesagt ist, dass der Odysseus unter die Finsterniss und in den Hades hinabgieng (*ὑπὸ ζόφον ἠερόεντα* und *Ἀϊδόσδε κατῆλθεν*), eben dahin wohin die Gestorbenen kommen (*ἔνθα τε νεκροὶ ναίουσι, βροτῶν εἴδωλα καμόντων*), also nicht bloss in eine Gegend am Eingang zum Hades, und mithin muss er den Wohnort der Gestorbenen wirklich betreten haben (*ὑπὸ ζόφον ἦλθε ζωὸς ἐών* V. 156).

der Gott die untere Region, aber ohne Beleuchtung, sondern dunkel, wie jene ganze Welt immer und überall vorgestellt wird. In dieser Weise findet man in den Gräbern der Könige zu Theben den Sonnenlauf dargestellt, und im Grabe des Ramses sind sowohl die 12 Stunden des Tageslaufes als auch die 12 Stunden des Nachtlaufes zu sehen; im Bereiche des ersteren ist auch der Aufenthalt der Seeligen: dagegen in den 12 Nachtstunden erscheint der Gott schwarz, und in den 55 Abtheilungen, welche er durchläuft, werden schuldige Seelen bestraft, welche ebenfalls schwarz sind[334].

Also wird man finden, dass auch der Griechische Sonnengott in den Hades sich verwandelt, und nur daraus erklärt sich die Gemeinschaft beider in dem Rinderbesiz und die Freundschaft des Phoebos mit dem Admet (ἄδμητος), dem er die Rinder hütet nach seiner Verbannung aus dem Himmel; nur daraus die Erscheinung, dass der von Herakles in Pylos (dem Höllenthor) todt hingestreckte Hades in den Himmel hinaufkommt, um sich seine Wunden heilen zu lassen (Il. ε, 398). Denn wie könnte er das, wenn er nicht die Kehrseite des Helios wäre? Eine Erinnerung daran liegt auch in der Drohung des Helios bei Homer (Od. μ, 383), in der Unterwelt scheinen zu wollen, wenn man ihm seine geschlachteten Rinder nicht vergelten würde.

II. Titan und die Rinderbesizer.

Uns Nibelungen, d. h. im Nebel Wohnenden, wird es schwer zu begreifen, wie die Alten die Sonne nicht immer als ein freundliches und wohlthätiges Gestirn betrachten konnten, sondern oft als einen grausamen Tyrannen, als einen reissenden Löwen, als einen unseligen Titanen u. s. w. Wir haben aber bereits oben gesehen, dass der Sonnendämon ganz beson-

334) Champollion bei Schwenck Myth. d. Aeg. p. 140—143.

ders den Namen Titan führt und gewissermassen mit dem gequälten Atlas Eins ist, welcher den Himmel tragen muss,

> Der ewig ungeheure Kraft anstrengend,
> Tragend das Himmelsgewölbe auf den Schultern, stöhnt und ächzet.
> Anbrandend brüllt der tiefen See
> Wogenschlag, es dröhnt der Grund,
> Es braust der düstre Erdenschooss der Hölle,
> Und reinquellende Bachesfluth beweint das klägliche Elend.

(Aesch. Prom. 431 f.). Ohngefähr als ebenso elend wird das Loos des Sonnendämons von Mimnermos geschildert in den oben angeführten Versen. Darum, weil er zu den Titanen gehört, geniesst er auch keine Verehrung bei den eigentlichen Hellenen, ausser wo sein Dienst aus dem Auslande eingeschwärzt war. wie in Rhodos. Und er verhält sich zum Hades, seinem Nachbarn, gerade so wie der Kronos zum Tartaros, so dass man jene beiden gewissermassen für eine Wiederholung dieser betrachten kann, und hat endlich auch alle Eigenschaften mit den Riesen gemein, besonders die Zauberei, die er fleissig auf seine Kinder vererbt. Wir haben bereits mehrere Verwandlungen dieses Riesen in den Feuergeistern, den Einäugigen und Geblendeten, und sogar in einer Thiergestalt, dem Löwen, kennen gelernt. Merkwürdig ist an diesem sowohl als an dem Helios selbst besonders eine Eigenschaft: er ist Hirte und Jäger und weidet seine Rinder auf weiten Triften. Diese Rinder werden ihm von Helden, wie Herakles, mitunter abgenommen, womit nichts weiter als eine Abnahme seiner Kraft bezeichnet wird. Die Geschichten dieser Rinderentwendungen aber müssen wir nun durchgehen, ehe wir zu den übrigen gehen, weil sie am besten dazu dienen können, sein Verhältniss zum Hades und sein Wesen überhaupt zu durchschauen. Wir müssen aber dabei im Voraus bemerken, dass in den meisten dieser Geschichten weder der Helios noch der Hades unter seinem gewöhnlichen Namen und in seiner bekannten Gestalt auftritt, sondern beide meistens zu Heroen herabgesunken und völlig vermenschlicht erscheinen.

1. Die Rinderheerden des Helios auf Thrinakia

Nachdem Odysseus durch die Skylla und Charybdis gedrungen ist, so kommt er zur Sonneninsel, wo die Rinder des Helios Hyperion weiden, am Ende der Welt (Od. μ, 135). Der Seher Teiresias und die Zauberin Kirke, welche in dem Sonnenlande Aeaea wohnt, haben vor Betretung dieses Landes und vor Berührung dieser Rinder gewarnt. Dass die Gefährten des Helden sich trozdem nicht enthalten, das wird der Grund zu ihrem Verderben (Od. μ, 127 fl. 260 ff.) Die Insel heisst Thrinakia, woraus man später das Dreispitzenland Trinakria gemacht hat ohne Fug und Recht[335]. Auf dieser Sonneninsel nun weiden sieben Heerden Rinder und sieben Heerden Schaafe, je funfzig Stück, welche nicht gebären und nicht schwinden noch sterben, und werden von zwei Nymphen gehütet, der Scheinenden und Leuchtenden (Φαέθουσα, Λαμπετίη). Ob diese 350 Stück Rinder und Schaafe gerade die Tage des Jahres bedeuten, wie Aristoteles (bei Schol. Od. μ, 129 und Eustath.) deutet, lassen wir dahin gestellt; dagegen wollen wir bemerken, dass auch nach der Religion der alten Arier die Titanen-Urmenschen oder die Angirasen (die von Angris stammen) im Besiz von Kuhheerden sind, welche ihnen von gewissen Dämonen, Balas und Pani, aus dem Himmel entführt und in Berghöhlen versteckt und eingeschlossen werden, bis der Indische Zeus Indra mit seinem Bliz die Höhlen spaltet und die Kühe befreit, wobei er von den wehenden Geistern, den Vajus und Maruts, unterstüzt wird (s. Kuhn in Haupts Zeitschrift f. D. A. VII, 1 p. 119 ff. Duncker Gesch. des Alt. II. p. 323). Unter den Höhlen werden wohl schwerlich

---

335) Auch dazu war man nicht berechtigt, unter θρῖναξ einen Dreizack zu verstehen, indem das Wort durchaus nicht von τρεῖς τρία herkommen kann. Θόρναξ hiess der Apollon bei den Lakedämoniern, und dafür konnte wohl auch Θρῖναξ gesagt werden, so wie θρῖδαξ für θόρδαξ (s. θόρδακα bei Hesych.).

Wolken, sondern eher ein Aufenthalt im Hades zu verstehen sein. Ferner ist zu bemerken, dass der Mithra im Avesta überall der Besizer weiter Triften genannt wird, und dass der Griechische Helios goldene Rinder und Widder besizt, welche auch in den Thierkreis als Sternbilder aufgenommen sind. Der Grund mag wohl der nämliche sein, wie derjenige, nach welchem der Osiris als Stier und der Amun als Widder vorgestellt wurden. Rinder und Schaafe sind erstlich die milchgebenden Thiere, und die Milch ist das Symbol der befruchtenden Erdfeuchte; zweitens sind sie den Nomaden ihr wichtigster Besiz, mithin auch die natürlichsten Symbole des Vermögens (*pecunia* von *pecus*) und Wohlstandes. Und jeder Angriffskrieg beginnt mit Heerdenraub, jeder Rachekrieg vergilt mit Heerdenraub. Ganz natürlich wird dieser Heerdenraub auch auf die Götter übergetragen, und da die Tag- und Nacht-, Licht- und Finsterniss-schaffenden Mächte in beständigem Ringen unter einander begriffen sind, sich gegenseitig beeinträchtigend und verkürzend, so konnte dies natürlich für nichts Anderes als gegenseitige Schmählerung des Besizes angesehen werden.

2. Geryones. Menoetios. Orthros.

Von ähnlicher Art, wie die Fahrt des Odysseus an das Weltende, ist die Fahrt des Herakles in das Fabelland Erytheia, welches jenseits des Okeans liegt (Hes. ϑ. 294. Herod. IV, 8), und zu den Rindern des Geryoneus oder Geryon. Dieser Riese scheint aber keineswegs ein Sonnendämon, sondern ein Hades und seinem Namen nach ein Kokytos, d. h. Heulender, zu sein. Seine Rinder sind daher purpurn. Eben dort, wo die Sonnenrinder weideten (so erzält Apollodor I, 6, 1. II, 5, 10 hauptsächlich nach Stesichoros, wie es scheint), hatte auch der Hades seine Rinder, welche von einem gewissen Menoetios (s. über denselben p. 46. 47.) gehütet wurden. Dieser meldete die Sache sogleich dem Geryones, als Herakles die Rinder wegtreiben wollte, und dieser holte den Herakles ein, als er die Beute entlang dem Blumenbach (*παρὰ ποταμὸν Ἀνθεμοῦντα*) hintrieb, stellte sich zur Wehr und wurde vom Herakles mit Pfeilen todtgeschossen. Herakles aber schiffte seine Rinder hinüber auf dem goldenen Trinkgefäss, auf welchem er auch herübergeschifft war, und dann gab er dieses Fahrzeug dem Helios wieder zurück. Somit scheint Herakles hier in freundlichem Vernehmen zu dem Sonnendämon gestanden zu haben. Wenn es aber wiederum heisst, der Helios habe glühende Pfeile nach dem Herakles geschossen, als er nach dem Sonnenland reisen wollte, und dieser habe den Angriff vergolten dadurch, dass auch er mit seinen Pfeilen nach der Sonne schoss, so scheint damit wieder ein feindliches Verhältniss angedeutet. Indess wird hinzugesezt, der Gott habe diese Keckheit nicht übel genommen, sondern ihm eben jezt, erfreut von seinem Muthe, den goldenen Humpen geschenkt, auf welchem er selbst den Okean zu beschiffen pflegte. Und das ist Alles ganz in der Ordnung: denn der Herakles-Melkarth in seiner Löwenhaut ist selbst ein Sonnendämon, und seine Pfeile sind nicht schlechter als die des Helios [336].

Dem Unhold Geryoneus hat Stesichoros sechs Arme und sechs Beine und ausserdem noch Flügel gegeben, und auch Aeschylus nennt ihn dreileibig (Agam. 799). Er ist der Sohn des Goldschwert (*Χρυσάωρ*) und der Okeanide Schönfluss (*Καλλιρρόη*), und hat einen Hund Morgen (*Ὄρθρος*), Bruder des Kerberos, welche beide von dem Schlangenweib (*Ἔχιδνα*) gezeugt sind (Hes. *ϑ*. 309 u. s. o. S. 86 f.). Sodann hat er noch einen Hirten Eurytion, und beide werden vom Herakles erschlagen in finsterem Gehöfte jenseits des Okeans [337].

---

336) Uebrigens vgl. über diese Geschichten Stesichoros bei Athenäus XI. p. 469 E. 781 A. Frag. p. 164 m. Ausg.

337) *σταθμῷ ἐν ἠερόεντι πέρην κλυτοῦ Ὠκεανοῖο*: Hes. *ϑ*. 294. Sch. Apoll. IV, 1399.

Der Helios schifft in seiner goldenen Schale »hinüber zu den Tiefen der heiligen finsteren Nacht, zu der Mutter, der ehlichen Gattin, den trauten Kindern zurück« (Stesichoros a. O.). Aus diesen Versen ersehen wir, dass der Helios seine traute Heimath auf dem Eiland Erytheia, d. h. Abendröthlich, hatte, und wo seine Mutter, sein Weib und seine Kinder beständig waren, da mussten wohl auch seine Heerden weiden (Apollod. I, 6, 1). Dieses Eiland dachte sich Stesichoros dem Fluss Tartessos gegenüber; dort, sagt er, sei der Geryones in einer Felsenhöhle (ἐν κευθμῶνι πέτρας) geboren gewesen (also vollkommen wie der Mithras!), und Herodot, ihm folgend, sagt, es lag ausserhalb des Pontos bei Gadeira und ausserhalb der Herakles-Säulen am Okean (Stesich. Frag. 11). Die Dichter Mimnermos und Pisander sind dem Stesichoros gefolgt hinsichtlich des Trinkgefässes, in welchem der Helios allabendlich in seine Behausung und von da wieder zur Stelle des Aufgangs zurückschwimme: nur gehört dieses Gefäss bei Pisander dem Okean, und dieser schenkt es dem Herakles, während es bei Mimnermos von Hephaestos gemacht ist (Frag. 12. p. 65. Athen. XI. p. 469 C.).

3. Alkyoneus.

Ein anderer Rinderbesizer ist der Gigant Alkyoneus, Bruder des Porphyrion, d. h. des düsteren Hades. Derselbe hat dem Helios seine Rinder aus Erytheia hinweggetrieben (Diod. I, 6, 1). Er konnte von keinem Gott, sondern nur von einem Menschen getödtet werden: und wenn es ihm oder seiner Mutter, der Gaea, gelungen wäre, ein gewisses Kraut zu finden, so konnte er auch gegen den sterblichen Feind gefestet werden. Aber Zeus schnitt dieses Kraut ab in einer Nacht, in welcher er dem Monde, dem Früroth und der Sonne zu scheinen verboten hatte. Nun schoss ihn Herakles mit seinen Pfeilen nieder: aber um ihn vollends todt zu machen, musste er ihn aus Pallene (wo der Gigantenkampf geschah) wegschleifen, da er durch die Berührung der Erde immer wieder erwarmte[338]). Bei Pindar ist dieser Rinderräuber ein Rinderhirt in Phlegrae geworden, und dabei ein berghoher Riese. Herakles trifft mit ihm zusammen nach der Eroberung Trojas und nach der Vernichtung des Meropervolkes. Er zerschmettert dem Herakles 24 Streitwägen sammt den daraufstehenden 48 Kriegern mit Felsenstücken, und wird dann von den Pfeilen des Helden todt hingestreckt. Seine Einheit mit dem Alkinoos haben wir oben bemerkt.

4. Augeias und Aktor. Neleus, Nestor und Periklymenos.

Augeias, dessen Name schon einen Sonnengott zu erkennen gibt, stammt von Helios mit dem Beinamen Phorbas und der Neleustochter Hyrmine[339]). Diesem Augeias strahlte Feuer aus den Augen, und sein Vater Helios hatte ihm einen unendlichen Reichthum an Heerden hinterlassen (Theokr. XXV, 118). Herakles reinigte seine Stallungen an éinem Tage, ward aber hinterher um den bedungenen Lohn (ein Zehntel der Rinder) von ihm, so wie Phoebos vom Laomedon (Hades), betrogen. Später zieht Herakles gegen ihn, dem die zwei Aktorsöhne, Molione genannt, beistehen, zu Felde. Aktor (von ἀκτίς Strahl benannt) ist ein Bruder des Augeias: auch der Vater des Menoetios trägt diesen Namen. Es stehen sich also wiederum wie Zwillinge gegenüber Augeias und Aktor, wie Alkyoneus und Porphyrion. Auf diesem Feldzuge nun wird Herakles krank, erleidet eine grosse Niederlage, und muss sich zurückziehen. Es war also keine Kleinigkeit, gegen die Macht der Sonnen- und Hadeskinder zu streiten. Später kehrt er zurück, nimmt Rache und erschlägt die Aktorsöhne sammt dem Augeias selbst, und erobert Elis.

---

338) Apollod. I, 6, 1. Schol. Lyk. 63.

339) Schol. Ap. I, 172. Ioann. Pediasim. c. 5.

Von Elis zieht er nach Pylos, wo Neleus herrscht. Neleus, d. h. der Erbarmungslose oder der Hades, in Pylos, d. h. an der Pforte des Hades [340], hatte mit der Chloris, der Blassen, und mit anderen Frauen zwölf Söhne erzeugt, welche hier alle bis auf den Nestor (welcher noch unerwachsen und auch nicht anwesend war) erschlagen wurden (Il. λ, 690). Auch der Hades oder Aïdoneus selbst, als Bundesgenosse der Pylier, wird todt hingestreckt: und nicht bloss dieser, sondern dem Pindar und Hesiod zufolge standen ihm dort auch Poseidon, Phoebos und Ares gegenüber, und dem Homer zufolge ward auch die Hera verwundet (Il. ε, 392 [341]). Pausanias VI, 25, 3 bemerkt, dass man in Elis zum Hades seitdem freundlich gestanden und ihm ein Heiligthum gebaut habe, welches alle Jahre nur éinmal geöffnet werden durfte [342]. Aber auch bei Pylos selbst am Berge Mindes, welcher nach einer Geliebten des Hades benannt ist, wurde der Hades verehrt, und man hatte ihm ein Temenos geweiht nah am Haine der Demeter (Strabo VIII, 3. p. 344). Ein anderes Mal hat der Neleus mit dem Seher Melampus einen Kampf zu bestehen. Dem Melampus wird vom Neleus seine Habe ein ganzes Jahr lang vorenthalten, während er selbst in Phylake vom Iphiklos eingekerkert ist. Allein zulezt gelingt es ihm, dem Iphiklos die Rinder wegzutreiben und dadurch die schöne Pero (Kore) dem Neleus abzugewinnen, die seinem Bruder zum Weibe versprochen ist (Hom. Od. ο, 221 ff.).

Ein Bruder des Nestor hiess Periklymenos, und dieser hatte vom Poseidon die Gabe empfangen, sich in alle mög-

---

340) »Zwischen dem Todten-Pylos in der Ilias (ε, 397 ἐν Πύλῳ ἐν νεκύεσσι), wo Herakles dem Aïdes den Hund nimmt, und Pieria, wo Apollons Heerde weidet, ist im Mythus derselbe Gegensaz wie zwischen Osten und Westen in der Wirklichkeit.« Welcker Gr. Gött. I. p. 340.

341) Auch Panyasis bei Clemens Al. protr. p. 10, 44 Sylb. fügt diese sammt dem Augeias bei: Αὐγείαν τὸν Ἥλιον καὶ Ἥραν ζυγίαν.

342) Pind. Ol. IX, 42 ff. Hesiod ἀσπ. 359 ff. Il. λ, 690 ff. ι, 395. Apollod. II, 7, 2. 3.

lichen Gestalten zu verwandeln: bald war er Adler, bald Ameise, bald Schlange, bald Mücke. Als er in Mückengestalt sich auf des Herakles Keule gesezt hatte, wurden diesem von der Athene die Augen geöffnet, und sodann der Periklymenos vom Herakles todtgeschossen[343]. Klymenos ist einer von den vielen Namen des Hades[344]. Die Eigenschaft, sich in alle Gestalten zu verwandeln, hat er mit den Land- und Seekobolden gemein: und warum soll nicht der Hades seine Kobolde haben, da ja die Zwerge der nordischen Mythologie meistens unter der Erde sich aufhalten?

5. Nestor. Pero. Ergino.

Wie Nestor, zur Reife gelangt, für die Erschlagung seiner Brüder an den Pyliern Rache nahm, erzält er selbst bei Homer (vgl. Strabo VIII. p. 351). Dabei ist zu bemerken, dass hier die Molionen noch am Leben sind, und von Nestor würden getödtet werden, wenn Poseidon sie nicht rettete (Il. λ, 750. Schol. λ, 674). In Pylos zeigte man die Höhle, in welcher Neleus und Nestor ihre Rinder geborgen hatten (Paus. IV, 36, 2).

Neleus ist noch bei einem anderen Rinderraube betheiligt. Er verspricht seine Tochter Pero die Verstümmelte (eine andere Kore) demjenigen zum Lohne, welcher die Rinder des Iphiklos aus Phylake (dem Kerker) ihm herbringen würde, welche von einem fürchterlichen Hunde bewacht werden. Bias, welcher in die schöne Pero verliebt ist, ruft seinen Bruder Melampus (Schwarzrösser oder Hades) zu Hilfe, welcher für ihn die Pero zu entführen sucht, aber ergriffen und eingesperrt wird und ein Jahr lang im Kerker schmachten muss. Aber mittelst seiner Seherkunst (als ein anderer Apoll) befreit

343) Schol. Ap. I, 156. Schol. Il. β, 336. Od. λ, 286. Apollod. I, 9, 9.

344) Andere Namen desselben sind *Εὐρύπυλος, Τηλέπυλος, Ἄδμητος, Ἡγεσίλαος, Εὐρυσθένης, Πολυδέκτης, Ἀξαμένης, Λαοδάμας, Νηλεύς, Πολυφόρτης, Μελάμπους.*

er sich und bekommt die Rinder, treibt sie nach Pylos und gewinnt so die Braut für den Bruder[345]. Wir werden diesen Melampus noch einmal zu betrachten haben unter den Heildämonen, wo wir das Uebrige deuten wollen.

Der alte Dichter Eumelos von Korinth hat gesagt, das Grab des Neleus sei nicht einmal dem Sisyphos verrathen worworden, weil es geheim bleiben müsse (Paus. II, 2, 2). Das kann uns nicht Wunder nehmen, da wir wissen, wer er ist.

Sein Sohn Nestor, welcher, in dem blumigen Gerenos lebend, dem Blutbade entkam[346] und ein unverwüstliches Alter genoss, hat einen merkwürdigen Doppelgänger in dem Minyer Erginos zu Orchomenos, der, als ein Sohn des Klymenos, die Blutrache für seinen von Perieres in Onchestos getödteten Vater erbt, und diese Rache so glänzend übt, dass er (wie Minos mit seinem Labyrinthe, d. h. *Orcus*) den Thebanern einen jährlichen Tribut von 100 Stieren auf 20 Jahre lang auflegt. Derselbe erscheint unter den Argonauten mit grauen Haaren, und dennoch besiegt er im Wettlauf die Boreassöhne (Pind. Ol. IV, 31). Alt geworden ohne Kinder, nimmt er dennoch auf den Rath des Orakels ein junges Weib und zeugt mit ihr den Trophonios und den Agamedes (Paus. IX, 37, 2), die unterirdischen Schäzesammler und Heilande, welche die Menschen vom Hades wiederkehren lassen. Der Erginos hat einen Bruder oder Sohn Namens Azeus, d. h. *Vegetus* (vgl. *αἰζηός*), und er selbst ist eben so wie der Admetos, welcher mehrmals dem Tode entrissen wird, ein vom Tode nicht zu bändigender langlebender Jugendgreis. Um dies zu sein, muss man entweder in gütlicher Weise mit dem Hades sich abgefunden haben oder aber selbst der Hades sein. Beim Admet tritt der Herakles feindlich gegen den Tod auf und ringt ihm die Beute wieder ab, und das Gleiche thut

345) Apollod. I, 9, 12. Od. λ, 287—298. ο, 225—240. Schol. Od. λ, 287.

346) Hes. Frag. 45 *Νέστωρ οἶος ἄλυξεν ἐν ἀνθεμόεντι Γερήνῳ.*

daselbst auch Apollon im Streit mit den Moeren, während sie beide in dem freundlichsten Verhältniss zum Admetos selber stehen. Dagegen ist des Erginos Verhältniss zum Herakles feindlicher Art. Der Held schneidet den Herolden des Erginos, als sie den Tribut einfordern wollen, Nasen und Ohren ab, dann besiegt er den Erginos selbst mit Hilfe der Athena, welche ihm die Rüstung schafft (Diod. IV, 20). Doch kostet der Sieg schmerzhafte Opfer: der Amphitryon fällt in dem Kampfe, und zwei Töchter des edlen Antipoinos (Vergelter), Namens Androkleia und Alkis, müssen den freiwilligen Opfertod leiden; denn der Hades muss eben doch immer ein stellvertretendes Opfer bekommen, wenn man ihm eine Beute abringt (Paus. IX, 17, 1. Apollod. II, 4, 11). Die beiden Mädchen wurden im Tempel der rühmlichen Artemis (*Εὔκλεια*) zu Theben begraben. Vor diesem Tempel lag ein steinerner Löwe, vom Herakles zum Andenken dieses Sieges gestiftet. In der Nähe standen, vom Amphitryon gestiftet, zwei steinerne Bilder der *Ἀθηνᾶ Ζωστηρία*, d. h. Gürterin der Helden zum Kampfe.

6. Elektryon. Hippokoon.

Ein anderer Augeias ist Elektryon, der Vater der Alkmene, dessen Name abermals einen Sonnengott bezeichnet. Als solcher ist er im Besize vieler schöner Rinder, welche ihm von den Teleboern, den Söhnen des Pterelaos, weggetrieben werden. Im Kampfe darüber werden die Elektryonssöhne alle bis auf éinen, den Likymnios, und die Pterelaossöhne ebenfalls bis auf éinen, den Eueres, erschlagen, die Rinder aber nachher dem Eleer-König Polyxenos von den Taphiern übergeben. Dessen Name bezeichnet abermals den Hades, und Aeschylus hatte ihn zu einem Sohn des Hades und Bruder des Zagreus gemacht (Etym. Gud. v. *Ζαγρεύς*). Amphitryon löste die Rinder und führte sie nach Mykene, und als er sie dem Elektryon abliefern wollte, tödtete er unwillkürlich diesen seinen Schwiegervater, indem er nach einem ausreissenden Rinde die Keule warf, welche vom Horn des Rindes auf den Kopf des Elektryon absprang (Apollod. II, 4, 6. Schol. Ap. I, 747). Als hernach Amphitryon die Taphierinseln, das Land des Pterelaos, verwüstete, verliebte sich in ihn dessen Tochter Komaetho und schnitt, eine andere Skylla oder Delila, ihrem Vater das goldene Haar ab, an welchem sein Leben hieng. So gewann Amphitryon den Sieg, aber der Verrätherin lohnt er mit dem Tode (Apollod. das. 7). Es braucht wohl kaum bemerkt zu werden, dass die Besizer der goldenen Haare Sonnendämonen sind, und dass das Abschneiden ihrer Haare das Schwinden der Kraft der Wintersonne bedeutet.

Aber wir müssen noch einmal mit dem Herakles in den Peloponnes zurückkehren. »Von Pylos«, sagt Apollod. II, 7, 3, »zog Herakles nach Lakedaemon wider die Söhne des Hippokoon, welche dem Neleus geholfen hatten. Sie hatten ihn auch durch Ermordung des Sohnes von Likymnios erzürnt. Als nämlich derselbe in die Burg des Hippokoon gehen wollte, wurde er (ein anderer Aktaeon) von einem grossen Molosserhunde angefallen, den er aber mit einem Steine todtwarf, wofür er selbst von den Hippokoonssöhnen mit Knitteln todtgeschlagen und der Herakles, als er zu Hilfe kam, im Schenkel verwundet wurde (Paus. VIII, 53, 9). Zum Feldzug wider diese forderte der Held sodann den Arkadischen König Kepheus auf mit seinen zwanzig Söhnen, der sich aber dazu erst dann bewegen liess, als Herakles seiner Tochter Sterope eine Locke von der Gorgo gegeben hatte, die ihm von der Athena geschenkt war. Wenn man diese Locke dreimal ohne hinzusehen schüttelte vor den Mauern der Stadt Tegea, so mussten die Feinde davonlaufen (Paus. VIII, 47, 5). In der Schlacht mit den Hippokoonssöhnen fiel Kepheus mit seinen Söhnen und auch der Zwillingsbruder Iphiklos: dagegen erschlug Herakles den Hippokoon mit seinen zwanzig Söhnen, eroberte die Stadt Sparta und sezte den verjagten Tyndareos wieder auf den Thron [347]).

Der Hippokoon, welcher dem Neleus beispringt, ist der Hades: sein Hund, welcher die Vettern des Herakles umbringt, ist der Kerberos. Der Kepheus, Sohn des Aleos (Ἄλεος, d. h. des Wärmers), auch als Aethiopenkönig bekannt, ist ein Sonnendämon. Die zwanzig Söhne auf beiden Seiten (deren Zahl aber verschieden angegeben wird) sind mit den zwölf Neleussöhnen zu vergleichen. Ihre Zahl ist nicht zu urgiren, auch sollen sie nicht gerade alle umgekommen sein.

Zum Andenken dieses Kampfes stand in Sparta ein Tempel des Herakles mit einem geharnischten Bilde des Helden, und neben dem Tempel sah man das Grab des Oeonos, des von dem Hunde getödteten Knaben: sodann war vom Herakles der Athena Ἀξιόποινος, d. h. Vergelterin, ein Tempel gestiftet.

7. Admetos. Laomedon.

Admetos der Unbezwingliche ist mit dem Lichtgotte Phoebos gut befreundet. Sogleich anfangs hilft ihm derselbe die Tochter des Pelias, d. h. des Schwarzblauen (er ist ein Bruder des Neleus), gewinnen, die Alkestis, eine mit dem Admet (Hades) vermählte Kore, welche in die Unterwelt hinab muss und wieder ins Leben zurückgeführt wird. Die Bedingung, sie zu erhalten, ist nämlich die, dass ein Eber und ein Löwe (über deren Bedeutung s. oben S. 68 ff.) an den Wagen gespannt werden: und diese Aufgabe vollbringt Admet mit Hilfe des Phoebos (Paus. III, 18, 16. Apollod. I, 9, 14). Bei der Hochzeit vergisst es Admet, der Schwester seines Freundes, der Artemis, zu opfern, und findet in Folge dieser Vernachlässigung einen Klumpen Schlangen in der Schlafkammer. Auch hier tritt Apollo für ihn ein und versöhnt die

347) Apollod. II, 7, 3. III, 10, 5. Diod. IV, 33. Paus. III, 15, 3—5.

Artemis. Apolls Sohn Asklepios hat die Todten wieder aufgeweckt, Zeus hat ihn wegen dieser Beeinträchtigung der Rechte des Hades mit dem Bliz erschlagen: darauf hat Apoll die Kyklopen getödtet: nun wollte Zeus den Phoebos dafür in den Tartaros werfen (wir wissen was das bedeutet), doch auf Fürbitte der Leto wird diese Strafe dahin abgewandelt, dass er ein Jahr lang dem Admet dienen muss, was gerade so viel war. Nun hütet Apollo bei Admet die Rinder und bewirkt einen ungemeinen Segen in den Heerden: Eur. Alk. 548—563. Dieser Heerdenreichthum des Admetos ist auch in dem Namen seines Sohnes Eumelos angedeutet, und schon Homer kennt ihn, indem er den Eumelos mit vogelschnellen Stuten nach Ilion kommen lässt, welche von Apollon in Pereia erzogen sind (Il. β, 764. Schol. Il. ψ, 383).

Hier wollen wir sogleich einen analogen Fall erwähnen, weil Vergleichungen den besten Aufschluss geben. Apoll und Poseidon werden verurtheilt, dem Laomedon (Menschenbezwinger Hades) ein Jahr lang zu frohnden: Poseidon baut ihm die Mauern, Apollon hütet ihm, wie dem Admet, die Rinder, auch bei dem Mauerbau soll er mit geholfen haben (Il. φ, 448. η, 452). Wohl zum Andenken daran befand sich ein Heiligthum der beiden Götter auf der Burg Ilion. Nun besizt ferner dieser Laomedon eben so herrliche Rosse, wie der Eumelos, die er aber auf anderem Wege, und nicht durch den Phoebos, bekommen haben soll (Il. ε, 263 ff.). Das ist eine Entstellung der Sage durch Einmischung des Ganymedes: dagegen ist es interessant zu finden, dass der Herakles wieder auf diese Rosse Anspruch macht, und als sie ihm verweigert werden, den Laomedon tödtet und die Stadt zerstört (Il. ε, 340 ff. Apollod. II, 6, 4).

Auch zum Admet kommt der Herakles, aber nicht um ihm Heerden zu rauben, sondern um seine Gattin Alkestis dem Tode wieder abzunehmen. Also ist hier an die Stelle Admets, welcher den Hades bedeutet, der Tod (Θάνατος) getreten.

Dieser Admet aber hat ein eben so zähes Leben, wie der Riese Alkyoneus, und weder die Moera noch der Tod können ihm etwas anhaben: jene werden von Apollon um ihre Beute betrogen, der leztere muss sich mit einem Aequivalent begnügen; kurz, der Admet ist ἄδμητος, ein zweiter Nestor, und bleibt am Leben [348]).

III. Die Zwillinge.

Der Helios und der Hades könnten Zwillinge genannt werden, weil sie in einander übergehen, und der Indische Hades trägt wirklich diesen Namen (*Jama* = *geminus*). Und der Augeias hat Zwillinge zu Bundesgenossen, die sogar zusammengewachsen sind, die Molionen Kteatos und Eurytos. Auch sind wir bereits den Aloiden begegnet, dem Otos und Ephialtes, welche als sehr schön geschildert, theils auch zu den Giganten gerechnet werden: denn Eratosthenes bei dem Schol. Apoll. I, 482 nennt sie Erdgeborene. Sie sind unter den Riesen dasjenige, was Romulus und Remus, Amphion und Zethos, Kastor und Pollux unter den Heroen sind, und werden, wie diese, auch als Stammväter gewisser Staaten verehrt, und demgemäss mit gewissen Kämpfen und Verdiensten bereichert.

Auch Apoll und Admetos hätten für Zwillingsbrüder oder wenigstens für unzertrennlich geachtet werden können, wie Prometheus und Epimetheus, ingleichen Apoll und Laomedon sammt dem Poseidon: denn auch einen dritten sehen wir bisweilen hinzutreten. Hiermit haben wir die Deutung dieser Zwillingsnaturen bereits gegeben: damit aber ihr Wesen noch sicherer verstanden werde, wollen wir hier auch eine kurze Betrachtung der Indischen Rossbrüder *Açvinau* anknüpfen. Diese Indischen Dioskuren sind erstlich Brüder des *Jama* und des *Manus*, d. h. des Zwillings und seines Bruders, gezeugt

348) Eurip. Alk. d. Prolog. und die Scholien. Libanius narr. 9. p. 1102. Apollod. I, 9, 14.

von *Vivasvat* dem Leuchtenden und *Saraju* dem Wolkendunkel, und stehen in dem nämlichen Verhältniss zu einander wie jenes Brüderpaar. Ferner fahren sie mit hellen Rossen und schenken ein solches Ross dem *Pedu:* sie retten in Schlachten und aus Meeresstürmen, entführen als ihre Braut die Tochter des *Sûrya* (*sol*) und thun endlich viele Wunder. Zum Beleg des Gesagten sollen hier einige Stellen aus den Veden nach der Uebersezung des Herrn Geheimerathes Fr. Rückert ausgehoben werden, der mir sein Manuscript zu diesem Gebrauche mitgetheilt hat. »Euer Verband ist wie des Tages und der Nacht: wohl zu verbinden seid ihr von Verständigen. — Ueber drei Erden durch den Himmel wandelnde behütet ihr das Licht (das Gedeihen) in den Tagen und Nächten stets.« Wegen der drei Welten haben die Açwinen Alles dreifach, die Räder, die Wagenkörbe u. s. w. »Auf den Scheitel des Ewigen sezt ihr das Wagenrad, durch den Himmel das andre geht. — Himmelweit euer Fahrzeug ist, euer Wagen am Meergestade. — Euer unsterblich gemeinschaftlicher Wagen geht ja im Meer, Açwinen. — Wohl Zwillinge gebirt die Zwillingsmutter: alsbald, geboren, nimmt das Paar Gestalt an, die Finstre schlagend kommts bei Tagesanbruch. — Wie sprizen Funken eure goldnen Felgen, der Morgenröthe folgt ihr honigtrinkend. — Nach eurem Glanz, Umwandelnde, kommt gegangen das Morgenroth: ihr liebt die Feier der Nacht. — Kommt, denn das Opfer ist bereit! sonst schirrt vor euch der Sonnengott des Morgenroths bunten triefenden Wagen zu der Feier an.«

Auch bei den Parsen kommen diese Zwillinge vor, *Aspinen* genannt, und Schwenck (Myth. d. Pers.) erklärt sie für die aufgehende und untergehende Sonne. Statt Sonne hätte wohl Licht gesagt werden müssen: denn, wie wir so eben gesehen haben, die Açwinen werden von der Sonne unterschieden. Es heisst ferner von diesen »Geboren hier und dort, sterbt ihr zusammen.« Aus dem Wasser sind sie geboren, und wenn sie herabgelangen von ihrem Fahrzeug, nimmt die Schwester sie auf.

Kuhn (Ueber die Herabk. des Feuers p. 252) nennt sie Götter des aufsteigenden Morgenroths. Fügen wir hinzu »und des der Sonne folgenden Abendroths«, so werden wir dem Wahren näher gerückt sein. Denn sie kommen vor und nach der Himmelsröthe, sind hier und dort geboren, fahren dennoch zusammen und erlöschen mit einander. Wenn sie noch nicht völlig das waren, was die Dioskuren den Hellenen sind, so hatten sie doch die Anlage, es zu werden.

1. Idomeneus. Die Molionen oder Aktoriden.

Minos und Pasiphae zeugten den Deukalion, und dieser zeugte den Idomeneus und die Kreta, und ausserehlich den Molos [349]. Zu Elis war des Idomeneus Bild unter denen, die der Ausforderung Hektors zum Zweikampf gefolgt waren, und dasselbe war kenntlich durch den Hahn auf seinem Schilde: denn (sagt Paus. V, 25, 9) Idomeneus stammte vom Helios, und diesem war der Hahn geweiht, als Verkündiger des Morgens [350]. Sein Bastardbruder Molos, dessen Namen an die Molionen erinnert, wird der ankommende Morgen sein, und beide zusammen mit ihrer Schwester Krete sind Kretische Dioskuren. Wenn Odysseus in seiner erdichteten Erzälung sich dem Molos unter dem Namen Aethon substituirt (Od. τ, 183), so scheint wenigstens dieser Name nicht erdichtet zu sein: und wenn Helena erzält, dass Menelaos den Idomeneus gar oft bei sich bewirthet habe, während sie zugleich die Ab-

349) Il. γ, 451. Diod. IV, 60. Apollod. III, 3, 1. Δευκές oder δευκές heisst λαμπρόν, περιφανές nach Hesych, ferner ἐνδευκές so viel wie ἐμφερές, ὅμοιον. Dazu füge man das vom Schol. Apoll. Rhod. durch ἀπροσδόκητος und ἀπεοικώς und ἀφανής erklärte ἀδευκής. Daraus lässt sich entnehmen, was Δευκαλίων sowohl als auch was Πολυδεύκης ursprünglich bedeuten. Ἰδομενεύς aber von ἰδεῖν besagt wiederum das nämliche.

350) Vgl. Aesch. Suppl. 178, wo der Helios Hahn des Zeus (Ζηνὸς ὄρνις) genannt wird.

wesenheit der Dioskuren bedauert, und wenn Hygin c. 81 und 270) weiss, dass der Idomeneus in diese Schwester der Dioskuren verliebt gewesen sei: so ist aus dem allen eine gewisse Verwandtschaft mit den Dioskuren zu entnehmen.

Gehen wir zu den Molionen über. Ihr Vater ist Aktor, Bruder des Augeias, Sohn des Phorbas (Paus. V, 1, 11), drei Namen, welche einen Sonnen- oder Lichtgott bezeichnen. Sie selbst sind weissberitten, gleich den Dioskuren, und auch gleich diesen aus éinem Ei geboren, und sogar zusammengewachsen, was jene ebenfalls gewesen sind, wenigstens anfangs: denn noch Phidias hat sie im Parthenonfries also dargestellt, wie die zwei Aloiden in der Unterwelt sizend gedacht wurden, nämlich mit an einander gelehnten Rücken. Von den Molionen aber lässt Ibykos (Frag. 16. p. 189 m. Ausg.) den Herakles also erzälen:

> Und das weissberittne Paar
> Schlug ich, die Söhne der Molione,
> Zwillinge gliedergeleimt, schädelgepaart,
> Beide zusammen geboren im Ei einer silbernen Schaale.

Wegen dieser Doppelgestalt sind sie bei Apollod. II, 7, 2 Riesen [351].

Davon weiss indessen Homer nichts, bei welchem sie mit dem Augeias in den Krieg ziehen noch als Knaben [352] und in diesem Krieg von Nestor erschlagen worden wären, wenn nicht Poseidon (denn auch dieser wird für ihren Vater ausgegeben) sie entrückt hätte in einer Wolke (Il. λ, 710. 750). Ausserdem kennt sie Homer noch als Zwillinge und als tüchtige Wagenlenker: denn in den Leichenspielen zu Ehren des Königs Amarynkeus (des Funkelnden) oder des Sonnengottes ist Nestor bloss von diesen Aktorionen übertroffen wor-

---

351) Ἠλείων στρατηγοὺς Εὔρυτον καὶ Κτέατον συμφυεῖς, οἳ δυνάμει τοὺς τότε ἀνθρώπους ὑπερέβαλλον.

352) Il. λ, 710 παῖδ' ἔτ' ἐόντ' οὔπω μάλα εἰδότε θούριδος ἀλκῆς.

den, weil es Zwillinge waren, und während der eine lenkte schwang der andere die Peitsche [353].

Bei Pindar dagegen haben sie's mit dem Herakles, und nicht mit dem Nestor, zu thun, und das ist auch richtiger. Sie halten, wie billig, zum Augeias, als Herakles gegen diesen zieht, um seinen Lohn einzutreiben: denn sie sind Lichtwesen. Dabei deuten ihre Namen Kteatos und Eurytos auf Besiz und Wohlstand, und das ist ebenfalls in der Ordnung, weil sie Schuzgottheiten des Staates sind. Herakles kommt das erste Mal sehr zu kurz gegen sie: die Molionen reiben ihm sein Heer auf, er muss sich zurückziehen und wird krank; später aber überfiel er sie aus dem Hinterhalt bei Kleonae im Argeierland, als sie von Elis her zu den Isthmischen Spielen gehen wollten, und tödtete sie: dort bekamen sie auch ihr Grabdenkmal und ihr Heiligthum. Aber ihre Mutter Molione legte wegen dieses Verrathes einen Fluch auf jeden Eleer, wer fürder die Isthmischen Spiele besuchen würde: darum unterblieb dieser Besuch [354]. In dem Kampfe gegen die Molionen haben dem Herakles gerade 360 Männer aus Kleonae beigestanden, welche alle umgekommen sind: und er stiftete ihnen Ehren zu Nemea, als er den Löwen dort erlegt hatte [355]. Endlich ist noch zu erwähnen, dass diese Zwillinge auch Zwillingsschwestern geheirathet haben, Töchter des Königs Dexamenos (Hades) zu Olenos in Aetolien, genannt Theronike und Therophone, und haben mit ihnen Söhne gezeugt, den Amphimachos und den Thalpios (Paus. V, 3, 3. Il. ν, 185. β, 620).

---

353) Il. ψ, 641 οἳ δ' ἄρ' ἔσαν δίδυμοι· ὃ μὲν ἔμπεδον ἡνιόχευεν,
ἔμπεδον ἡνιόχευ', ὁ δ' ἄρα μάστιγι κέλευεν.

354) Pind. Ol. XI, 42—55. Schol. Apollod. II, 7, 2. Paus. II, 15, 1. VIII, 14, 9. V, 2, 2. Plutarch de Pyth. or. c. 12. p. 400. Schol. Il. λ, 709.

355) Schol. Pind. Ol. XI, 29. Aelian V. H. IV, 5.

2. Die Aloiden.

Die Söhne des Aloeus und der Iphimedeia, als deren eigentlicher Vater Poseidon angegeben wird (Schol. Ap. I, 482, hiessen Otos und Ephialtes[356]). »Die Söhne des Aloeus«, sagt Homer, »hatten ein kurzes Leben (*μινυνθαδίω γενέσθην*) und waren riesengross, und dabei die allerschönsten, den Orion ausgenommen. Als sie neun Jahre alt waren, massen sie neun Ellen in der Breite und neun Klaftern in der Länge, und bedrohten die Himmlischen mit Krieg: sie wollten den Ossa auf den Olymp, und auf den Ossa wiederum den Pelion sezen, um so in den Himmel hinaufzusteigen: und wenn sie die Jahre ihrer Reife erlangt hätten, so hätten sie's auch ausgeführt: so aber wurden sie von Apollon, noch ehe sie einen Bart bekommen hatten, getödtet (Od. *λ*, 305). Das Emporthürmen von Bergen zur Ersteigung des Himmels erinnert an die Herakles- oder Atlassäulen und an die Ilhammanim oder Beth-El. Die Aloiden, beide zusammen, also machen einen Atlas aus. Von ihrer Riesengrösse aber weiss Pindar nichts, sondern bloss, dass sie sehr gross und schön gewesen und auf Naxos gestorben seien. Nämlich beim Anblick des Iason fragen die Menschen: »Ist er Apollon der Fremdling, oder gar im ehernen Wagen der Mann Aphroditens? Todt ja sind im lachenden Naxos bereits Iphimedeens Kinder, Otos, Ephialtens riesenverwogene Kraft.« Auf Naxos waren sie zu Hause diese unzertrennlichen Brüder. Sie hatten nämlich,

356) *Ὠτός* oder *ὦτος* heisst die Ohreule, so dass der Otos Eins mit dem Askalaphos sein kann. *Ἐφιάλτης* wird schwerlich der Alp sein sollen, wiewohl die Alten den Namen durch *ὁ ἐπιπηδῶν* deuten und den *Ἐφιάλτης* (wohl eher *Ἐπιάλτης*) mit zu den Popanzen zählten, mit denen man die Kinder schreckte (Strabo I, 2. p. 19). Vielmehr wird der Stamm in *ἀλδαίνω* — *alere* zu suchen sein, sintemal Hesych an mehreren Stellen lehrt, dass der Ephialtes auch *Ὠφέλης* und *Ἐπωφέλης* geheissen habe. Und der Vater *Ἀλωεύς* sammt der Stadt *Ἄλος*, die er gegründet hat, wird wohl aus dem nämlichen Wortstamm seinen Namen herzuleiten haben.

gleich den Dioskuren, eine wunderschöne Schwester, Pankratis, eine zweite Helena. Um diese hatten die besten Helden der Thraker (welche damals auf Naxos wohnten) sich todtgeschlagen, bis man sich entschloss, sie dem König Agassamenos zu geben. Aber nun sandte der Aloeus seine beiden Söhne aus, die Geraubte wieder zu holen. Sie eroberten und zerstörten dieses Troja, die Thrakerstadt, liessen sich dann selbst auf der Insel nieder, und nannten sie Dia; aber später hatten sie das Unglück, sich gegenseitig zu tödten, empfiengen aber göttliche Ehren bei den Einwohnern der Insel Dia oder Naxos. So erzält Diodor V, 50. 51, welcher die Mythen in Geschichte umzugestalten beflissen ist. Mit der gegenseitigen Tödtung soll es also zugegangen sein. Sie hatten sich, der eine in die Hera der andere in die Artemis, verliebt, und das nahmen diese Göttinnen übel: darum liess Apoll einen Hirsch zwischen sie laufen, auf den sie beide zugleich schossen: oder auch Artemis selbst war in diesen Hirsch verwandelt, welchen verfehlend sie sich selbst tödteten. Und das geschah auf Naxos[357].

Homer meldet ferner, dass einst der Ares von den Aloeussöhnen sei in Fesseln geschlagen worden, und dass er dreizehn Monate lang in einem ehernen Kerker (κεράμῳ) schmachten musste, und dass er in der That umgekommen wäre, wenn nicht die Stiefmutter der Jünglinge, die schöne Eeriboia (Ἠερίβοια) sich erbarmt und die Sache ihrem Grossvater, dem Hermes, angezeigt hätte, welcher der Hera zu lieb ihn herausstahl, als er schon beinahe verkommen war (Il. ε, 385). Trozdem weiss Philostratus (vit. Soph. II, 3), dass der also Eingesperrte auch Opfer von den Aloiden bekommen hat: dass aber der Ares gefangen wurde, das ist dem Scholiasten Homers zufolge also zugegangen. Die Aphrodite hatte ihren schönen

---

357) Apollod. I, 7, 4. Schol. Il. ε, 385. Hygin c. 28. Kallim. Hym. Aet. 265.

Liebling, den Kinyrassohn Adonis, dem Otos und Ephialtes anvertraut. Diesen erschlug der Ares, d. h. der Winter, während er auf dem Libanon jagte. Darüber erzürnt, sperrten sie den Ares ein. Wie er aber wieder frei geworden war, floh er nach Naxos und versteckte sich in die sogenannte Eisenrostgrotte (σιδηροβρῶτιν πέτραν).

Hygin berichtet, dass beide in der Unterwelt mit dem Rücken an eine Säule angebunden sind mittelst Schlangen, welche sich herumwinden: und zwischen ihnen an der Säule sizt eine Nachteule (στρίγξ). Damit soll wohl nichts Anderes gesagt sein, als dass sie eigentlich Zwillinge, und zusammengewachsen waren (daher auch ihre Riesenkraft und Riesengrösse, wie bei den Molionen), und dass Ὦτος so viel wie Eule bedeute. Diese Eule aber wird nichts Unheimliches zu bedeuten haben, so wenig als bei der Athena: denn diese zwei Brüder haben zuerst auch den Musen am Helikon geopfert, als sie mit ihrem Bruder Oeoklos vereint Askra gründeten. Es gab aber damals nur drei Musen, welche Vorbereitung, Gedächtniss und Gesang (Μελέτη, Μνήμη und Ἀοιδή) hiessen. Auch Aloion in Thessalien haben sie gegründet nach Besiegung der Thraker (Anhänger des Ares), und nicht bloss auf Naxos, sondern auch auf Kreta und zu Anthedon in Boeotien bewahrte man ihr Grab[358].

IV. Die Gluthdämonen.

Die Gluthdämonen, welche wir jezt der Reihe nach betrachten wollen, entsprechen alle dem glühenden Moloch, der nach seinem Hinabstürzen in die See zum Melkarth wird, darum auch die Stiergestalt hat. Sie sind zum Theil grausame Tyrannen, wie der Thrakische Diomedes mit seinen menschenfressenden Sonnenrossen, machen die Quellen versiegen, erzeugen pestartige Krankheiten und stecken Alles in Brand,

---

358) Paus. IX, 22, 6. Plin. VII, 73. Serv. Aen. III. 578.

bis sie etwa vom Bliz erschlagen oder in den Tartarus hinabgestürzt werden. Sie fallen oft mit dem Himmelsgott Zeus, mit dem Lichtgotte Phoebos, als Titanen auch mit dem Kronos-Bel, zusammen. In der Eigenschaft des lezteren können sie wechselnd auch der goldenen Zeit angehören und Richter in der Unterwelt werden (Minos), während die Einheit mit dem Zeus und Phoebos nicht hindert, dass sie auch (als Entartete) von jenen selbst getödtet werden.

1. Phlegyer und Lapithen. Peirithoos, Kaeneus, Phorbas.

Eine ganze Klasse solcher Dämonen begegnet uns in diesen Namen, die noch jezt von den Forschern meistens für zwei historische Völkerschaften gehalten werden. Der Name Phlegyer bezeichnet Brennende und Lapithen (von *λάμπω* d. h. *λάπω*: s. Curtius Gr. Etym. I. p. 231) Leuchtende. Beide werden als übermüthige Frevler geschildert, woher es kommt, dass *φλεγυᾶν* so viel wie *ὑβρίζειν* bedeutet, beide werden auch vielfach bestraft und in die Unterwelt hinabgestossen. Die Phlegyer oder ihr König Phlegyas steckten Apolls Tempel in Brand, plünderten die Pilger und ruhten nicht, bis entweder Phoebos oder Zeus sie durch Blize vertilgten oder auch in den Tartarus hinabstiess[359]. Und gleich seinem Sohn Ixion wird auch der König Phlegyas noch in der Unterwelt gemartert[360].

Der Lapithenkönig Hypseus (der Hohe) ist niemand als der Sonnengott selbst, und Stilbe (Schimmer), die Mutter der Lapithen, ist der Mond. Ihr Stammvater Lapithes ist ein Sohn des Apollo, Bruder des Kentaurus. Der Lapithenkönig Peirithoos (der Schnelldurchdringende) heirathet die Hippodameia oder Deïdameia (eine Artemis), und bei der Hoch-

359) Paus. IX, 36, 2. 3. Il. *ν*, 302. Schol. das.
360) Virg. Aen. VI, 618. Schol. Il. *α*, 268. Schol. Apoll. III, 62.

zeit fiel die grosse Schlägerei der Lapithen mit den Kentauren (Quellendämonen) vor, in welcher die lezteren unterlagen. Hinwiederum sehen wir diesen Peirithoos mit dem Wasserdämon und Poseidonssohn Theseus (so wie den Phoebos mit dem Poseidon) innige Freundschaft halten und gemeinsam mit ihm die Helena rauben, auch in die Unterwelt hinabgehen, um die Kora zu rauben, woselbst sie aber von dem Aïdoneus nicht besser als Phoebos und Poseidon von dem Laomedon behandelt werden. Denn sie werden festgebannt, und Peirithoos kann selbst von dem Herakles nicht losgerissen werden[361].

Ein anderer Lapithenkönig ist der Kaeneus der neben dem Peirithoos hergeht im Kentaurenkampf (Paus. V, 10, 8) und, statt mit Theseus, mit dem Poseidon selbst in einem Liebesverhältniss steht. Homer (Il. α, 264) nennt ihn und den Polyphemos zusammen als Helden der Vorwelt. Dieser Kaeneus aber verwandelt sich auch in eine Kaenis, und ist also, wie der Melkarth und der Sandon, ein Mannweib. Er ist ferner unverwundbar und sinkt ungebrochen, ungebeugt (Apolld. I, 63), mit geradem Fusse den Boden spaltend (Pind. Frag. 233. p. 246 m. Ausg.), unter die Erde hinab (Schol. Apoll. I, 57). Das bringt ihn mit den Heilgöttern, einem Amphiaraos und einem Teiresias (dem Mannweibe) zusammen, wie er dann auch der Bruder des Kraft (Ἰσχύς), des Vaters des Asklepios, ist. Endlich ist zu sagen, dass er seine Lanze auf dem Markte aufgestellt und für sie göttliche Verehrung gefordert hat (Schol. Il. α, 264. Schol. Ap. I, 57).

Noch haben wir den Phorbas zu erwähnen, der sowohl zu den Lapithen als zu den Phlegyern gerechnet wird: denn mit diesen plünderte er den Delphischen Tempel, und vom Lapithes stammte er (Schol. Il. ψ, 660). Vom Phoebos (mit dessen Name sein Name zusammenfällt, wie wir gelegentlich

---

361) Schol. Apoll. I, 101. Diese Geschichte wiederholt sich im Thesprotenlande: Plut. Thes. c. 35. Paus. I, 17, 4. Horat. III, 4, 80.

zeigen werden beredet, zieht er in das dem Helios geweihte Land Rhodos und reinigt es von Schlangen (Diod. V, 58). In Elis wiederum ist er der Vater des Augeias und des Lapithen Aktor, ingleichen der Sohn des Argos — welches lauter Sonnendämonen sind[362].

2. Ixion. Endymion. Kephalos. Prokris.

Ixions Weib Dia, die mit der Hebe und mit der Ganymede für Eins galt in Phliunt (Str. VIII. p. 382. Paus. II, 13, 3), war wohl nicht verschieden von der Dione, der Gattin des Dodonischen Zeus. Wenn es also heisst, dass Ixion mit der Hera gebuhlt habe oder mit einer Wolke an deren Statt, so geht das Alles auf Eins hinaus, indem auch die Dia die Hebe und die Ganymede Gattinnen des Zeus gewesen sind. Damit stimmt es überein, wenn der Lapithe Peirithoos bald des Zeus bald des Ixions Sohn genannt wird, indem Zeus an die Stelle des Moloch gesezt erscheint: denn ein Moloch ist der Ixion, wie wir sogleich sehen werden[363]. Der Name Ixion aber bezeichnet einen Gnadengott den man anfleht (Ἱκέσιος, da ἷξις so viel wie ἱκεσία ist: s. Hesych); denn Aeschylus (Eum. 420) sagt »ehrwürdiger Flehender in Ixions Weisen« (σεμνὸς προσίκτωρ ἐν τρόποις Ἰξίονος[364]). Die Sage aber meldet, dass Ixion ein grosses Verbrechen begangen habe, von welchem ihn niemand reinigen und entsündigen konnte ausser Zeus selbst, und er war, gleich Kain, der erste Mörder in der Welt[365]. Also wird der Erbarmer selbt zum Erbarmenswerthen, der Sühner zum Entsühnten, wie die Opfer heischende Göttin Iphigenia selbst zum Schlachtopfer wird. Die That aber welche Ixion be-

---

362) Diod. IV, 69. Eustath. Il. β, 623. Paus. V, 1, 11. II, 16, 1. Schol. Ap. I, 172.

363) Schol. Pind. P. II, 39. Il. ξ, 317.

364) Ueber das Verschwinden des Asper s. Curtius Gr. Etym. II. 253.

365) Aesch. Trag. Ixion, Fragm. p. 129 m. Ausg. Pind. P. II, 58 (32).

gangen hatte bestand darin, dass er seinen Schwiegervater Deïoneus[366]) in eine mit Feuer gefüllte Grube stürzte. Also wird er wohl selbst ein Moloch gewesen sein. Zulezt wurde Ixion mit Händen und Füssen auf ein feuriges Rad mit vier Speichen geflochten, und mit diesem wirbelt er seitdem in der Luft herum[367]).

Aehnliches war in den grossen Eoen von Endymion erzält, nämlich dass ihn Zeus in den Himmel eingeführt habe, dass er sich dort in die Hera verliebte und dabei durch ein Luftbild betrogen wurde, und dass er dafür im Hades bestraft werde (Schol. Apoll. IV, 57). Dieser Sohn des Zeus und König von Elis, Stifter der Olympischen Spiele, ist wohl zu unterscheiden von dem Schläfer in dem Berge Latmos in Karien, mit welchem er jedoch die Liebschaft der Selene gemein hat. Er soll nämlich mit ihr funfzig Töchter gezeugt haben, welches die Mondumläufe des Fest-Cyclus sind[368]).

Es gibt eine dritte, noch unkenntlichere, Verwandlung dieses Heros. Nämlich der Sohn des Deioneus hiess auch Kephalos, und dieser Kephalos stellt sich auf die Bergesgipfel (κεφαλάς) hin, und ruft der Wolke zu, »Komm', o Wolke«, als wär' er in sie verliebt, wodurch seine Gattin Prokris eifersüchtig gemacht wird, so dass daraus die tragische Geschichte entsteht, welche Ovid so rührend erzält (vgl. Eustath. zu Od. λ, 321).

Diese Prokris ist ein merkwürdiges Weib. Sie begattet sich auch mit dem Minos auf Kreta, und heilt ihn dabei von einer bösen Krankheit. Derselbe pflegte nämlich, wenn er Frauen beiwohnte, ihnen Schlangen, Skorpionen und andere

---

366) Feuermann, von δαίω: denn δηίοιο—καυστικοῦ, sagt Hesych. Der Name erscheint anderwärts verschrieben Ἠιονεύς, Ἠσιονεύς.

367) Schol. Pind. P. II, 39. Schol. Eur. Phoen. 1185. Schol. Apoll. III, 62. Diod. IV, 69. Eur. Herakl. 1269 m. Ausg.

368) Paus. V, 1, 4 ff. 8, 1. VI, 20, 9 Schol. Theokr III, 49. Apolld. I, 7, 5. Konon. c. 14.

böse Insekten in den Schooss zu giessen, woran sie starben. Die Pasiphae, eine Mondgöttin d. h. Zauberin, hatte ihm das angethan, und die Prokris, eine zweite derartige Zauberin, heilt ihn davon mittelst eines Kirkäischen Trankes[369]).

Der Kephalos aber hat noch eine Eigenschaft mit dem Endymion gemein, nämlich dass er von einer Himmelsgöttin, der Hemera (Tag), geliebt wird, die ihn entführt und von ihm den Phaethon gebirt (Hesiod bei Paus. I, 3, 1). Die Hemera, als Mutter des Phaethon, ist dann zur Klymene geworden und der Kephalos zum Helios (Paus. X, 29. Eur. Phaeth.).

3. Tantalos.

Auf dem Berg Sipylos in Phrygien, wo die grosse Mutter der Götter als Niobe versteinert (erfroren) zu sehen war, stand die Burg des reichen Tantalos, und er lud dahin die Götter zum Schmauss und sezte ihnen seinen eigenen geschlachteten und zerstückelten und im Kessel gekochten (man denke an Melikertes=Melkarth) Sohn vor, der aber hinterher wieder zusammengesezt wurde mit Ausnahme eines einzigen, von der trauernden Naturgöttin verzehrten, Gliedes und von Neuem belebt wurde. Es ist unschwer zu erkennen, dass dieser Pelops ein anderer Zagreus sei, der von seinem Vater den Himmlischen geopfert wird, so wie *Jehud* vom Bel dem Moloch (s. Movers I. p. 130), und wenn der Mythus sagt, dass Pelops nachher in den Peloponnes hinübergewandert sei, so liegt darinnen das Geständniss, dass die Menschenopfer, welche in Arkadien dem Zeus Lykaeos, als einem anderen Bel, gebracht wurden, aus Kleinasien herstammen, nicht aus der Urheimath des Griechischen Volksstammes: denn bei den Ariern ist keine Spur von Menschenopfern anzutreffen.

Dieser Tantalos aber, dessen Grab auch auf dem Sipylos

---

369) Anton. Lib. 41. Apolld. III, 15, 1.

zu sehen war (Paus. V, 13, 7. II, 22, 3), obwohl er ein Sohn des Zeus und der Pluton ist oder auch einer Plejade, handelt falsch gegen den Zeus, mit dem er doch eine Zeit lang in inniger Freundschaft gelebt hat. Er plaudert die Geheimnisse aus oder er trägt Nektar und Ambrosia von der Tafel seines Freundes weg und verschenkt sie an Menschen, um dieselben unsterblich zu machen (Pind. Ol. I, 95=100). Sodann hatte der Zeus in Kreta bei seinem Tempel einen goldenen Hund: der wird ihm gestohlen und dem Tantalos anvertraut, der ihn abschwört, aber von Hermes überführt wird[370]. Für solcherlei Missethaten wird Tantalos zulezt bestraft: entweder wird der Sipylos auf ihn gedeckt oder ein Felsen schwebt ihm drohend über dem Haupte, und dieser Felsen hängt zwischen Himmel und Erde an goldenen Bändern[371]. Oder er steht in der Unterwelt hungrig und durstig zwischen erquicklichem Wasser und labenden Früchten, und kann keine von beiden jemals erlangen, weil sie ihn beständig äffen (Od. λ, 582). Dieser Zustand ist so wenig ursprünglich eine Strafe, als das Ixions-Rad, und die Gründe dieser angeblichen Bestrafung (unter denen man auch die Schlachtung des Pelops nennt) sind unpassende Erfindungen. Tantalos heisst der Schwebende[372]. Also nicht dass etwas über ihm schwebt, sondern dass er selbst in der Schwebe hängt, ist die Wahrheit.

Es ist ferner, wie so oft, auf ihn übergetragen, was er selbst anderen anthut, wenn er beständig von Hunger und Durst gequält wird, und Trank und Speise vor seinen lechzenden Lippen entweicht. Denn er ist in der That ein feuriger verbrennender Moloch: und wenn der Moloch die brennende Sonne ist, so kommt dem Tantalos auch das Hängen in der Schwebe zu.

370) Schol. Pind. Ol. I, 90. Anton. Lib. 36. Schol. Od. λ, 582. Paus. X, 30, 2.

371) Archilochos bei Paus. X, 31, 12. Pind. Isthm. VII, 17. Schol. Pind. Ol. I, 80. Eur. Orest. 960.

372) ταλαντόω=ταλαντεύω heisst schwingen, τάλαντον die schwebende Wage.

4. Minos und Moloch.

Wir haben gesehen, wie die Sonnen- und Feuerdämonen mit dem Semitischen Moloch zusammenfallen, und dass diesem Moloch der Zeus, so wie dem Bel der Kronos, als gleichbedeutend, zum Stellvertreter gegeben ist. Wir wollen nun fortfahren in der Betrachtung solcher Dämonen oder Heroen, welche die Stelle des Moloch vertreten, und dabei entweder Zeus-Söhne oder dessen Rivalen genannt werden.

Einer der wichtigsten ist Minos, der mit dem Zeus in so vertrautem Umgang wie Tantalos gestanden hat, aber mit besserem Glück, so dass er, anstatt in der Hölle ein Gepeinigter zu werden, zum Richter daselbst sammt zwei anderen seines Gleichen eingesezt worden ist. Der Scholiast des Kallimachos (Hymn. an Zeus Vs. 8) meldet, dass auf dem Grabe des Minos in Kreta die Worte gestanden haben *Μίνωος τοῦ Διὸς τάφος*, und dass dies mit der Zeit in *Διὸς τάφος* abgekürzt worden sei. Es ist das die Sprache der Mythologie, einen Doppelgänger eines Gottes dessen Sohn oder Kameraden, mitunter auch dessen Nebenbuhler und Gegner zu nennen. Darum glaube ich nicht, dass die genannte Inschrift ersonnen sei, sondern erkenne darin eine alte Ueberlieferung, aus der Zeit herstammend, wo man sich der Einheit des Zeus und des Minos noch bewusst war. Dieser Kamerad des grossen Zeus nun (Διὸς μεγάλου ὀαριστής) und Hüter Kretas (Κρήτῃ ἐπίουρος) und Gesezgeber, der neun Jahre lang (ἐννέωρος) dort regierte, gezeugt von Zeus und der Europa, Gatte der Pasiphae (Mondgöttin), Vater der Phaedra und der Ariadne (ähnlicher Wesen), des Androgeos, des Deukalion u. s. w., Bruder des Rhadamanthys und mit ihm Richter in der Unterwelt, war also niemand anders als der Kretische Zeus selber, zu einem Heros verdunkelt[373]. Hesiod Frag. 112 nennt ihn den königlichsten, und

373) Il. ν, 450. ξ, 312. Od. τ, 179.

sagt dass er Zeusens Scepter besass. Und gleichsam als unterirdischen Zeus siht Odysseus diesen berühmten König und Gesezgeber und Sohn des Zeus auch bei den Todten Recht sprechen. Die Todten aber stehen dicht herum, seiner Aussprüche gewärtig (Od. λ, 568). Platon aber lässt ihn in einer Höhle (wohl der Diktäischen) mit dem Zeus immer zusammenkommen und dort von ihm die berühmten Geseze empfangen[374].

Das ist die eine, und zwar die freundliche Seite von dem Wesen des Minos, als Verwalter des Rechtes in den beiden Welten, obersten Richters und Königs. Von einer anderen Seite dagegen betrachtet, bietet er das Bild eines Tyrannen und Unholdes, wie so mancher andere Feuer- und Sonnen-Dämon, und wird mit Recht von Homer gefährlich (ὀλοόφρων) genannt, wie Atlas und andere Titanen (Od. λ, 321).

Da macht er in Attika die Quellen versiegen und erzeugt Krankheiten, bis man seinem Minotauros alle neun Jahre die zweimal sieben Kinder zum Opfer sendet: da giesst er den Frauen, die ihm beiwohnen, Schlangen, Skorpionen und andere garstige Insekten in den Schooss, wovon sie sterben: da raubt er den Ganymedes, verliebt er sich in die Prokris und läuft er der Britomartis nach bis sie sich ins Meer stürzt[375]: da sperrt er den Daedalos ein, bekriegt Attika, Megara, Sicilien, hat sich alle die umliegenden Inseln unterworfen, und herrscht tyrannisch[376]. Dass endlich Minos seinen Tod in einem heissen Bade findet, und zwar im Westen der Welt, das hat man auf den Untergang der Sonne in die rothglühenden Meeresgewässer gedeutet, während man eher an das Kochen des Zagreus und des Pelops im Kessel denken musste: denn er ist auch beides.

---

374) Plato Min. p. 419. Strabo XVI, 2. p. 272.

375) Schol. Il. υ, 234. Apolld. III, 15, 1. Anton. Lib. 40. Diod. IV, 61. Athen. XIII. p. 601 F. Kallim. Hym. an Artemis 190.

376) Sophokles Kamikier Fragm. p. 181 m. Ausg. Schol. Pind. Nem. IV, 95. Hygin f. 44.

5. Talos. Perdix.

Der Talos war ein erzener Mann, der ins Feuer sprang, um sich glühend zu machen, und sodann die Menschen in seine feurigen Arme nahm und umbrachte[377]. Er war von Hephaestos gemacht und dem Minos zum Geschenk gegeben zur Bewachung der Insel Kreta, und umwandelte täglich oder jährlich dreimal die Insel, um niemand heran zu lassen, mit ungeheurer Schnelligkeit; oder auch Zeus hatte ihn der Europa zum Wächter gegeben, woraus seine Einheit mit dem Argos sogleich zu erkennen ist[378]. Die dreimalige Runde mag wohl auf die dreifache Jahres- und Tagessonne Bezug haben, und erinnert an den dreifachen Mithras, zumal der Talos auch eherner Dreiriese *τριγίγας χαλκεῖος*) in den Orphischen Argonautiken genannt wird[379]. Dieser Erzmann hatte ferner eine einzige Ader, welche vom Nacken zu den Knöcheln hinablief, und diese Ader war mit einem Nagel verschlossen. Dort war er verwundbar und dort traf ihn der Pfeil des Poeas, eines zweiten Hermes, wenn nicht bereits, wie andere sagen, der Nagel durch die Zauberei der Medea herausgezogen war, so dass der Talos sich verbluten musste[380]. Der Poeas hatte die berühmten Pfeile vom Herakles überkommen. Denn er kam zufällig zu diesem Heros, als er seine Heerden suchte (sein Name ist mit *πῶϋ* verwandt).

Dieser Talos hiess auch Tauros (Stier), sagt Apollodor, und es herrscht kein Zweifel darüber bei den Gelehrten, dass wir in ihm, ob er gleich selbst nicht stiergestaltig abgebildet wird, den Poenischen Moloch zu erkennen haben eben

377) Simonides bei Suidas v. *Σαρδάνιος γέλως*. Zenob. V, 85. Apoll. Rhod. IV, 1640.

378) Schol. Od. *υ*, 302. Apoll. Rhod. IV, 1643. Plato Minos p. 320.

379) Merklin, Talos-Sage in Petersb. Akad. VII. p. 44.

380) Apoll. Rhod. IV, 1638 f. Schol. Apolld. I, 9, 26. Agatharchides bei Phot. Bibl. p. 443 B.

so wie in dem berühmten Stier des Phalaris auf Sicilien, welcher gleichfalls zu den Mährchen gehört[381]. Er sprang ins Feuer, sagt Eustath. (Od. *υ*, 302. p. 1893), und wenn er seine Brust durchglüht hatte, so tödtete er die ergriffenen Fremden durch seine Umarmung, welches sehr an den ehernen Stier des Phalaris erinnert. Der Schol. Platos (I. p. 396 Bekk.) aber spricht von Verbrennung derer die ihm nahe kamen. Das ist die grausame Gluthsonne des Hochsommers, deren Wuth man durch Brandopfer von Menschen zu begütigen hoffte[382].

Ein Stier war es, der die Europa entführte, ein Stier der in den sich Pasiphae verliebte, und dieser Stier war allemal der Zeus oder das gestirnte Firmament, welches aus dem Meere aufsteigt bei der Umdrehung. So war auch jener Stier der Pasiphae auf das Gebet des Minos aus dem Meere aufgetaucht zum Zeichen und Unterpfande der Rechtmässigkeit seiner Herrschaft: auch der Stier, welcher die Europa entführte, war aus dem Osten gekommen. Und jener Stier der Pasiphae zeugte mit dieser wieder einen Stier, den sogenannten Minosstier (Minotauros), der auch Asterios (Gestirnter) heisst und ein anderer Argos oder Talos ist. Und dieser Asterios wird geradezu auch Zeus Asterios und ferner auch Gemahl der Europa genannt[383]. Es gab aber auch einen Zeus Talaeos auf dem Gebirg Talaea in Kreta (Hesych s. Boekh inscr. n. 2554), der sich offenbar zu dem Talos so verhält wie der Zeus Asterios zu dem Minotauros. Mit diesem Talaeos war der Talos wahrscheinlich Eins. Der Name stammt sicher von dem

381) S. Pauly im Tübinger Kunstblatt 1835. N. 57. Heffter in Alterth. Wiss. 1847. p. 417.

382) Nach Hesych wäre *τάλως* so viel wie *ἥλιος*, und Merklin hält es für möglich, dass *ἥλιος—ἅλως—τάλως—ἀττάλως—κάλως* u. s. w. Eins seien oder in einander übergiengen. Eher würde ich glauben, dass *τάλως* für *ταῦρος* gesagt sei.

383) Apolld. III, 1, 2. Malalas p. 94, 22. Nieb.

Auslande: sucht man aber dessen Etymologie, so ist zu erwägen, dass er auch Kalos und Kokalos lautete, wenn anders der erstere Name (bei Paus. I, 21, 6. 26, 5) nicht verschrieben ist. Dieser Kalos wird für einen Künstler ausgegeben, welcher vom Daedalos aus Kunstneid sei von der Akropolis in Athen heruntergestürzt worden (woselbst unterhalb jener Burg er auch begraben lag): hernach, heisst es, sei der Daedalos nach Sicilien zum König Kokalos geflüchtet (Paus. VII, 4, 5). Diesen Kalos aber nennt Apolld. (III, 15, 9) Talos: andere nennen ihn *Πέρδιξ* Rebhuhn[384], welchen Namen bei Apollodor die Mutter des Talos bekommen hat. Aber so viel scheint sicher, dass dieser Attische Talos oder Kalos oder Perdix, mit dem Kretischen Talos éine Person war. Sein Hinabstürzen von der Burg, ähnlich dem Sprung vom Leukadischen Vorgebirg, deutet auf einen Gebrauch, Sündenböcke (*φαρμακούς*) diesem Gott vom Felsen zu stürzen. Warum der Herabgestürzte Rebhuhn genannt wurde, das erklärt sich vielleicht daraus, dass es ein Kraut *perdicium* gab, welches curirte wenn man einen unglücklichen Sturz oder Fall gethan hatte[385]. Es gab aber auch einen Jäger Perdika der sich in seine Mutter Polykaste oder Polykarpe, d. h. die fruchtreiche Erde, verliebte, und sodann aus einem Jäger ein Feldarbeiter wurde, endlich auch ein geschickter Künstler und Zimmermann war, so dass er die Säge und den Holzkeil erfand: Fulgent. (Mythol. III, 2). Der Mythogr. Vat. III, 7, 3 meldet, dass der Perdix erst in die Artemis, dann in seine Mutter (beide werden wohl Eins gewesen sein) sterblich verliebt gewesen sei. Nach Diodor (IV, 76) und Apollodor ist Talos der Erfinder der Säge und anderer solcher Instrumente gewesen, und nach anderen wieder war das der Daedalos (Plin. VII, 57, 198. 209). Die Verbindung dieses Künstlers mit zwei Sonnendämonen, dem Ikaros und dem Talos-Perdix,

---

384) Ovid. Met. VIII, 237. Serv. Georg. I, 143. Hygin f. 39. 276. 244.
385) Plin. XXII, 17, 20. Mercklin p. 74.

ist merkwürdig, ingleichen dass durch seine Schuld beide aus der Höhe hinabstürzen, der eine ins Meer und der andere wahrscheinlich eben dahin. Dass aber der Feuer-Dämon zugleich ein so geschickter Künstler und Erfinder nüzlicher Dinge, ja dass er mit dem Daedalos Eins ist, wird denjenigen nicht auffallen, welche bedenken, dass der Daedalos (von *δαίω* brennen und wissen) und der Hephaestos bei gleicher Natur Alles das nämliche sind.

Es bleibt noch zu erwähnen, dass der Talos auch auf Chios zu Hause (Ion bei Paus. VII, 4, 6), und dass die Höhe des Taygetos-Gebirges dem Helios geheiligt war dem man dort Pferde opferte, und Taleton hiess (Paus. III, 20, 5).

6. Minotauros.

Wir gehen zum Minosstier über. Asterios heisst der Vater der Pasiphae, Asterion der Gatte der Europa, Asterios der Sohn der Pasiphae, jener bekannte Minotauros: alle diese Gestierten sind éine Person, so wie auch die Pasiphae Eins mit der Europa ist (Apolld. III, 1, 2). Diesem Stiere müssen alljährlich zur Abwehr der versengenden Trockenheit und Dürre die sieben Knaben und sieben Mädchen aus Attika geopfert werden, ein Beweis dass derselbe Eins mit dem Moloch oder Bel war, dem auch auf Kreta Kinder geschlachtet wurden[386], und zweitens ein Beweis dass dieser Gottesdienst, wie der des Talos, auch nach Attika gedrungen war. Dieser Talos war von dem Künstler Hephaestos gemacht, und die Pasiphae, als Kuh, war von dem Künstler Daedalos so hergestellt worden, dass sie dem Stier passen konnte. Die Menschenopfer, welche der Minotaur bekam, wurden, so heisst es, in das Labyrinth hineingesteckt, wo sie umkamen. Dieses Laby-

---

386) Porphyr. abstin. II, 56 *Ἴστρος ἐν τῇ συναγωγῇ τῶν Κρητικῶν θυσιῶν φησι, τοὺς Κουρῆτας (Κρῆτας) τὸ παλαιὸν τῷ Κρόνῳ θύειν παῖδας.*

rinth, so wie es niemals existirt hat, ist ein Bild, und bedeutet den Hades: und wenn der Minotaur selbst in diesem Labyrinthe gesteckt hat und umgebracht worden ist, so wissen wir bereits was damit gesagt sei. Der Argos wird vom Hermes Argostödter (Ἀργειφόντης) erlegt, welcher den Abend und die Nacht herbeiführt und auch in die Unterwelt hinab die Seelen geleitet, der Talos aber vom Poeas, der Minotauros endlich vom Seedämon Theseus getödtet, weil der feurige Sonnengott sich oft in das Meer stürzt. Dem Theseus aber hilft die Ariadne-Aphrodite, welche einen so hellen Strahlenkranz hat, dass er selbst in die Finsterniss des Labyrinthes hineinleuchtet. Darum hat auch Theseus auf dem Rückwege zu Delos das Wettspiel zu Ehren Apolls (der manchmal für den Sonnengott eintritt) gestiftet, wobei auch der Kranichtanz getanzt wurde, eine Nachahmung der Verschlingungen der Wege des Labyrinthes (Paus. VIII, 48, 3. Plut. Thes. c. 21). Die Ariadne aber ist jedenfalls Eins mit der Allleuchtenden (Pasiphae), und muss also eher mit dem Minotaur als mit seinem Mörder in freundlichem Verhältniss gestanden haben, welches auch dadurch angedeutet ist, dass es heisst, sie wurde von ihm verlassen und heirathete sodann den Dionysos, abermals einen Stiergott oder Osiris.

7. Argos.

Bei Hesiod Frag. 4 hat Argos vier Augen auf den vier Seiten seines Kopfes, und kann daher immer wachen und nie völlig einschlafen. Nach Pherekydes hat er bloss an zwei Seiten Augen, vornen und hinten, und hat ihm eben durch Einsezung dieser hinteren Augen Hera den Schlaf genommen (Schol. Eur. Phoen. 1116). Nach Euripides (Phoen. 1070) ist er zwar rings mit Augen besät, aber diese theilen sich in zwei Hälften, welche mit einander im Schlafen und Wachen abwechseln: die einen schliessen sich mit dem Sternenuntergang, die anderen wachen mit dem Aufgang derselben. Bei Aeschylus (Prom. 672 und 563) ist er ein erdgeborener Unhold, ein Tausendaug, mit zornwüthigen Augen, welcher die arme Io lebend plagt und selbst noch im Tode nicht ruhen lässt, und auch Euripides nennt ihn einen Hund. Der Kykliker Dionysos hatte erzält, dass Argos den Arkadien-verwüstenden Stier erlegt und sodann dessen Haut angezogen (d. h. sich selbst in einen Stier verwandelt) und dabei am ganzen Körper Augen gehabt habe (Apolld. II, 1, 2. Schol. Eur. a. a. O.). Da haben wir also den Stier des Minos wieder, welcher Asterios (der Gestirnte) hiess und mit besterntem Leibe abgebildet wurde. Und dieser ruhelose Stier hütet eine ruhelose, die ganze Erde durchschweifende, Kuh. Noch Malalas (V. p. 94) weiss, dass auf Kreta ein Zeus-Asterios neben der Europe verehrt wurde: so ist also leicht einzusehen, dass der Stier, welcher die Europa entführt, Eins mit dem Zeus Moloch war, welcher die Io geschwängert hat, und diese Io selbst Eins mit der Europa. Dann begegnet uns wieder eine maskirte Kuh, die sich in einen Stier verliebt, also wiederum eine andere Europa oder Isis. Diese Kuh heisst Pasiphae, die Allscheinende, während Europe die Dunkle heisst, aber trozdem mit einem besternten Kleide abgebildet zu werden pflegt. Und die Mutter der Europa heisst Telephassa die Fernscheinende. Dass das alles éin Wesen sei, ist längst erkannt worden. Um nun wieder auf den Argos zu kommen, so war derselbe keineswegs nach aller Urtheil ein Unhold, vielmehr hat er andere Unholde aus dem Wege geräumt, wie den Heerden-Räuber Satyros in Arkadien und die Tartaros-Tochter Echidna, welche die Wanderer wegraffte. Auch hat er die Mörder des Königs Apis, den Thelxion und den Telchin (Zauberer), bestraft (Paus. II, 1, 2). Es wird nämlich dieser Allseher (ὁ Πανόπτης) auch zu einem König des Peloponnes gemacht: als solcher ist er ein Sohn des Zeus und der Phoroneus-Tochter Niobe, und dabei Vater des Iasos und Grossvater der Io. Sein Hain und sein Grab war bei Argos zu sehen (Paus. II, 20, 8. 22, 5).

Also Argos und Io sind die Gestalten, in welche sich der Moloch und die Astarte zu Argos verwandelt hatte, ganz unkenntlich, wenn nicht Kreta einige Mittelglieder darböte. Vermuthlich sind diese Dämonen in ganz alter Zeit durch die Phoenizischen Kaufleute dahin gebracht worden.

Druck von Breitkopf und Härtel in Leipzig.